JN234046

小川清実●著

子どもに伝えたい
伝承あそび

起源・魅力とその遊び方

HOUBUNSHORIN
萌文書林

まえがき

　私は、子どものころから幼稚園の先生になりたくて大学に入ったのですが、もっと子どものことが知りたくて、卒業後、大学院に進みました。大学院の2年目には無理を言って、付属幼稚園で実習をさせて頂き、保育者になるために努力していました。同時にさまざまなゼミを履修するなかで「考える」ことを学んでいきました。

　当時、先生方の関心は多方面に渡り、私たち院生はたくさんの書物と格闘しました。児童学専攻とはいうものの私が当時読んだ書物は、動物行動学、現象学、ユング心理学、文化人類学、民俗学、記号論等でした。

　そのころ、指導教官の本田和子先生（現在、お茶の水女子大学学長）の論文が福音館書店発行の月刊誌「子どもの館」に掲載されました。そのテーマは多岐にわたっていて、私にとっては学ぶことがとても大きかったのですが、そのなかに子どもの伝承遊びを取り上げたものがありました。これがきっかけとなり、柳田国男集を夢中で読み出しました。柳田国男の考え方はおもしろいと思いました。

　修士論文のテーマを決めるときには、私が幼いころから忘れることがない「かごめかごめ」を取り上げようと考えました。「かごめかごめ」の歌の意味はよくわからなくて、それでいて何となく不気味さも感じていたのでした。その、はっきり意味がわかる歌詞でもない遊びが、長い間人々に遊ばれていることの不思議さを感じたのでした。こうして私は「かごめかごめ」について研究をはじめました。はじめから分析の視点が決まっていたのではなく、「かごめかごめ」について調べながら進めていくうちに、「円と回転」という動きがもつ意味を見出すことができたのです。この論文は本書の巻末にありますので是非読んでいただきたいと思います。この研究を手始めにして他の伝承遊びについても一つ一つ、考察をしていこうと思いました。

　今、子どもにかかわる人たちの間で、伝承遊びが大きな関心をもたれています。それは、この種の遊びのなかに人々をとらえて放さない何かがあるからなのだろうと思いますし、また、何よりも子どもにとってそうした遊びを遊ぶことに大きな意味があるからなのだと思います。私が

まえがき

　伝承遊びに惹かれるのも、単に子ども時代が懐かしいからではありません。懐かしい思いがあることは当然ですが、それより何より、一つ一つの伝承遊びがもつ魅力は何なのかを知りたいと思ったからなのです。そのため、子どもの遊びとして見られるもののなかに、人間の本質があるのではないか、それは何なのかを知るために、一つ一つの遊びについて起源を調べたり、隠れた魅力を発見しようと試みました。ただ残念ながら、この本であげたすべての遊びの起源が明らかになっているわけではありません。また、すべての遊びの魅力を十分に引き出すことができたと言い切ることもできません。本書をお読みいただき、一つ一つの遊びの魅力に少しでも関心を寄せていただき、「へえ、そうなの、おもしろいね」と思っていただけたらうれしいかぎりです。

　なお、この本では、お正月にはたいてい遊んだと思われる、カルタ（百人一首など）、すごろく、花札などは入っていません。これらについては歴史が非常に古く、種類があまりに多く、大人が夢中に遊んでいたことから魅力が複雑にあるため、それだけで別に1冊の図書が必要だと思われます。そのためにここでは取り上げることを敢えてしませんでした。

　また巻末に資料として、戦後から現在までに流行した代表的な遊びをあげました。これらの遊びのなかには、伝承遊びで伝えられてきたものの変形が見られます。また、新しく生まれた遊びのなかにもこれからの遊びとして伝承されていくものもあるかもしれません。昔から伝承されてきた遊びを復活させることを考えるだけではなく、現在、流行している遊びにも関心を寄せ、現在の社会環境の中から生まれてくる遊びが、子どもにとってどのような意味をもちうるものなのかということも考えていきたいものです。

　なお、本書の出版にあたっては、萌文書林の服部雅生氏、田中直子氏に大変お世話になりました。ここに記して感謝いたします。また、本書の採譜は、筆者の長女の小川道子（桐朋学園大学音楽学部在籍）が担当いたしましたことを申し添えたいと思います。

　2001年4月

著　者

もくじ

はじめに＊伝承遊びとは＊..1

「伝承遊び」とは..2
 「伝承遊び」という言葉の登場....................................2
 明治期の子どもの遊びを取り巻くもの........................3
 伝承的な遊びへの大人のまなざし................................5

「伝承遊び」の定義..8

「伝承遊び」の魅力..12

「伝承遊び」が存続していく条件......................................15

いろいろな伝承遊び

姉さま人形 23
 人形のいろいろ＊千代紙が醸し出した魅力

あぶくたった 〔遊び方〕〔うた〕 27
 遊びのおもしろさ＊この遊びの始まりは近世？＊会話型の鬼遊び＊
 会話型の新しい遊び＊遊びの演劇性

あやとり 〔遊び方〕 34
 一人あやとりと二人あやとり＊世界各地にある「あやとり」

もくじ

石けり 41
いろいろな呼び方＊いつから始まったのかはわからない遊び＊世界的には非常に古い遊び＊日本の石けり＊石けりの魅力
◎コラム：世界の石けりの図形、日本の石けりの図形

うまとび 48
依然として人気の高い遊び＊遊びの魅力

絵かき歌 （遊び方） 50
文字による絵かき歌＊文字と形の組み合わせの絵かき歌＊物の形や線で描く絵かき歌

おしくらまんじゅう （うた） 54
江戸時代には「めじろおし」＊体だけがあればいい遊び

お手玉 （遊び方）（うた） 56
歌にあわせて空中に上げられたお手玉＊古い歴史のあるお手玉の遊び＊お手玉の魅力　◎コラム：お手玉の種類と作り方

鬼ごっこ 63
「鬼」とは何？＊追う者と追われる者の親しい関係
◎コラム：鬼ごっこのいろいろ

おはじき （遊び方） 67
紀元前からあったおはじき遊び＊小さい「もの」を収集する喜び

折り紙 （遊び方） 70

折り紙の歴史＊フレーベルの恩物の一つ「摺み紙」＊折り紙の再興＊折り紙の楽しさ＊遊べる折り紙

かくれんぼ 78

スリルある「かくれんぼ」＊「隠れる」ことの意味＊「かくれんぼ」の原型＊夕方から禁止されていた「かくれんぼ」＊「神隠し」から「かくれんぼ」へ　◎コラム：「かくれんぼ」のいろいろ

影　絵　(遊び方) 84

簡単にできる影絵＊幻想的な不思議な魅力

かごめ かごめ　(遊び方)(うた) 86

「かごめかごめ」の流行は明治時代に＊「かごめかごめ」って何？＊あてもの遊びとしての問いかけ＊元は神事＊「輪」と「回転」
◎コラム：聖なる空間－輪の中の空間の不思議－

カンけり　(遊び方) 92

空きカンの登場＊カンけりが成立する場所的条件＊根強い人気のカンけり

子とろ 子とろ　(遊び方)(うた) 95

平安時代につくられた「子とろ子とろ」＊回転する動きのおもしろさ　◎コラム：「子とろ子とろ」の遊びの歴史

こ　ま 99

こまの歴史＊回転の魅力と戦いのおもしろさ
◎コラム：「こま」の種類、世界のこま

ゴムとび　(遊び方) 104

元は「なわとび」＊集団で遊ぶゴムとび＊今も細々と遊ばれている

もくじ

　　　　　ゴムとび

相撲 108
相撲の歴史＊世界各地の相撲（「アジアの相撲」「オセアニアの相撲」「北米・中南米の相撲」「ヨーロッパの相撲」「アフリカの相撲」）＊相撲の魅力

草花摘み 114
『古事記』にも見られる「そうかつみ」＊草花摘みが遊びとなる条件　◎コラム：いろいろな草花を使った遊び

たけうま 120
平安時代には「高足」＊遊びの実際＊遊びの魅力

たこあげ 122
「たこ」の起源＊「たこ」と「いか」＊「たこ」の種類＊たこあげの意味＊たこあげの魅力
◎コラム：行事としてのたこあげ、「角たこ」の簡単な作り方

手遊び　遊び方　うた 127
リズムの楽しさ＊触れ合う楽しさ

通りゃんせ　遊び方　うた 131
「通りゃんせ」の始まりは箱根の関所？＊友達と触れ合う遊びの楽しさ　◎コラム：「ロンドン橋おちた」、問答の楽しみ

なわとび　遊び方　うた 138
明治時代のなわとび＊素材の変化＊なわとびの魅力
◎コラム：『古事記』に登場する「縄」

人形遊び 142
人間らしい人形の出現＊高価な人形遊びが流行する理由

はじめの一歩（だるまさんがころんだ）【遊び方】 146
「鬼」が見ていないときの子どもの様子＊弱体化された「鬼」の権限＊子どもにかかっている遊びのおもしろさ
◎コラム：「だるまさんがころんだ」という唱え言葉

花いちもんめ【遊び方】【うた】 151
古代の「市」の「歌垣」が始まりか？＊「花いちもんめ」と同じ遊びの「子買い」や「子貰い」＊遊びのなかで学ぶ人間関係
◎コラム：「花一匁」

はねつき 158
「はねつき」の歴史＊「はねつき」はなぜ正月に遊ばれるのか＊世界のはねつき

ビー玉【遊び方】 162
ガラスのビー玉は明治時代から＊人気の高いビー玉＊収集する楽しさ

ベーゴマ 166
学校に絶滅させられたベーゴマ＊獲得する喜び＊現代のベーゴマ
◎コラム：「ベーゴマ」の変遷

ままごと 170
大真面目に大人を演じるおもしろさ＊時代の生活が反映される「ままごと」＊少子化の反映　◎コラム：ままごと遊びの歌

ま　り　(遊び方)(うた) 174
まりの起源＊明治時代のまりつき＊まりつきには手まり歌がつきもの＊まりつきの魅力

目隠し鬼　(うた) 180
神事のなかにある「目隠し鬼」＊安心できる人間関係が成立させる遊び　◎コラム：かこさとしによる「鬼ごっこ」の５つの型

め　ん　こ　(遊び方) 183
元はおはじき遊び＊ボール紙の登場＊遊びを夢中にさせる賭博的要素＊「めんこ」からポケモンゲームへ
◎コラム：鉛製めんこが消えた理由

輪　回　し 187
昭和の初めは「リーム」回し＊日用品が遊びの基本

参考資料１ 189
論文：「人間の普遍性と文化的特性に関する一考察－「かごめかごめ」をめぐって－

参考資料２ 213
ブームになった子どもたちの遊び－戦後から現在まで－

文献一覧 223

(遊び方) のマークのついている"遊び"は、実際の遊び方・やり方の例を載せています。

(うた) のマークのついている"遊び"は、遊ばれるときにうたう歌の歌詞と譜面を載せています。

はじめに

伝承あそびとは

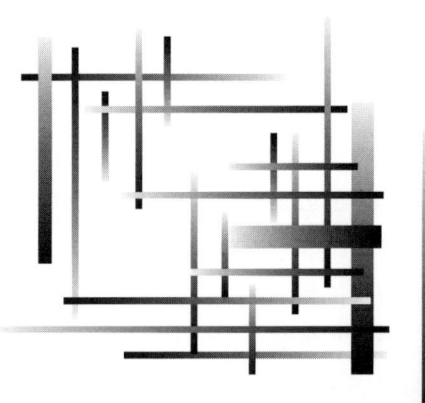

「伝承遊び」とは

「伝承遊び」という言葉の登場

　子どもたちの遊びの中に「伝承遊び」と呼ばれる遊びが存在しています。その遊びの一つ一つについて、それはどのくらい昔から子どもに遊ばれている遊びなのか、また、日本古来の遊びなのか、外国から来たものなのかなど、遊びの歴史を研究した書物は多くあります。それらを見ると遊んでいる子ども自身はもちろん、かつて遊んだことのある大人も、知らないことがたくさんあります。

　しかし、遊びの歴史を知らなくても、遊び方さえわかれば遊ぶことはできますし、遊んで「おもしろい」という体験をすれば、また遊びたいと思います。子どもにとっては、遊んでいる遊びにどんな歴史があるのか、あるいはその遊びが「伝承遊び」というジャンルに属するのかどうかなどということは、まったく無意味なことです。楽しいから遊ぶ、おもしろいから遊ぶのが子どもです。

　けれども現在、私たちはある種の子どもの遊びを「伝承遊び」と呼んでいます。では、なぜ私たちは、子どもたちのある種の遊びを「伝承遊び」などと呼ぶのでしょうか。また、この「伝承遊び」という概念はいつごろ成立したのでしょうか。

　「伝承遊び」と呼ばれる遊びは、単純に考えれば、「かなり長い期間」子どもに遊ばれ受け継がれてきたものということが言えます。ただ、この「かなり長い期間」がいったい100年間なのか、1000年間なのか、それとももっと長いのか、短いのかを判断することはとても困難なのです。なぜなら子どもの遊びについての記録があまり残っていないからです。

　なぜ、子どもの遊びの記録はあまり残っていないのでしょうか。中世までの時代においては、生活のすべての場面で子どもは共同体の一員であって、遊びや労働などのどの場面においても、子どもは常に大人と同様に生活していました。つまり、中世までの人々にとっては、大人は「子ども」を異なった特別な存在として認めることがなく、共同体の一員として運命

を共にする存在だったのです。

　子どもが大人とは異なった特別な存在として考えられ、大人の関心が子どもに寄せられるようになったのは、江戸時代に入ってからでした。したがって、江戸時代には子どもの遊びについての記述のある書物が著されています。注1)そうした書物の中では、子どもの遊びは「遊戯」として紹介されていて、前の時代から子どもたちに伝承されてきたであろうと思われる「たけうま」や「こま」や「まり」、「はねつき」などについても、まだ「伝承遊び」という言葉は使われていません。「伝承遊び」という言葉が大人の意識に伴って登場するのは、大きく時代を下って、昭和40年代に入ってからでした。このことについては後述いたしますが、その前に、そこに至るまでの過程を概観しておきたいと思います。

明治期の子どもの遊びを取り巻くもの

　明治時代になると開国が子どもの遊びの世界にまで影響し、明治政府は、外国の文化をまず教育に取り入れました。明治7年刊行の文部省『小学読本』には、「遊歩場に出でて、男児の遊び戯る(たわむ)ることは、種々なれども、総て危き遊びをなすべからず。輪を廻はし、又は凧を揚げ、又は球を投ぐるなどを宜(よ)しとす」(ふりがな筆者)と書かれています。これは「男の子は危険な遊びをしないように」と文部省が言っているわけで、明治時代になり、学校教育が始まったばかりで、すでに、教育という名のもとに子どもへの「干渉」が始まったことがわかります。

　また明治9年に日本で初めて東京女子高等師範学校に付属幼稚園が開園

されました。ここでフレーベルの考えが導入され、関信三によって『幼稚園法二十遊嬉』に「ゆうぎ」ということでフレーベル[注2]の恩物が紹介されたのは、よく知られているところです。

　明治20年代には、外国の「遊戯」が翻訳紹介されるようになりました。おもに児童雑誌に紹介されたのです。特に『小国民』という雑誌は外国の遊戯を多く紹介しています。最初は外国の遊びの紹介だけでしたが、後に読者から各地に行われている遊びを報告してくれるように投書を呼びかけ、実際に読者（子ども）が報告をしています。瀬田貞二[注3]はこの読者からの報告に、もともと日本で遊んでいた遊びが、西洋風に変わっていく、その進行の様子が見られると述べています。そして、子どもの遊びは「遊戯」という語でさまざまな書物に紹介されました。

　明治時代に発刊された子どもの遊びに関する書物にはいろいろなものがありますが、現在、遊び研究で重要視されている書物の最初のものは、明治34年に博文館から刊行された、大田才次郎編『日本全国児童遊戯法』全3巻[注4]です。というのは、これだけが、実際にその当時の子どもが遊んでいる遊びを紹介したものだからです。

　瀬田貞二は、この本はとても実際的で、祖父母や叔父が直接子どもたちに伝承的な遊びの数々を教えているようである、と述べています。さらに、明治20年代からさかんに行われた外国の遊びを紹介している流行に対してのプロテスト、すなわち日本にはまだまだたくさん良い遊びがあることを示して、洋風化していく子どもの生活を犯しつつある現状へのプロテストではなかったか、と述べています。明治時代になってさまざまなことが西欧化されましたが、子どもの世界にまで大きな影響があったようです。同時に日本にあった子どもの遊びの世界が破壊されつつあることに疑問を感じる大人が存在したことは意味があることだと思います。

　江戸時代の末期、1860年代の始めに日本を旅したジョン・ラザフォード・オールコックは、日本の子どもがとてもよく遊んでいることを報告しています。

　　　「日本人はあらゆる年齢の人物のための多くの遊戯を持っている。子どものための遊戯（少なくともその多く）は、ヨーロッパの遊戯に似ている。輪回しも見たことがあるし、凧揚げは大変よく行われている

し、その他羽根突き、竹馬、球戯、大きな雪の球の遊びもある。(中略)イギリスでは近代教育のために子どもから奪われつつあるひとつの美点を、日本の子どもたちは持っているとわたしはいいたい。」[注5]

　明治時代になる前にイギリスではすでに近代教育が子どもたちの遊びを奪うことが始まったという、驚くような記述が見られます。どうやら洋の東西を問わず、子どもが教育とは無関係のところで遊んでいた遊びが、実は代々伝承されてきた遊びであって、公教育が始まったときからそれらの遊びが軽視されてきた歴史があるようです。

伝承的な遊びへの大人のまなざし

　人々が子どもの「伝承」の遊びを大切にしていきたいと考えるようになったのはいつ頃からなのでしょうか。

　柳田国男[注6]が子どもの遊びに注目したことは知られています。昭和26年に刊行された『民俗学辞典』には子どもの遊びがいくつか紹介されています。しかし、この中には「伝承遊び」という項目はありません。「かごめかごめ」や「ままごと」のように具体的な遊びの項目が載っているだけです。これは当時はまだ「伝承遊び」という概念がなかったからだろうと思います。

　瀬田は、伝承遊びについて次のように述べています。

　　「伝承された遊戯のおのずからな性質として、自由と信頼、緊張と喜悦、没入と仮装、およそ完全なそのリズムは、教えることなくして多くをもたらすのではないか。」[注7]

そして、こうも述べています。

「遊び手の心を一種の熱中のうちに捉え、自らの熱度の波にのって集団の律の範囲に抑制ある行動様式を大らかにくりかえしつつ、大声で歌い唱え、時を忘れて弾むような強壮なリズムに高揚していく、あの序すべからざる美しさ、優雅さを、子どもの本について書いたフランスの学者ポール・アザールの言葉で『遊びというものの力強さと尊さ』といいなおしておこうか。ただしそれは、伝統のあそびのことである。伝統のあそびとは、子どもの内部からひらいてきた楽しみの花々であった。」[注8]

瀬田はここで「伝承」の遊びとも、「伝統」の遊びとも使っています。しかしこの時点では、まだこれらの言葉を意識して使っていないことがわかります。その後、瀬田は昭和42年刊行の加子里子[注9]著『日本伝承のあそび読本』（福音館書店）を紹介したところで、「伝統」ではなく、「伝承」のたくさんの遊びを、実際に子どもが遊んでいる遊びを集めて文書として刊行するように強く望んでいます。

遊びの紹介をしたり、おもちゃを紹介したりしている芸術教育研究所が、伝承遊びの紹介書を作ったのは昭和49年でした。なぜそのような本を作ることになったのか、作り手の思いを次の文章から知ることができます。

「日本の風土は、美しい四季の変化とともにあったはずなのです。正月が近づくと、早くこないものかと、指おり数えて、胸をときめかす心は、今の子どもたちでも変わらないものです。

お年玉をもらい、新しい服を買って、友だちとコマまわし、追羽根

つきをし、楽しい一年がはじまるのです。

　春・夏・秋・冬、自然とのかかわりあいの中で、日本の子どもたちは、野山をかけめぐり、川で水あびし、モリやヤスを作っては、さかなを追って生活していたのです。

　最近では、どんな山奥に遊んでも、カラーテレビが、どんどん入ってくるし、都会の子どもたちは、おとなの世界でつくられたオモチャを与えられ、自分たちで、物をつくる心をわすれさせられてしまったのです。

　かえって、子どもたちが、工夫し、作ったものが、否定される、変な文化国家なのです。

　ついこの間までは、意識していなかったとは思いますが、『おとなの世界じゃない、子どもには子どもたちがつくった世界があるんだ』という生活をしていたのです。

　隣近所のワンパクぼうずたちが、自然を友にし、仲間をたいせつにしてきたのです。

　あらためて、わたしたちは、単なる愛着として、昔ばなしに終わらせないためにも、わたしたちの手で、それこそ新しい工夫をこらす中で、無数にちらばっているはずの伝承あそびを見つめなおすことがたいせつなのです。

　『もうひとつの文化』をつくり出すためにも、『もうひとつの文化』を見ていこうということなのです。」注10)

　この文章からは、社会の変化によって子どもの生活が変化してしまい、子ども自身の世界の存在が危うくなっている様子を、大人が感じ、もう一度見直そうという意思がわかります。昭和40年代は、先にあげた加子里子をはじめ、芸術教育研究所、小泉文夫注11)など、子どもの世界を大切にしたいと願う人々が、伝承されている子どもの遊びの調査や紹介をしはじめました。半澤敏郎注12)もその一人です。子どもが直接見たり、読んだりできる案内書も多く作られました。これらは、どんどん減少していく伝承遊びを何とかして残していきたいと願う大人たちの業績でした。

　小学校教師の荒金学は、著書『消えた竹とんぼ－明治・大正・昭和－遊びの文化史』で、昭和38年頃に「それまでの遊びが急速に消える」と述

べています。昭和37年頃から人々の生活は電化が進み、火をおこすこともなく、家事はとても楽になっていきましたが、この頃からカブトムシやクワガタがデパートで売られるようになりました。人々の生活が大変化をしたのが昭和40年直前といえます。大人が子どもの伝承遊びに目を向けざるを得ない状況が生じていたのです。

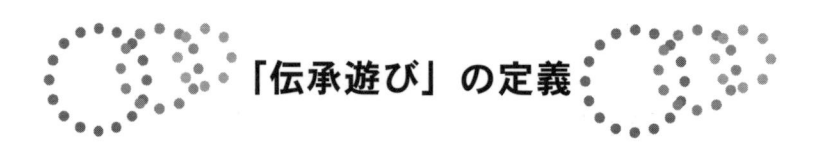

「伝承遊び」の定義

　今まで述べてきたように、「伝承遊び」という言葉は、それまで遊ばれてきた遊びが人々の生活の変化の中で遊ばれなくなっていくその過程で生じ、それを危惧する大人によって意識を伴って使われだしたものと考えることができます。では、「伝承遊び」とはどのような遊びを指し、果たして子どもの遊びの一ジャンルとして成立しうる概念をもつものなのでしょうか。以下、そのことについて述べてみます。

　　小川博久[注13]は「伝承遊び」の定義について次のように述べています。
　　「『伝承遊び』とはなにか。『伝承遊び』についてつぎのような定義がある。『子どもの遊び集団の中で自然発生的に生まれ、代々共有されてきた遊びであり、子ども社会の縦横のつながりによって、また、大人から子どもへの継路を通して伝えられ、受け継がれてきた遊びの総称である。』(中地万里子「伝承遊び」平山宗弘他編『現代子ども大百科』中央法規、1988年)(…中略…)この中には現在、子どもたちの遊びと

して受け継がれることのなくなった遊び、おとなの思い出のなかにしかない遊びも少なくない。それでもこうした遊びを『伝承遊び』というのであろうか。またかりに、現在、子どもの中で行われている『伝承遊び』の中には、『子どもの遊び集団の中で自然発生的に生まれ』たものではなく、学校やその他の意図的教育施設で教えられるものも多い。」[注14]

すなわち小川は、中地が述べているような定義が「伝承遊び」であるとするなら、すでに子どもが実際に遊んでいない遊びや、学校などで意図的に教えられた遊びをも「伝承遊び」と呼んでいいのかという提言をしています。遊びが子どもから子どもへと伝承される機会が少なくなった現在では、過去に行われてきた「伝承遊び」と呼べる遊びは、現在あるのだろうかという疑問が生まれるのは当然です。このような考え方から「鬼ごっこ」や「石けり」などの遊びを「伝承遊び」と呼ばず、「野外あそび」と呼ぶ場合があります。「伝承」の概念をどのように定義するかによって、同じ遊びであっても、括り方は異なっています。

明治時代から昭和時代の約100年間の子どもの遊びを調査し、遊び方や史的考察を行った半澤は次のように述べています。

「子供には子供の世界がある。その世界とは彼らの生活の場であり、学習の場でもある。端的に言うなら遊びの世界にほかならない。この世界での生活過程において、次の世代の担い手として日々成長するということを忘れてはならない。しかも彼らの生活の中心である伝承遊びというものは、一朝一夕に創造されたものではなく、長い史的過程の中で、日本人の一人一人が、伝承と継承とによって、今日までその遊事生命を保持し管理してきた、貴重な汎文化遺産である。何をして遊んできたのかを究明することによって、その人の生活及びその環境、社会的世相面をも知ることが可能である。したがって、遊びの世界の究明は、民族史、生活史、児童文化の研究にとっては欠かせぬ重要な一分野である。」[注15]

このように述べている半澤ですが、昭和50年からは子どもの遊びが極端に減少したことや遊びによっては消滅する可能性も指摘しています。

藤本浩之輔[注16]は異なる視点から子どもの遊びをとらえ、次のように定

義しています。

　「子ども世代が主体的に維持し、伝承しているあそび様式（あそび文化）を、私は『子ども自身の文化』と称し、次のように定義している。子ども自身の文化とは、一つの集団や社会の子どもたちによって習得され、維持され、伝承されている子どもたち特有の生活様式である。このような定義や先に示した分類表をみると、これは伝承あそびと同じではないかと思われるかもしれない。まさに、私が指しているものの中核は伝承あそびであるが、それをとらえるコンセプト（概念）が異なるのである。」注17)

　藤本が述べるように、子どもが主体的に維持し、伝承している遊びを子ども自身の文化とすると、現在、子ども自身の文化が本当に存在するのだろうかという疑問が沸いてきます。大人が一方的に子どもに遊びを押しつけたりしないほうが、子ども自身の文化を尊重することになるのではないかと考えられます。

　最近の子どもは遊ばなくなったと言われています。たしかに、小学生の子どもは、放課後には塾やおけいこごとに忙しく通い、友達と集団で遊ばなくなりました。もし遊ぶとしても、自転車に乗って走り回ったりする程度になりました。それぞれの家でテレビやパソコンでゲームをすることが日常的になりました。もっと幼い子どもは、小学生といっしょに遊ぶことはほとんどなくなりました。幼児たちは幼稚園や保育所に長時間いることになり、年長の子どもとあまりかかわれないのが現状で

す。年長の子どもから年少の子どもに伝えられる遊びが「伝承遊び」であるとするなら、「伝承遊び」はますます衰退していくと考えざるを得ません。

　私はここで「伝承遊び」を次のように考えようと思います。

　第1に、これまでさまざまな文献に登場する遊び、もはや実際に子どもには遊ばれなくなってしまったかもしれない、大人の思い出になっているような遊び（かつて伝承されていた遊び）、第2に、昔の子どもも遊んでいて、現在の子どもも遊んでいる遊び（現在も伝承されている遊び）、第3に、これまでは見られなかった遊びであるが、まさに現在、子どもが遊んでいる遊び、そしてこれから遊ばれ続けていくかもしれない遊び（新しく起こり、これから伝承されていく可能性の高い遊び）、これらをすべて「伝承遊び」と呼んでいきたいと考えます。

　子どもの遊びは、大人の人々の生活を基盤にして成立しています。たとえば、大人が使っている道具の一部が、子どもの遊びの大切な道具になっています。昔、男の子が遊んでいた「輪回し」の「輪」は桶のたがであったり、自転車のリームでした。桶も自転車のリームも人々の生活の中ではすぐに手に入るものでした。現在は、大人はパソコンを使って仕事をし、子どもはパソコンを使ってゲームをしています。現在はパソコンが人々の生活になくてはならないものになっていて、それが子どもの遊びに反映されていることが、子どもの遊びを見るとよくわかります。

　子どもの遊びは、大人の生活の変化に大きく影響されています。特にこれまで「伝承遊び」と言われているような遊びへの影響は膨大です。私たち大人の生活が変化していることを考え、子どもの遊びの変化をどのように受け入れるのか、大人が子どもに与える影響がどのように子どもの生活に具体的な変化をもたらすのかを見ていかなければなりません。

　私は長いときをその時代の子どもに遊ばれてきた遊び、すなわち「伝承遊び」には、それぞれの遊びがもっている遊びの魅力があると考えています。長い間、子どもがおもしろいと思い、遊んだ遊びの魅力を明らかにすることは、すでに消滅してしまったと思われている遊びが、実は、今現在流行している子どもの遊びと共通する魅力を発見できるかもしれません。子ども自身がおもしろいと感じ、大人になってもそのおもしろさを思い出

すことができる遊びの魅力とは何なのかを以下に探ってみたいと思います。

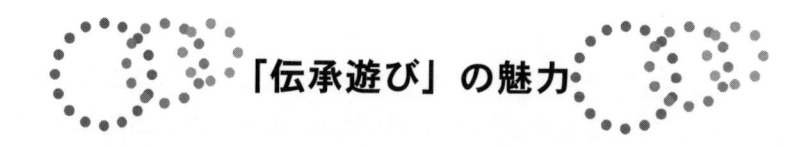

「伝承遊び」の魅力

　伝承遊びは当然「遊び」です。この場合の「遊び」とは、大人から強制されるものではなく、子ども自身が本当にやりたくて始める、本来の「遊び」のことです。「遊び」の定義についてはこれまでいろいろな人が述べていますが、私はホイジンガなどの説を基に、小川博久が示した概念を取り上げようと思います。

　小川は、「遊び」とは、第1に遊びは遊び手が自ら進んで取り組む活動であること、第2に遊ぶことそれ自体が目的で行われること、第3に活動の中に苦しさや緊張があったとしても、最終的には楽しさ、喜びの感情を伴う活動であること、第4に自らが活動に参加するということ、と定義しています。

　「伝承遊び」は、ここにあげた「遊び」の概念の条件のすべてを満たすことができるものです。「伝承遊び」が子どもから子どもへ代々伝えられてきているのは、子どもが自主的に遊んできたからです。鬼ごっこで子どもが走るのは、より速く走るための練習ではありません。すぐにはできないような高度な技術を習得するために努力するのは、将来、自分のためになるかどうかわからないベーゴマを回すことであったり、お手玉だったりするのです。見ているだけではなく、かならず子ども自身が実際にやっている、遊んでいるのが、「伝承遊び」です。

　R・カイヨワ[注18]は、遊びの原理を以下のように4つに類型しています。
　　①競争を意味するアゴン
　　②運を意味するアレア
　　③模擬を意味するミミクリ
　　④眩暈(めまい)を意味するイリンクス

　これらの遊びの原理は、「伝承遊び」の中にも見ることができます。た

とえば、ベーゴマの遊びにはアゴンとアレアが見られ、鬼ごっこの遊びの種類にはアゴンとイリンクスが見られます。伝承遊びの一つ一つをカイヨワの遊びの原理で分析することは可能です。

　筆者は、さらに「伝承遊び」が長い間遊ばれ続けている要素を、別の視点からとらえ、考察したことがあります。それは遊びの動きや形状に注目したのです。「伝承遊び」の一つ一つの遊びの呼ばれ方は地域や時代によっていろいろあるのですが、遊びの動きのなかで、丸くなること、そして回転することに目を向け、考察しました。すると「伝承遊び」にある、丸くなったり、回転する動きは、子どもの遊びに見られるだけではなく、一般的に、広く、人間の動きの中に見られることがわかったのです。

　巻末に資料として掲げてありますが、「かごめかごめ」という「伝承遊び」の一つを追及していくことによって、丸くなったり、回転する動きは、民族をこえた、「人間の原型」とでも言えるものではないかと考えたのでした。人間の原型とは、人間の意識に昇る前の、まるで無意識のなせる業(わざ)とでもいうような、人間を捕らえて離さないものであり、確かに存在して

いるものです。だからこそ丸くなったり、回転する動きのある子どもの「遊び」は消滅することはないのではないだろうかと考えたのです。伝承されていく遊びの種類は少なくなったとしても、何かしらの遊びは残っていくのではないかと考えられるのです。人間の原型がいくつあるのかということははっきりしていません。たとえば、ほかにも人間の原型と考えられるものには、「隠れる」ということがあります。隠れるという行為は、「かくれんぼ」という子どもの遊びだけではなく、民族をこえて存在しています。このような原型と考えられるものが潜んでいるので、そのような要素を含んだ子どもの遊びは消えることなく、何らかの形で遊び続けられているのではないかと考えることができます。

　そして、大人が「伝承遊び」の一つ一つを思い出すとき、それぞれの楽しさを胸がわくわくするような思いとともに、自分が遊んだ体験をまるで昨日のように再現できるのは、やはり、人間の原型と深くかかわっているからなのだろうと考えたのです。

　何歳になっても、自分が子どものときに遊んだ体験を思い出すことができるということは、その体験に確かな意味があるからであると考えられます。随筆や小説には、作家の幼いころの体験をもとに文章にしていることがよく見られます。たとえば、不安でドキドキした体験としてよく「かくれんぼ」が登場しますが、不安でドキドキした体験は、「かくれんぼ」の遊びだけではなく、ほかにも体験しているはずです。もしかしたら、学芸会などでも、体験したかもしれません。ところが、学芸会での体験は忘れてしまっても、「かくれんぼ」の遊びの中で感じたことは、年齢を重ねていっても忘れないので、自分が体験した思いをあざやかに思い出すことができるのです。

　このような思いがあるからこそ、大人が「伝承遊び」を大事にしたいと考えるのかもしれません。子どもは、ただ、おもしろいから、楽しいから遊ぶ存在にほかなりません。「伝承遊び」そのものを遊ぶのは、子ども時代ですが、「伝承遊び」のもっている魅力は一人の人間の一生にかかわって存在し続けていくと言えるのではないでしょうか。

「伝承遊び」が存続していく条件

　多くの大人が、子どもの「伝承遊び」が減少していっていること、消滅してしまったものもあることに気づいています。小学校の「ゆとりの時間」で、昔、遊ばれた「伝承遊び」を、大人が子どもに教えるということを意識的に実践してきました。しかし、それで子どもが昔のように「伝承遊び」で遊ぶようになったのかというと、残念ながら、遊んでいないのが現状です。小学校の「ゆとりの時間」で教わったことは、子どもたち自身の文化にはなっていっていないことがわかります。

　いったいどうして、子どもは「伝承遊び」で遊ばなくなってしまったのでしょうか。子どもが「伝承遊び」をしなくなってしまった原因を前出の小川は次のように考えています。

　小川によれば「伝承」とは、「未成熟者が成熟者と行動と生活を共にすることを通して、成熟者の行動を長期にわたって観察学習することと、時として成熟者が未成熟者に自分の技術を教えてあげる（機会教授）ことからなっている」ということ、さらに「伝承」の過程では、「未成熟者の学習動機の自由が保障され、かれの自主的活動による試行錯誤がおこなわれる。従って子どもの自発的活動が実現される」というものです。そして、「伝承」がどのような条件で成立するのかについて、3つの視点から論じています。その条件の第1は、「遊び」の歳時記に見られる潜在カリキュラムとしての機能、第2は空間の役割、そして第3には集団構造の特性を掲げています。すなわち第1に掲げられたところでは、「伝承遊び」は常に行われている遊びだけではなく、季節によってさかんになる遊びがあったり、一定の流行りすたりがあることに注目して、子どもが実践意欲を喚起するための学習課程（カリキュラム）のシステムが潜んでいると考えています。また、第2に掲げられたところでは、たとえば「鬼遊び」は、お寺や神社の境内、空き地、田んぼなどでよく行われたことから、これらの場所は大人たちにとっても、つまり地域社会の人々がよく集まる場所でもあることや、「あやとり」や「お手玉」は家の縁側でよく行われたこと、また家と家との間の路地裏という空間では、その空間の特性に合った遊びが

行われていたことなどを指摘しています。そして、第3に掲げられたところでは、子どもが誰でもよいから集団さえあれば「伝承遊び」が成立するのではなく、その集団は生活集団であったことに注目しています。生活集団とは、遊ぶために集まった集団ではなく、一定の時間、親の庇護を離れて、自主的な集団として共に過ごさなければならない集団ということです。親たちは労働で忙しく、子どもの世話をするどころではありませんでした。乳飲み子の間は、親のすぐそばにいることが許されていましたが、乳が離れれば、親の仕事の邪魔をしないために、外で何時間か過ごさなければなりません。子守りをしながら子どもだけで過ごす集団が生活集団です。この集団には、よちよち歩きの段階から、まもなく親と共に労働に参加させられる年齢の子どもまでいたのです。この生活集団のルールは、大人の社会集団がモデルでした。この生活集団は社会人としての人間形成の過程でもあったのでした。

　「伝承遊び」が成立するためのこれら3つの条件は、一つ一つがバラバラにあるのではなく、それぞれが相互にかかわっていると考えることができます。現在では、これらの条件が満足されるのは非常に困難であることは明らかです。特に大都会といわれるところでは、地域という概念が希薄になり、当然、大人の社会集団が集まるところ自体、ほとんどありません。すると、子どもはモデルとなる大人の社会集団を見て学ぶチャンスはなくなっていきます。大人が集う場がなくなってしまったのですから、子どもも集うことはあまりしません。お寺や神社の境内は大都会にもありますが、遊ぶ子どもの姿を見ることがないのは当然の結果と言うことができるでしょう。子どもたちは家から離れて子どもだけで過ごす必要もなくなりました。子どもは常に親の庇護を受けているのが現在です。

　このように考えてみますと、限りなく「伝承遊び」の存続は危ういものです。「伝承遊び」は、もう子どもたちには遊ばれないのではないかと考える人が現れても不思議ではありません。

　「伝承遊び」が、消えるかもしれないという危機感は、異なった方向から、異なった形で、何とかしなければいけないという声があがりました。それは育児不安による母親の問題です。母親を中心として、子育てをしている親たちを支援する政策が出されたのです。大人の社会集団がなくなっ

てしまった社会は、子育てをどのようにしたらよいのかを伝承することができなくなってしまったのです。そのために子育てにおけるさまざまな課題が明らかになりました。各地域に「子育て支援センター」ができ、子どもを連れて親は出かけることができるようになりました。「子育て支援センター」は、子どもをどのように育てたらいいのかアドバイスをするというよりは、親が仲間をつくって、安心して子育てができるような環境を設定することに意味があります。かつての大人の社会集団とは異なりますが、少なくとも子育てをしている親たちの社会集団ができること、そこで子どもたちがほかの子どもとかかわり、遊んだりできる集団ができることが望まれています。もちろん、お互いに柵(しがらみ)のあった共同体という地域での集団とは異なっていますから、集団の質はまったく違うものです。けれども「子育て支援センター」では、何人かの子どもが同じ時間帯にいて、いろいろな大人を見る機会になっています。子どもの集団といっても年齢は赤ちゃんから幼稚園に入園する前くらいまでの子どもたちですので、あまり大きな差はありません。けれども子どもたちだけで遊んでいることもあり、それを見る小さな子どももいます。一度壊れてしまった大人の社会集団を「子育て」をキーとして再度つくるという努力をしようとしていることは、意味あることだと思います。

　そして、保育所や幼稚園でも、「子どもを育てる」と同時に「親をどう育てるのか」というテーマに取り組んでいます。子どもだけを育てようと努力しても、親が変わらなければどうしようもないということを保育者たちは体験しています。「子どもも親もいっしょに育つ保育」を目標としている保育所や幼稚園が増えています。

　そこでは子どもも親も楽しみながら、仲間づくりをしていくのが課題です。母親だけではなく父親も、園の活動に参加することに喜びを感じるような努力が続けられています。ある保育所、ある幼稚園が、それぞれ大人の社会集団の場となっていくことで、子どもたちが遊ぶ場となっていくようにしていく努力こそ、現在、必要だと思います。

　伝承的な遊びを「遊んでいない」と思われている子どもたちですが、大学生に聞いてみると、自分たちは子どものころ、「遊んでいた」と認識しています。大人からみれば、自分たちの子どものころと比較して、時間的

に短くなったり、集団が同年齢だったりと、その違いについ注目してしまいますが、少し前まで、子どもだった大学生は「自分はよく遊んだ。鬼ごっこもかくれんぼもカンけりもよくした」という思い出を話してくれます。そのおもしろさはもっと年齢が高い大人が感じているおもしろさと変わらないものなのだと思います。「伝承遊び」の魅力は遊びの種類の多さや量ではなく、体験したことの質なのだと考えられます。もちろん、いろいろな「伝承遊び」を体験したほうが、さまざまな体験の思い出をもった大人になることでしょう。けれども、数が少なくても「伝承遊び」を体験することは、その本質的なおもしろさを体験することになるのです。

　各保育所や各幼稚園で、伝承遊びは、子どもが自発的に遊び伝えていくものですが、だからといって保育者が教える「伝承遊び」は意味がないとは言えません。すべての子どもに一度に教えるのは無意味ですが、興味をもった数名の子どもと保育者が楽しそうに遊んでいる様子を見せるだけで、これを見る子どもたちには十分に意味があると考えます。常に保育者が意識して「伝承遊び」とかかわっていくことは、子どもや親に影響を及ぼすに違いありません。「伝承遊び」が、自然に子どもたちから発生する保育所や幼稚園は、子どもだけではなく、大人である親同士の社会がある場であると理解していいと思います。

　昔のような「伝承遊び」の伝承の仕方ではなく、現在ではそれぞれの保育所や幼稚園が「たまり場」となって、場を保証し、集団を形成していくことが大切なのだと思います。現在だからこそ、保育者はこれらの努力が必要なのだと言えます。

（注）

注1）　子どもの遊びや文化に詳しい瀬田貞二は、明治34年刊行の大田才次郎*）編『日本全国児童遊戯法』全3巻を昭和43年に『日本児童遊戯集』として復刻した本の解説で、子どもの遊戯に関する歴史的な大きな流れについて詳しく述べている。江戸時代には『骨董集』や『守貞漫稿』、『嬉遊笑覧』といった書物に子どもの遊びが述べられていて、それらは瀬田によれば「少数の識者のあいだから、質的に低くない考証随想の形でたどられている」ということである。
　　＊）　大田才次郎　本書p.32（『日本児童遊戯集』）参照

注2）フレーベル　1782年生まれ。1852年没。フリードリヒ・フレーベル。1839年に

旧東ドイツのブランケンブルヒに世界で最初の「幼稚園」を創設した。この「幼稚園」は家庭教育を完全に行うことができるように、母親たちを教育するための教育実習の場としてあったものであった。おもな教育内容は彼の考案した「恩物」であった。恩物そのものはうまく考えられたものであったが、子どもに自由に遊ばせないところに問題があり、厳しい批判を受けた。恩物から現在では積み木が生まれた。

注3）　瀬田貞二　1916年東京・本郷生まれ。東京帝国大学で国文学を専攻。戦後「児童百科辞典」（平凡社）の企画編集者をふりだしに、児童文学の評論、創作、翻訳などに大きな仕事を残した。特に子どもの文化・遊びについては『落穂ひろい―日本の子どもの文化をめぐる人びと』（福音館書店）がある。その他著書に『子どもと文学』（福音館書店）、『幼い子の文学』（中央公論社）などがある。1979年没。

注4）　大田才次郎編『日本全国児童遊戯法』全3巻　注1）および本書p.32参照

注5）　ジョン・ラザフォード・オールコック著／山口光朔訳『大君の都―幕末の日本滞在記』*）下巻、岩波文庫、1962年、p.225～226
　　＊）　ジョン・ラザフォード・オールコックがイギリス初代駐日公使として3年間、日本に滞在した際の記録である。

注6）　柳田国男　1875年兵庫県生まれ。民俗学者。東京帝国大学法科大学政治学科卒業。明治40年代から民俗学の研究へと進み、『後狩詞記』『遠野物語』等の出版や雑誌「郷土研究」「民族」等を編集して日本の民俗学を確立した。1962年没。

注7）　大田才次郎編／瀬田貞二解説『日本児童遊戯集』平凡社、1968年、p.354

注8）　同上書、p.355

注9）　加古里子（かこさとし）　1926年福井県生まれ。1948年東京大学工学部卒業。化学工業会社勤務後、東京大学教育科学部や東京都立大学人文学部非常勤講師を勤める。遊び研究や絵本作成がおもな業績である。著書に『日本の伝承のあそび読本』（福音館書店）、『遊びの四季』（じゃこめてい出版）、『子どもと遊び』（大月書店）など多数。

注10）　芸術教育研究所編『伝承あそび12ヵ月　春の巻』、『伝承あそび12ヵ月　夏の巻』、『伝承あそび12ヵ月　秋の巻』、『伝承あそび12ヵ月　冬の巻』黎明書房、1972年、各p.1

注11）　小泉文夫　1927年東京都生まれ。昭和期の民族音楽者。元東京芸術大学教授。世界各地の民族音楽を50か国に渡って調査、研究。比較音楽の権威として各界に大きな影響を与えた。著書に『子どもの遊びとうた』（草思社）、『わらべうたの研究』（わらべうたの研究刊行会）、『日本伝統音楽の研究』（音楽之友社）、『音楽の根源にあるもの』（青土社）等多数。1983年没。

注12) 半澤敏郎　昭和48年まで調査用紙を使い、総数20,926人に調査したものを『童遊文化史』全5巻としてまとめ、東京書籍より昭和55年に刊行した。明治時代から昭和48年までの子どもの遊びの集大成といえる。そのなかで49種類の遊びについて、名称の考察、遊びの説明、歴史的考察などが加えられている。

注13) 小川博久　1936年東京生まれ。東京教育大学大学院修了。東京学芸大学教授を経て、現在日本女子大学教授。教育方法学、幼児教育学専門。特に子どもの遊びについて研究している。著書に『遊びが育つ（0才～5才）』（フレーベル館）、『保育原理2001』（同文書院）、『保育援助論』（生活ジャーナル）などがある。

注14) 小川博久「遊びの伝承と実態」新・児童心理学講座第11巻『子どもの遊びと生活』金子書房、2000年、p.169～170

注15) 半澤敏郎『童遊文化史』第1巻、東京書籍、1980年 p.17～18

注16) 藤本浩之輔　1933年生まれ。京都大学大学院修了。1989年より京都大学教育学部教授。教育人類学専攻（子どもの生活と文化についての研究）。著書に『子どもの遊び空間』（日本放送出版）、『明治の子ども　遊びと暮らし』（SBB出版会）、『草花あそび事典』（くもん出版）などがある。1995年没。

注17) 藤本浩之輔『野外あそび事典』くもん出版、1994年、p.290

注18) R・カイヨワ　1913年生まれ。フランスの批評家、思想家。青年期をパリで過ごし、文法学と宗教学を修得。1938年にバタイユ、レリスらと組んで、社会学研究会を結成した。カマキリを観察対象とした『神話と人間』で〈聖〉の解明に取り組んだ。その後『遊びと人間』、『戦争論』、『詩のごまかし』、『文学の思い上がり』、『自然と美学』、『反対称』を著した。多岐に渡る問題意識を常に持ち続けた。1978年没。（下中弘編『世界大百科事典』平凡社、1988年）

いろいろな

伝承あそび

姉さま人形	相撲
あぶくたった	草花摘み
あやとり	たけうま
石けり	たこあげ
うまとび	手遊び
絵かき歌	通りゃんせ
おしくらまんじゅう	なわとび
お手玉	人形遊び
鬼ごっこ	はじめの一歩
おはじき	花いちもんめ
折り紙	はねつき
かくれんぼ	ビー玉
影絵	ベーゴマ
かごめかごめ	ままごと
カンけり	まり
子とろ子とろ	目隠し鬼
こま	めんこ
ゴムとび	輪回し

姉(あね)さま人形

　おもに紙でできた人形というより、子ども自身が和紙などで作って遊ぶ人形遊びです。明治時代から流行した人形遊びはちょうど母親が赤ちゃんの世話をするように、子どもが自身を母親に見立てて遊ぶ遊びですが、この姉さま人形の遊びはそうではありません。子どもが「人形を作る」ことそのものが遊びとなっています。「姉さま人形」の「姉さま」とは、もともとは女の子が自分より年上の女性を指したり、結婚したてのお嫁さんを指したり、若い娘を指したりした名称です。

人形のいろいろ

　子ども自身が作る人形は、草花で作るもの、トウモロコシの葉や茎や毛を使って作るもの、稲を使って作るもの、紙で作るものがあります。子どもにはむずかしいので、母親や祖母が作ってあげる布製の人形もあります。
　子どもが草花で人形を作って遊んだのは、ずいぶん古くから見られま

す。半澤敏郎[注1]は文献から、すでに平安時代から女の子が「ひいな草」を摘んで人形を作って遊んでいたことを報告しています。ただし、「ひいな草」がどのような草であるのかはわからないのです。現在では草といえども学名があり、どのようなものかわかりますが、当時は草の名前はまだ地域などで一定ではなく、「ひいな草」が何であるかはわかっていません。けれども半澤は、『牧野新日本植物図鑑』から、「ひいな草」は「じゃのひげ（りゅうのひげ）」だろうと推測しています。そのほかにも「かもじ草」「蕗」「わすれ草」などが人形を作る草であったろうと述べています。そしてこれらの草の総称として「ひいな草」と呼んだのではないかと述べています。森下みさ子[注2]は江戸時代末期に著された『浮世風呂』のなかに6〜8歳の女の子が4、5人で草たばねの「姉さま人形」でままごとをしている場面を紹介しています。女の子が日常的に「姉さま人形」で遊んでいたことがわかります。

千代紙が醸し出した魅力

稲株で作る人形は、おもに髪の毛を結う遊びでした。田んぼから稲株を掘り出し、よく水洗いし、よく乾燥させて、逆さまにして根の部分を全部ていねいに下げ、櫛で梳かして、いろいろな髪型を結うのです。いちょうがえし、いちょうまげ、いちょうくずし、ももわれ、たかしまだ、などの髪型を結い、髪飾りを挿して、遊んだのです。特に将来、髪結いの仕事につこうなどというようなこととは、まったく関係なく、女の子は遊んでいたのです。江戸時代にはこの遊びは珍しいものではありませんでした。

半澤敏郎『童遊文化史 別巻』東京書籍、1985、p.400より引用

紙人形では、顔に目や口や鼻を描くことはなく、前姿より後姿が主役でした。ですから後ろを向けて立たせるのが普通でした。『守貞漫稿(もりさだまんこう)』に「姉さま人形」の作り方が紹介されています。髪の部分の説明は詳しいのですが、着物の部分の説明はありません。図の着物には千代紙が描かれています。つまり「姉さま人形」の着物は千代紙が一般的だったようです。森下は、江戸時代から明治、大正、昭和と時代を超えて「姉さま人形」が遊ばれてきた原因はこの千代紙にあると推測しています。そして次のように千代紙の魅力を語っています。

半澤敏郎『童遊文化史 別巻』東京書籍、1985、p.401より引用

　「切りやすく、折りやすく、そして何よりも着物の柄を彷彿(ほうふつ)とさせる美しい模様を醸(かも)し出している『千代紙』に負うところが大きかったに相違ない。手足も胴体もない空なる体を、布をしのばせるようなしっとりと重い質感の和紙で包み、包むことによって、そこにないはずの体を産み出してしまう。千代紙は、その美しさと質感によって、着物に溶け込んだ華奢(きゃしゃ)で美しい女性の肢体を表してしまうのだ。折り目正しくシャンと立った姿と、紙の厚みしかない頼りなさ、千代紙は和紙であることによって、その両義を表現しうる類(たぐ)い稀(まれ)な素材であったといえよう。」注3)（ふりがな筆者）

　そして女の子が実際に千代紙を使ってどのように姉さま人形を作っていったのかを説明しています。

　「少女たちは、紙面にそれぞれの表情を貼り付けた千代紙を切り、まずは半襟と裾から色がのぞくように裏紙をつける。重ねられた紙はそのまま、姉さまの首に三角に折り曲げて重ね、襟を作る。縦に三つに折った紙は胴体となる。着物の色や柄に合わせて、帯となる紙を選ぶのは、実際の着付けと同じであろう。ただし、人形の場合はわずかな切れ端でも、十分間に合う。細長く折った千代紙を膨らませてお太鼓、結んで貼り付けて蝶

の形、長いまま二つに折って垂らすだらりの帯……と、いとも簡単に多彩な結び方が楽しめる。着せ終わって着物の裾を両側に開けば、立体感が出るとともに、裏に合わせた色がこぼれてぐっと粋にもなる。」[注4]

　この遊び方からわかるのは、「姉さま人形」で遊ぶ遊び方は、人形にどのような髪型をさせ、どのような着物を着せ、帯をどのような結び方にするかという、まさに女の子にとって、最大の関心事といえるファッション、おしゃれ心を満足させるものだったということです。このことは現在のリカちゃん人形の遊びと共通するところです。リカちゃんにいろいろな服を着せ、髪型を替え、バッグなどの持ち物を替えたりする姿は、姉さま人形に千代紙の着物を着せて楽しむ姿と重なります。リカちゃんを赤ちゃんとして扱うのではなく、おとなの女性として、すなわち「姉さま」として扱っているのです。ただ、もっとも異なる点は、姉さま人形は子どもが自分で着物を作るのですが、リカちゃん人形には既製の服や靴やアクセサリーがたくさん売られていて、それらを親が子どもに買って与えていることです。

　じつは、すでに江戸時代にも千代紙の姉さま人形が売られていて、親が子どもに買って与えたという記録があります。女の子はいつの時代にもおしゃれ心を満足させる遊びをしていたものなのです。

　注1）　半澤敏郎　前掲（p.20参照）

　注2）　森下みさ子　1957年生まれ。児童文化研究家。お茶の水女子大学博士課程修了。聖学院大学助教授。「おんな・子ども」の日常生活の文化に関心を寄せ、おもちゃ、日用品などのこまごました「もの」を通して、文化そのもののあり方を見つめ直す。著書に『江戸の花嫁』『江戸の微意識』『おもちゃ革命』（岩波書店）などがある。

　注3）　森下みさ子「『姉さま人形』に映る江戸」本田和子編『ものと子どもの文化史』勁草書房、1998年、p.24～25より引用

　注4）　同上書、p.30より引用

あぶくたった

　「あぶくたった」の遊び方は次のとおりです。「鬼」を輪の中心にして、手をつなぎ合い、「鬼」のまわりに円陣を作ります。そして次の歌をうたいながら、「鬼」の頭をつついたり、引っかき回したりしながら、「鬼」のまわりをぐるぐると回ります。

　　　あーぶくたった　煮えたった
　　　煮えたかどうだか　食べてみよ
　　　ムシャムシャムシャ
　　　　　（「鬼」の頭をつつく）
　　　まだ煮えない
　　　　　（２度繰り返す）
　　　あーぶくたった　煮えたった
　　　煮えたかどうだか　食べてみよ
　　　ムシャムシャムシャ
　　　もう煮えた
　　　　　（以下からは歌はなく、会話となる）
　　　戸棚にしまっておきましょう、ガチャガチャガチャ
　　　　　（「鬼」を立たせて、場所を指示して、カギをかける振りをする）
　　　　　（輪の中の一人が「おかあさん」になる）
　　みんな　「おかあさん、お金、ちょうだい。」
　　おかあさん　「戸棚にあずきがあるから、あれを食べなさい。」
　　みんな　「はーい。あっ、くさってる。川に捨てましょ。
　　　　　　　ドボーン。おふろに入って、ジャブジャブジャブ
　　　　　　　ごはんを食べて　ムシャムシャムシャ
　　　　　　　おふとんしいて　ねましょう。」
　　　鬼　　「トントントン」
　　みんな　「何の音？」

鬼	「風の音」
みんな	「あー、よかった」
鬼	「トントントン」
みんな	「何の音？」
鬼	「すべり台の音」
みんな	「あー、よかった」
鬼	「トントントン」
みんな	「何の音？」
鬼	「おばけの音」
みんな	「キャー！」

　言うやいなや、「鬼」は誰かを捕まえようと追いかけます。みんなは捕まえられないように、キャーと歓声をあげて走って逃げ回ります。

　この遊びは古い文献には見られず、唯一、半澤敏郎[注1]が収集した『童遊文化史』に、鬼ごっこの分類の「会話型」のところに「近世の、『小豆煮えたか……』の類型はその好例である」とあるだけです。ところが実際に遊んだ体験の持ち主たちは、会話の最後の緊張感をかならず覚えている、不思議な遊びです。

遊びのおもしろさ

「あぶくたった」の遊びのおもしろさは、何といっても会話にあります。煮えたあずきを戸棚にしまい、これがくさっているので、川に捨てます。そして夜になり、捨てられたあずきが「おばけ」となって、みんなを捕まえにくるという設定です。みんなはいつおばけがくるのか、それだけを最高の緊張感で待つのです。「鬼」役の子は、自分の好きなときに「おばけ」になることができます。みんなの緊張感を感じながら、「風の音」などと「はずす」楽しさもあります。「おばけ」となって、追いかけ回し、だれかを捕まえれば、鬼は交代です。鬼が代わって、またみんなで逃げる瞬間を期待して遊び始めるのです。

この遊びの始まりは近世？

半澤は、この遊びは「近世」に始まったと述べています。半澤の言う「近世」とは、江戸時代ということではなく、現代に近い時代ということだろうと理解していいでしょう。たしかに江戸時代はもちろん、明治時代の記録にも出てきませんし、昭和一けたの東京生まれの人々も遊んだ記憶がないことを述べています。しかしながら昭和22年に東京で生まれた人からは、遊んだ記憶がたしかにあるのです。先日、昭和56年、57年生まれの人々にこの遊びをやったかどうかを聞いてみました。すると約70名のうち、まったく遊んだ記憶がない人がたった1人いました。埼玉県深谷市というところで生まれ、育った人です。しかし、同じ深谷市で生まれ、育った、別の人は遊んだ記憶があるのです。このことからどうやらこの遊びは昭和20年前後から遊ばれ始め、細々とではありながら、子どもたちによって続けられてきているようです。

会話型の鬼遊び

「会話型」の鬼遊びとしては、明治時代に編纂された『日本児童遊戯集』[注2]に「向かいのばーさん」があります。これは特に夕方に各家の軒下を使って行われたようです。子ども数人が2つに分かれ、片方のグループ（A）がある家の軒下に集まり、もう一方のグループ（B）は向かいの家の軒下に集まります。そしてAグループとBグループの間にすでに選ばれて

いた鬼役の子が立ちます。まず、Aグループの子たちが、
　　　A「むかいのばーさん、茶々飲みにござれ」
と言います。するとBグループは、
　　　B「鬼がおって、よう行かん」
と言うと、再びAグループは、
　　　A「鬼のお留守に鉄砲かついで、さっさとござれ」
と言います。
　そしてBグループの1人がAグループのほうへ移動し始め、それを鬼は追いかけます。逃げる者は鬼に捕まらないように逃げ回ります。元の場所に帰ることができるので、何度も走ることになり、軒下を貸した家の人々はとてもうるさかったようです。
　このほかにも、この遊びによく似たものに「向こうのおばさん」や「お山のお山のおっこんさん」「かまやかまや」「源九郎はん遊び」が紹介されています。どれも鬼を間におき、2つのグループの子どもたちが会話を交わし、最終的には鬼が子を追う、鬼ごっこになる遊びです。これらのことから、会話型の遊びはすでに明治時代からあったことがわかります。

会話型の新しい遊び

　明治時代の文献にはありませんが、会話型の遊びとして「ことしのぼたん」の遊びがあります。
　鬼ではない子たちが、まるくなり、
　　　　ことしのぼたんはよいぼたん
　　　　おみみをからめてすっぽんぽん
　　　　もひとつからめてすっぽんぽん
とうたいながら、隣りの子と手をたたき、自分の両耳の横で手を回し、手を前でたたく動作をした後、鬼がこの子たちに話しかけてきます。
　　　　鬼　　入れて
　　みんな　　いやだ
　　　　鬼　　川へ連れてってあげるから
　　みんな　　川坊主がいるから　いや
　　　　鬼　　山へ連れてってあげるから

みんな　山坊主がいるから　いや
　　　　鬼　　海へ連れてってあげるから
　　　みんな　海坊主がいるから　いや
　　　　鬼　　じゃ、家の前を通ったら　棒でぶつよ
　　　みんな　じゃ、入れてあげる

　そしてここからは、鬼を加えてみんなで輪になり、「ことしのぼたんはよいぼたん」と動作をしながらうたいます。すると鬼は今度は次のように言います。

　　　　鬼　　わたし　帰る
　　　みんな　どうして
　　　　鬼　　ごはんだから
　　　みんな　おかずはなあに？
　　　　鬼　　たいのおさしみ
　　　みんな　それから？
　　　　鬼　　えびのてんぷら
　　　みんな　それから？
　　　　鬼　　へびのすのもの
　　　みんな　生きてるの、死んでるの？
　　　　鬼　　生きてるの
　　　みんな　ワーッ
　　　みんな　だれかさんの後ろにへびがいる
　　　　鬼　　わたし？
　　　みんな　ちがう
　　　みんな　だれかさんの後ろにへびがいる
　　　　鬼　　わたし？
　　　みんな　そう

　これをきっかけにみんなは逃げ、鬼は追いかけるのです。

遊びの演劇性

　これらの遊びの会話にある演劇性を加古里子(かこさとし)[注3]は重要視しています。加古はその構成や段階が、子どもたちのテンポに過不足なく適応し、そこ

32　あぶくたった

で述べられる台詞やしぐさや意味が、よく理解でき、その飛躍やスリルや盛り上がりが子どもの心をとらえ、劇的感興をつのらせるのだと述べています。

　「あぶくたった　にえたった」の遊びにおいても会話の演劇性が重要だと考えられます。最終的には鬼が子を追う、鬼ごっこになるのですが、そこに至るまでを演劇的に楽しんでいるといえます。

　注1）　半澤敏郎　前掲（p.20参照）

　注2）　『日本児童遊戯集』（大田才次郎編、平凡社、1968年）　この本は、明治34年に『日本全国児童遊戯法』全3巻として、博文館という出版社から刊行されたものを復刻したものである。大田才次郎は、当時、博文館の編集を担当していた。この本は、実際にその当時の子どもが遊んでいる遊びを調査したものをまとめて紹介したものである。その意味で、価値のある本である。

　注3）　かこさとし（加古里子）　前掲（p.19参照）

遊び方　あぶくたった

① 「あぶくたった」と歌をうたいながらしゃがんでいる鬼のまわりを回る。

② 「ムシャムシャムシャ」と輪の中央にいる鬼の頭をつつく。①と②を繰り返しそして「もう煮えた」となる。

③ 鬼を別の場所に移動させ、かぎをかける振りをする。ここから会話になる。

④ 鬼以外のみんなの中の一人が「おかあさん」になって鬼とみんなの会話が始まる。

あぶくたった　33

うた　あぶくたった

あぶくたった にえたった にえたかどうだか
たべてみよ むしゃむしゃむしゃ まだにえない
もうにえた

⑤ 鬼「トントントン」(みんなのほうへ戸をたたくまねをする。みんな「何の音?」

⑥ 鬼「風の音」と答える。みんな「あーよかった」。というような問答を繰り返す。

⑦ 最後の問答は、鬼「トントントン」、みんな「何の音?」、鬼「おばけの音」となる。

⑧ みんな「キャー」と逃げ、鬼はみんなを追いかける。

あやとり

　糸や糸のように細いひもをつないで輪にし、これを両手の親指と小指にかけて、中指で糸を引っかけて取り、そこにできた形を命名して遊ぶものです。「あやとり」の「あや」とは、「綾」、すなわち糸をななめに交えて織り出した模様のことをいいます。糸でできた模様を取り分けるところから、「あやとり」と呼ばれました。ほかにも大阪では「いととり」と呼ばれていましたし、伊勢では「みずとり」と呼ばれていました。一般的には女の子の遊びとされていますが、実際には男の子も遊んでいるものです。

一人あやとりと二人あやとり

　一人で糸を操る「一人あやとり」と、相手の糸を取り合う「二人あやとり」があります。一人あやとりでは、両手首に糸を２回まき巻きつけて、中指で糸をとってから始めます。親指をはじめ、それぞれの指を使って糸

を取り、さまざまな形を作ります。その形から「みず」や「しょうじ」、「つづみ」などと命名されていました。一人あやとりでは目まぐるしく指や手が動き、糸の形が変化していくので、やっている本人も、それを見ているほかの人もおもしろく思ったものです。ただむずかしいのは、糸の取り方や、指の動きを正確にしないとあやとりは壊れてしまうということです。

　二人で取り合うあやとりは、やり方によっては、いつまでも、それぞれが飽(あ)きるまで取り続けられるのですが、取る糸を間違えてしまうと、それでおしまい、ということになるので、緊張して糸を取ったり、はずしたりしたのです。

世界各地にある「あやとり」

　一本の糸さえあればできる遊びであるあやとりが、いつから遊ばれていたのかがわかる証拠となるものは残念ながらありません。日本では文献に登場するのは江戸時代ですが、もっと古く、平安時代から遊びはあったと推測されています。また、あやとりは日本だけのものではなく、世界各地にあるということはわかっています。

　特にエスキモーやナバホ族のあやとりは有名です。彼らは布製のひもや皮ひもや動物の腱(けん)などを使ってあやとりをしています。ただし、彼らのあやとりはやってはいけない時期が決まっていました。エスキモーでは秋には禁止されていました。なぜなら秋にあやとりをすると、太陽が地平線から昇らなくなると信じられていたからです。また、ナバホ族ではあやとりはクモが教えた遊びだと考えられていたので、クモがいない冬だけ、遊ぶのを許されました。だからなのかナバホ族のあやとりの命名には星にちなんだも

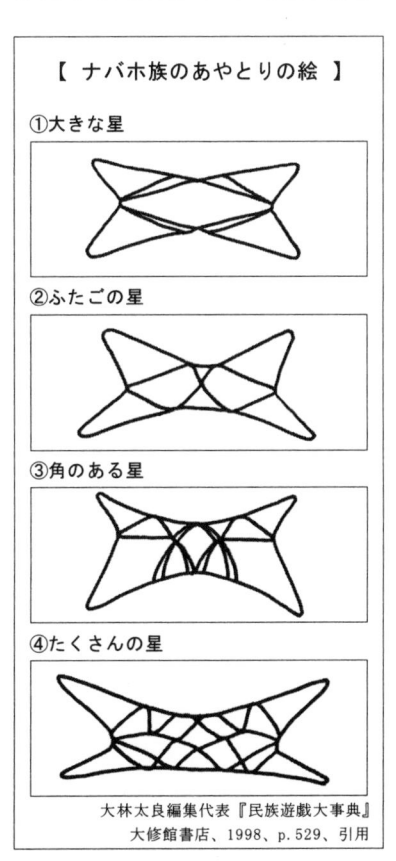

【　ナバホ族のあやとりの絵　】

①大きな星

②ふたごの星

③角のある星

④たくさんの星

大林太良編集代表『民族遊戯大事典』
大修館書店、1998、p.529、引用

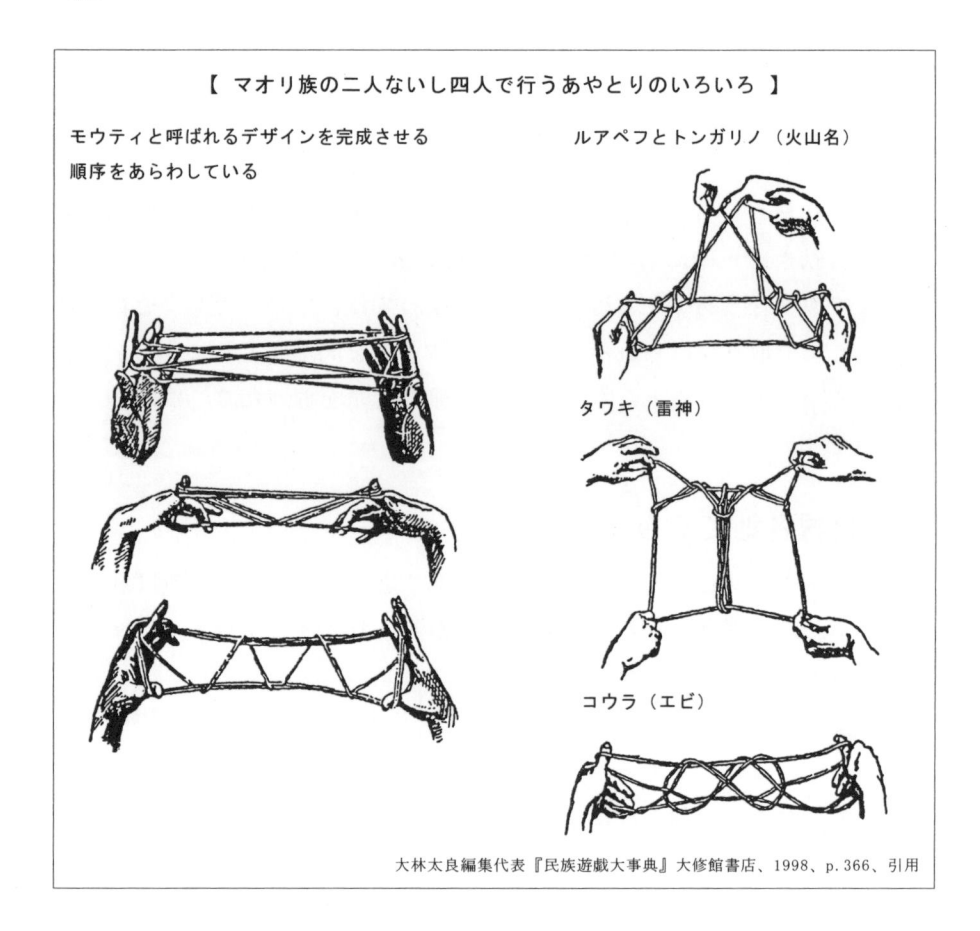

【 マオリ族の二人ないし四人で行うあやとりのいろいろ 】

モウティと呼ばれるデザインを完成させる
順序をあらわしている

ルアペフとトンガリノ（火山名）

タワキ（雷神）

コウラ（エビ）

大林太良編集代表『民族遊戯大事典』大修館書店、1998、p.366、引用

のが多くあります。またニュージーランドのマオリ族には一人あやとりはもちろん、二人あやとりや四人で取り合う四人あやとりがあります。

　あやとりの遊びは子どもだけではなく、もちろん大人も楽しんだのだろうということも簡単に推測できます。地味な遊びではありますが、この種の遊びは生活と密接にかかわっていたのではないかと考えられます。それぞれの民族によって、同じ形でも名前は異なっているのは当然ですが、それぞれの文化が伝わっているところがおもしろいところです。織物がさかんな日本でもいろいろな名前がついています。

あやとり 37

遊び方　一人あやとりのとり方

【　2段ばしご　】

① ●を中指でとる

② ●の親指のひもをはずす

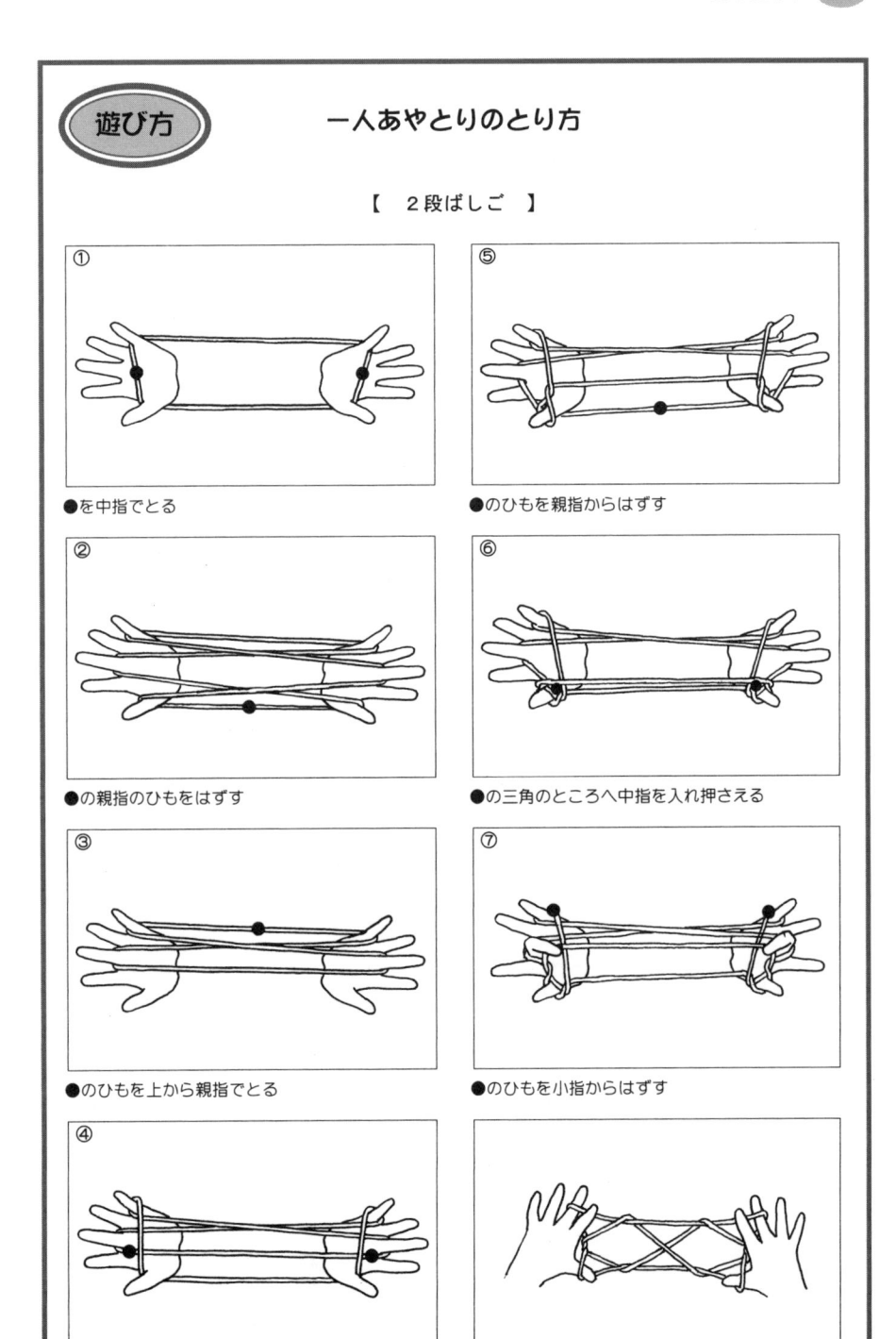

③ ●のひもを上から親指でとる

④ ●のひもをそれぞれの親指にかける

⑤ ●のひもを親指からはずす

⑥ ●の三角のところへ中指を入れ押さえる

⑦ ●のひもを小指からはずす

手のひらを外側に向けるようにして開くと、できあがり

あやとり

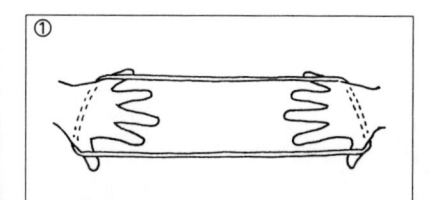

【 ゴ ム 】

① 上のようにひもをかけ、小指、親指のわきにかけ両手を開く

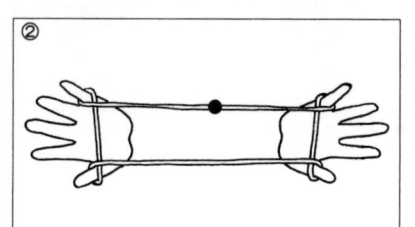

② 親指で●の小指のひもをとる

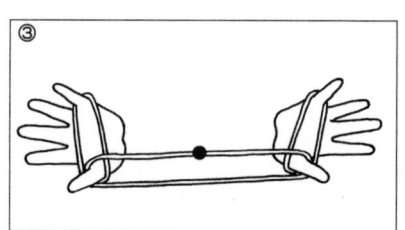

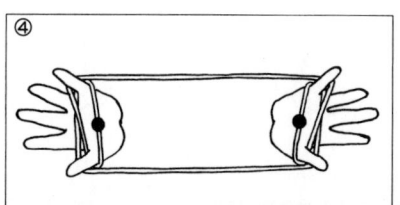

③ 小指で●のひもをとる

④ ●のひもをそれぞれ中指でとり、小指、親指にかけたひもをはずす

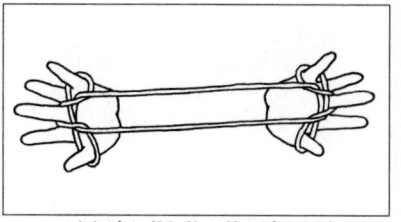

できあがり（延びたり縮んだりする）

【 か に 】

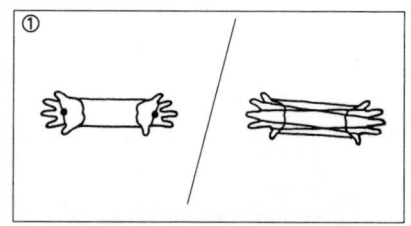

① ●のひもを中指でとり、右手を外側にひねる

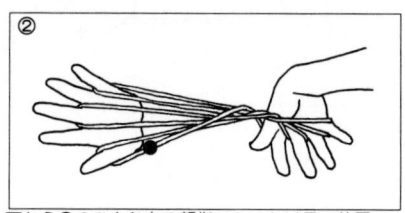

② 下から●のひもを右の親指でひっかけ元の位置に戻す

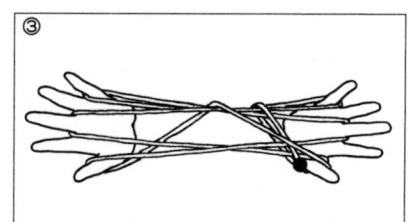

③ ●のひもを左手の親指でとる

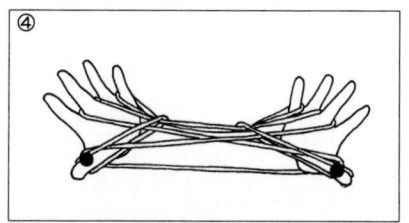

④ ●のひもを親指からはずすと

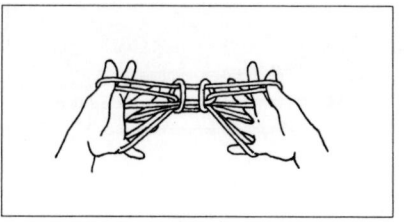

できあがり

【 2本ほうき 】

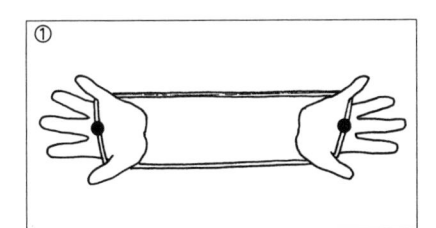

① ●を中指でとる

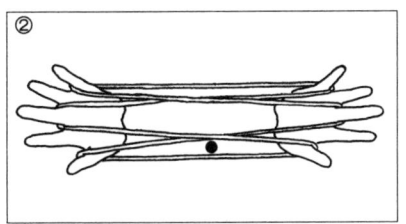

② 4本の指を握って、●に入れる

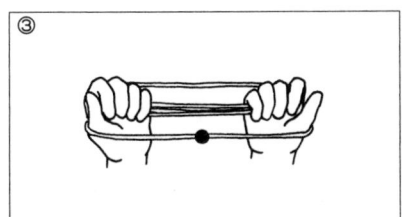

③ ●のひもを小指のほうへ移し、手を開く

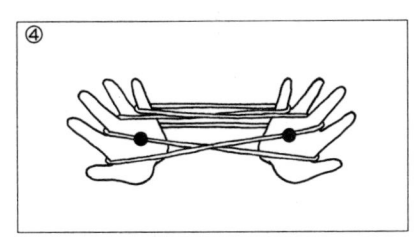

④ ●を親指でとり、中指のひもをはずす

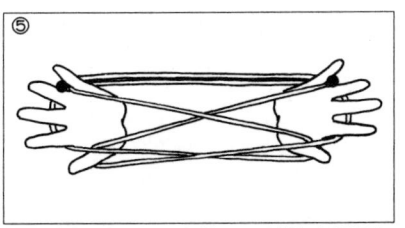

⑤ ●のひもをそれぞれにはずして、中指にかけ直す

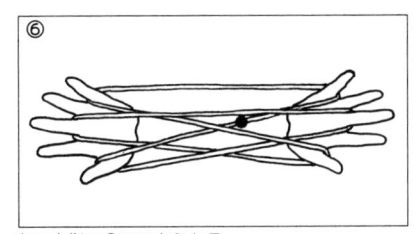

⑥ 右の小指で●のひもをとる

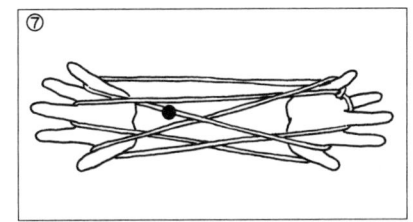

⑦ 左の小指で●のひもをとる

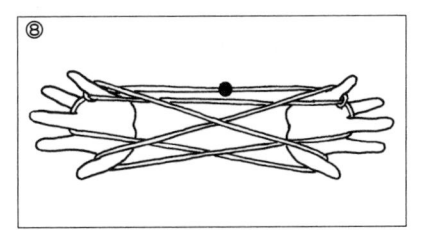

⑧ ●のひもをそれぞれの小指からはずす

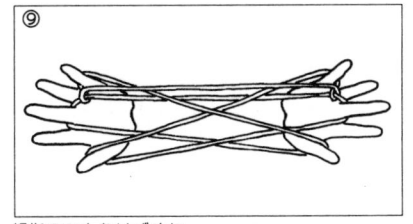

⑨ 親指のひもをはずすと

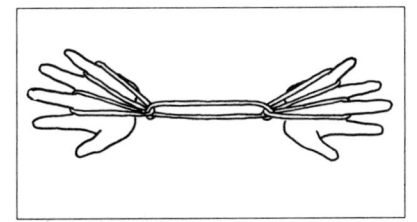

できあがり

遊び方 二人で遊べるあやとり

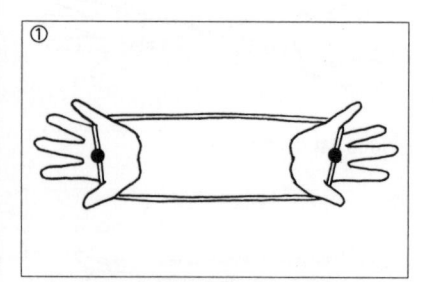

① 一人の子が●を中指でとる

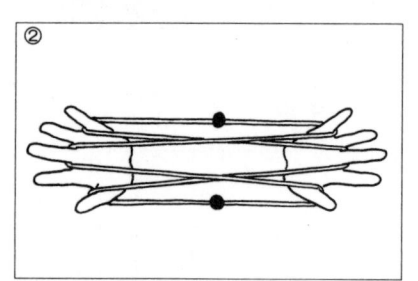

② もう一人の子が●のひもをとる

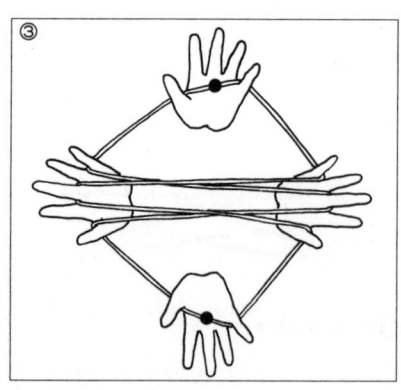

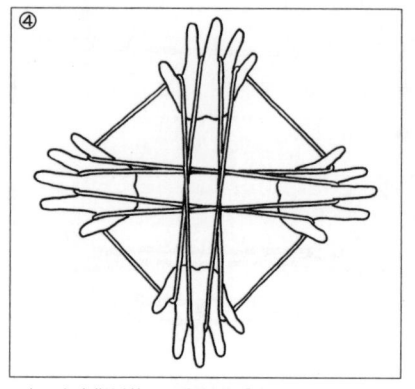

③ 中指で●のひもをとる

④ 二人とも中指以外のひもをはずす

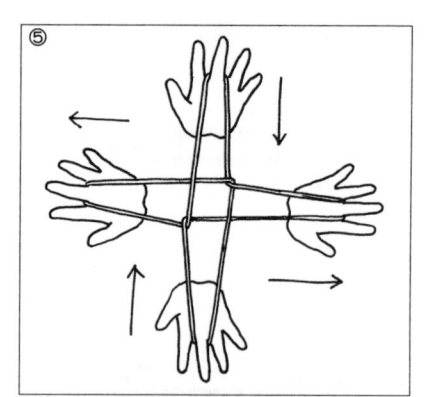

⑤ お互いの右手と右手、左手の左手をひっぱったりたたいたりする

できあがり

石けり

　石けりは、基本的には石を蹴るという、単純な遊びです。単に石を蹴る遊びであるのですが、世界的には歴史があるものです。
　決められた場所に自分の「石」が入るようにいかに上手に放り投げればいいのかを工夫し、地面に描かれた線を踏まないように注意しながら片足跳びをする。片足跳びは、幼い子にはむずかしく、体のバランスをくずせば簡単に線を踏んでしまい、もう一度やり直しになるのです。幼い子は失敗も多く、くやしい思いもします。けれどもうまくできたときは、とてもうれしいものです。筆者は石ではなく、ガラス製の石けり用の円形のものを地面に放って遊んだものです。少し重く、土の地面におさまりのいい石けりのガラス製の「石」の感触が掌にまだ残っています。

いろいろな呼び方

　半澤敏郎[注1]による調査では、全国で43通りの呼び方があることを紹介しています。その一部を紹介しましょう。

あんごまた、いしけんけん、いしとりあそび、いちごろ、いっけんば、いっけんばったん、いっちょんちょん、うさぎとかめ、おんせんとび、かかしとび、けんけん、けんぱぁ、けんけんぱぁ、てんかとり、てんごくとじごく、とびんこ、まるだんあそび、などなど。

半澤によれば、これらの名称はおもに石と跳び方と地面に描く形状に基づいていて、これらが複合したものもあるといっています。こんなにたくさんの呼び方があるということは、全国でどんなに多く「石けり」が遊ばれていたのかの証拠のようです。

いつから始まったのかはわからない遊び

こんなに遊ばれているのに、この遊びの古い記録はありません。半澤の調査によって、少なくとも明治時代からは遊ばれていたことはわかりました。けれどもそれ以前の記録がないのです。記録がないからといって、「石けり」の遊びがなかったとはもちろんいえません。「石」は人々の生活の中に常に存在していましたし、片足で跳ぶという行為も当然人々の暮らしの中にあったでしょうから、明治時代以前にもあったと考えるのが普通です。ただ文献としての記録がないということなのです。

世界的には非常に古い遊び

ヨーロッパでは古い時代から親しまれてきた遊びです。そのために「石けり」の遊びの起源についてはさまざまに研究されています。特にイギリスのクロンビーが1886年に述べた「迷路観念のキリスト教化」説が有名です。クロンビーによれば、「石けり」の遊びはすでに古代ローマで行われていたことが1世紀の記録からわかっていて、当時からこの遊びは来世観念とかかわっていたというのです。この観念が初期キリスト教時代にも受け継がれ、キリスト教徒はこの異教の観念をキリスト教的に変容したのだというものです。

イギリスやフランス、イタリアやドイツで行われている「石けり」の遊びの地面に描かれた図には、手前から地獄などと名づけられていて、もっとも先端の部分は天国と名づけられているのです。つまり、蹴られていく石はさまざまな地獄と苦しみを通過して、最後には天国にいたる過程を表

しているというのです。人間の死後、魂がさまざまな苦界をめぐり、ついには天国、楽園、至福へといたる様子を表現しているのが「石けり」の遊びだというわけです。その証拠に「石けり」のことをイタリアでは「楽園」、スコットランドでは「礼拝所」、ドイツでは「天国と地獄」とか「楽園遊び」と呼ばれているというのです。

　ということは、この「石けり」の遊びは意識的にキリスト教を布教するために作られたものだというわけです。ハワイでゴールが「空」とか「天国」とか呼ばれているのは、もともとあった宗教にキリスト教が融合したという解釈ができるでしょうし、インドでゴールが「山」とか「川」とか呼ばれているのは、インドの宗教の最終の地を示していると解釈できるのです。

日本の石けり

　寒川恒夫は『民族遊戯大事典』注2)の中で、日本の石けりは「明治になって外国からもたらされたものである」とはっきり述べています。そして明治34年に出版された大田才次郎編『日本児童遊戯集』注3)にたった4か所しか「石けり」の遊びが見られないことから、日本では全国的に普及したのは明治時代末期以降のことだろうと推測しています。

　また、明治時代からの遊びを調査した半澤の遊びの呼び名の中に「天国と地獄」があります。この「天国と地獄」という呼び名が「石けり」としてあるということは、ヨーロッパ発祥のものが日本にも伝わったということになります。ただし、キリスト教布教の意味があったのかどうかはわかりません。日本の多くの子どもにキリスト教的な「天国」と「地獄」の意味が理解できたとは考えられないからです。明治時代に始まった外国人宣教師による教会に通った子どもはいましたが、それはごく一部でした。寒川が述べるように「石けり」の遊びは明治時代になってから、キリスト教的意味合いより遊びそのもののおもしろさで、全国的に広まったと考えたほうが自然のように思います。

石けりの魅力

　「石けり」をするには何らかの図形を地面に描きます。ヨーロッパでも

石けり

見られたような円形型や方形型、渦巻き型もありますが、そのような図形に縛られないやり方もあります。遊び方は石をまず決められた場所に放り投げ、入れてから、片足跳びで図形の線を踏まないで進むもの（ただしときどき両足で休むことができる場所がある）、石を蹴りながら、片足跳びで進むものなどがあります。

日本の「石けり」はこうでなければならないというような、ルールがはっきりあるのではなく、さまざまな地域で、さまざまなルールで遊ばれました。「石けり」の遊びのおもしろさは、「石」という、どこででも簡単に手にはいる素材と地面さえあれば、遊ぶことができるという手軽さでは

コラム　世界の石けりの図形

① 7升基本形

天国
6
5
4
3
2
1

マルメロ
リンポ
煉獄
天国
地獄
第2の伏魔殿
第1の伏魔殿

② スペインの10升図形

天国
栄光
地獄
1
2
3
D B / C A

③ イタリアの10升図形

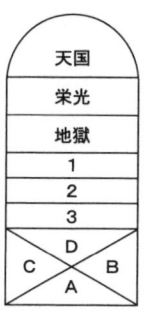

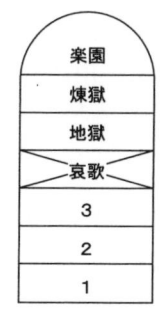

楽園
煉獄
地獄
哀歌
3
2
1

④ イタリアの9升図形

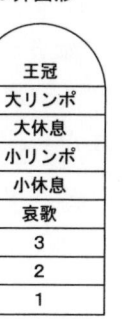

王冠
大リンポ
大休息
小リンポ
小休息
哀歌
3
2
1

⑤ イギリスとフランスの12升図形

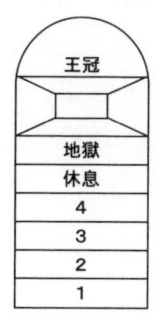

王冠
地獄
休息
4
3
2
1

⑥ 「私はピレトのところへ独りで行く」と書いた図形。スペイン

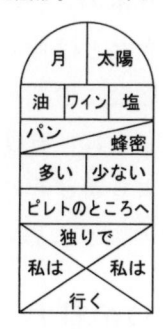

月	太陽
油	ワイン　塩
パン	蜂密
多い	少ない
ピレトのところへ	
独りで	
私は	私は
行く	

ないでしょうか。子どもは自分たちの想像力を使って、図も自由に、遊び方も自由にしていくことができたのです。

注1) 半澤敏郎　前掲（p.20参照）

注2) 『民族遊戯大事典』（大林太良編集代表、大修館書店、1998）　世界の諸民族の遊戯を広く見渡し、1冊にまとめられたものである。それぞれの地域や民族の文化に詳しい人が記している。研究者のためだけではなく、広く一般読者のために異文化をもつ人々へ理解を深めるために作られた本である。

注3) 『日本児童遊戯集』　前掲（p.32参照）

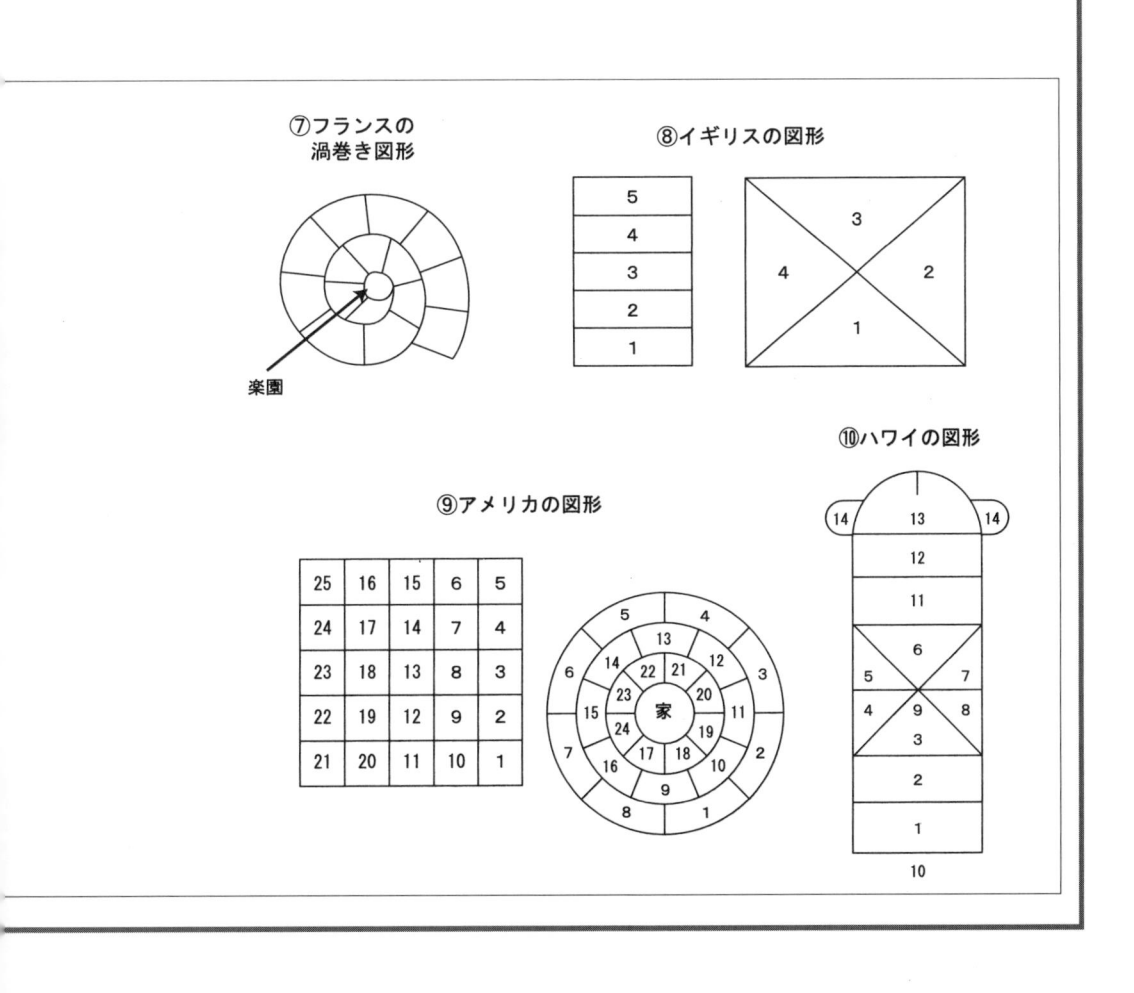

⑦フランスの渦巻き図形

楽園

⑧イギリスの図形

⑨アメリカの図形

⑩ハワイの図形

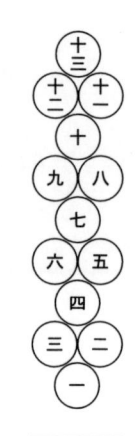

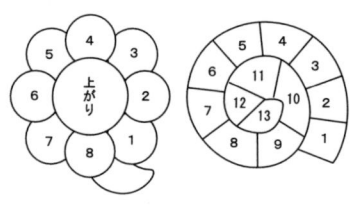

コラム　日本の石けりの図形

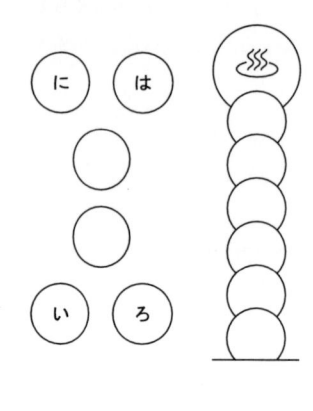

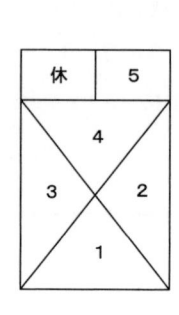

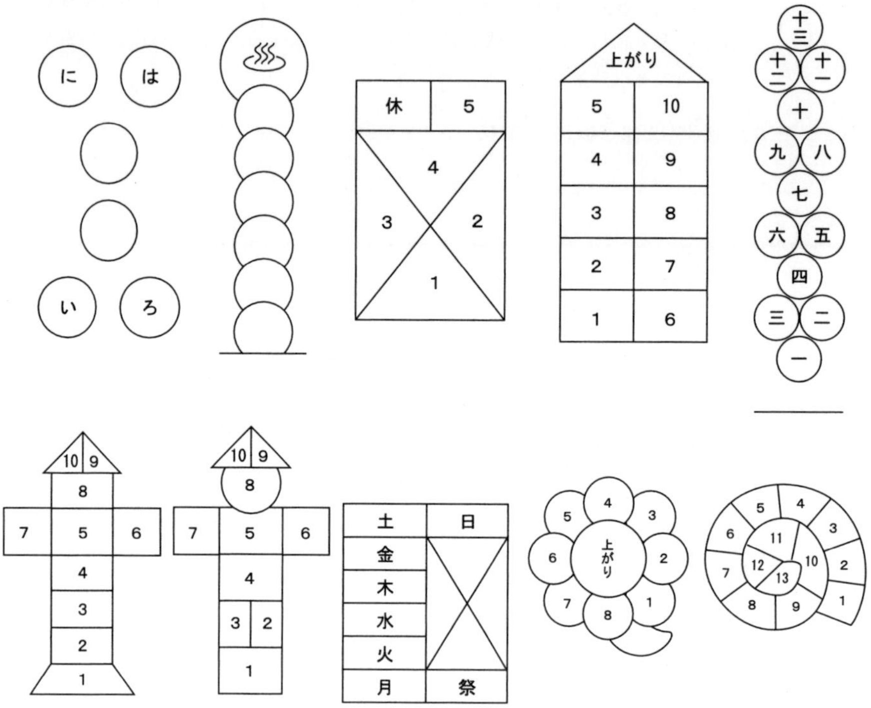

【 図① 】

【 図② 】

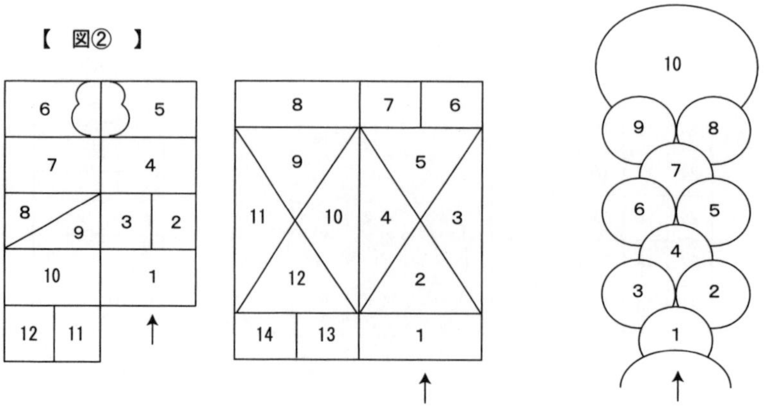

【 図③ 】

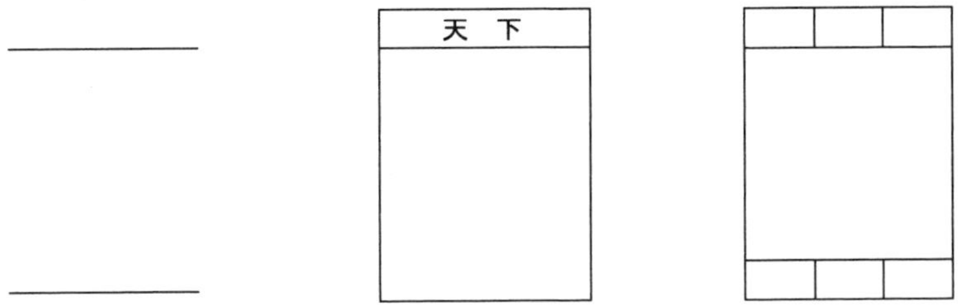

【 図④ 】

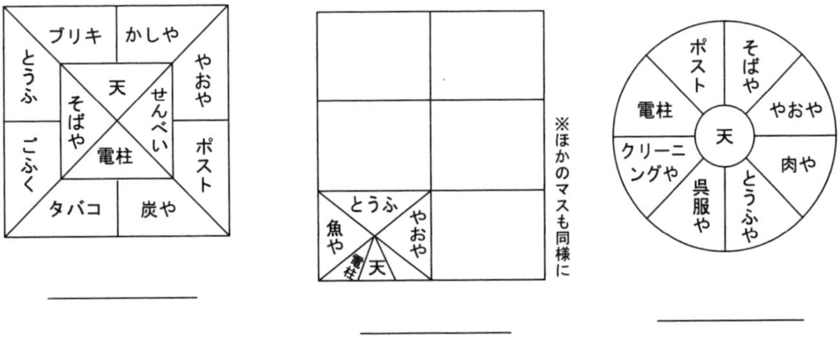

図① 区画1に小石を投げ入れ、片足でこの小石を区画2、3へと、蹴り進んで最後の区画に入れるもの。いろいろな図がある。

図② まず区画1に小石を投げ入れうまく入ったら、それ以外の区画に片足、両足、片足、両足というように交互の跳び方で往復し、区画1に入れた小石を取り、出発点に戻る。そして区画2に小石を入れ、同様のことを繰り返しつつ、最終区画までする。

図③ 全員が2つのグループに分かれて競うもの。区画の両端にそれぞれのメンバーの小石を置き、先攻のグループがまず自分の小石を区画内に投げ、そこまで一歩で達すれば、その小石を相手のグループの石に当てることで第1回の攻撃が終わるもの。1歩の次は2歩、3歩と歩数を増やしていく。

図④ それぞれの小石を投げたり、蹴り入れたりして、入ったところの区画に書かれてある場所へ、最後に一斉に走っていって、再び出発点に戻り、早く到着した人から順に再びゲームを続け遊んでいく。

(かこさとし著 『日本の子どもの遊び』 青木書店より)

うまとび

子どもが足は伸ばしたまま、上体を前に倒して「うま」を作って、それをほかの子が飛び越えるのではなく、ここでの遊びは、足を伸ばしたまま、上体を前に倒して「うま」を作った子どもたちが、頭を前の子どもの足の間に突っ込んで繫(つな)がり、どんどん繋がった長い「うま」の背中に、ほかの子が遠くから助走して飛び乗る遊びです。

依然として人気の高い遊び

半澤敏郎[注]の調査によれば、日本全国で、明治時代後半から男の子に遊ばれ、大正、昭和と常に人気の高い遊びであることがわかります。男の子ばかりでなく、女の子もすでに大正期から遊び、昭和前半から人気のある遊びでした。さまざまな伝承遊びのなかで、衰退していく遊びが少なくないのですが、この「うまとび」の遊びは昭和後半になっても依然として人気の高い遊びであると報告しています。

遊びの魅力

たいていは、前の人の股に頭を入れるという、その遊び方の事情によって、男の子と女の子は別々に遊んでいました。けれども筆者自身の記憶では、昭和35年頃、小学校4年生のときには、男女いっしょにうまとびで遊んでいました。特に何の抵抗感もなく、重さに耐えられる強い「うま」を作ろうと工夫して、男女関係なく、前の子の股に頭を入れていったのです。たいていは2組に分かれて、勝敗を争っていましたから、すぐに潰(つぶ)れないようにすることが一番大切でした。まだ男の子、女の子という意識は子どもになかったのでしょう。平気で遊んでいました。

この遊びのおもしろさがわかるのは幼児ではなく、少し年長の小学生くらいです。なぜならまだ体がしっかりとできていない幼児には無理だからです。壁や柱などを背にして立って、みんなの「うま」を体で受け止めなければならない子には、相当な力がかかります。この力に耐えることのできる子どもがこの役を引き受けました。「うま」になった子は、上に乗ら

れた子に潰されないように、しっかりと踏ん張って頑張り、「うま」に跳び乗る子は、なるべく多くの子が「うま」に乗れるように工夫するのです。一番始めに跳んで「うま」に乗る子は、なるべく先へと跳びます。そして後から跳んで乗る子は、その子に覆い被さるようにします。どんどん子どもが「うま」に乗り、2人くらいの「うま」に5、6人の子が乗ることになったりしました。下の「うま」は、できるだけ、自分の力の限り、頑張るのですが、最後には潰れることになります。これを何回も何回もして遊ぶのです。まさに力と力のぶつかりあいでした。「うま」が潰れると、上に乗っていた子も、「うま」役の子もみんな地面に体が横たわり、痛い思いをすることになります。けれども体の痛さより、「うまとび」で遊ぶほうがおもしろく、その誘惑には勝てなかったのです。

　　注）　半澤敏郎　前掲（p.20参照）

絵かき歌

　もともとは地面に棒きれや小石で引っかいてうたいながら絵を描いていく遊びです。地面が少なくなってしまった現在では、紙に描いていくことが多いようです。
　絵かき歌は、遊ぶ友達がいないときに、一人でも楽しめる遊びです。手遊びが一人より、二人以上の人数で遊ぶのが楽しいとしたら、絵かき歌は一人で遊べる良さがあります。

　わらべうたについて研究を深めた永田栄一[注1]は、日本には多くの絵かき歌があること、ほかに韓国やアジアには少しはあるけれど、ヨーロッパやアメリカにはほとんど見られないと述べています。そしてなぜ日本に絵かき歌が多いのかということについて、子どもの遊び歌についての調査をした小泉文夫の説である、「絵かきうたは視覚的なイマジネーションと音楽（うた）の結びつきという点で、日本の伝統音楽の精神とつながっている」と紹介しています。

文字による絵かき歌

　日本の絵かき歌は、ものの形だけではなく、文字が使われているのが特徴です。「へのへのもへじ」や「つるさんはまるまるむし」「つるにはののむし」など、文字の直線や曲線を生かし、絵にしていくのです。文字を絵にしたものは、実は鎌倉時代に登場します。酒井欣著『日本遊戯史』[注2]には、「ヘマムショ入道」が紹介されていますし、「へのへのもへじ」の絵かき歌は江戸時代の寺子屋で読み書きを習う子どもが遊んで描いていたとも言われています。

文字と形の組み合わせの絵かき歌

　たとえば数字の2と形を組み合わせて「あひる」を描くのはよく知られています。

　　　にいちゃんが
　　　さんえんもらって
　　　まめかって
　　　おくちを
　　　とんがらして
　　　あひるさん

　この絵かき歌は中国の北京でも遊ばれているそうです。島根大学の田中教授が1979年に調査したところ、絵は同じですが、歌がかなり違っています。

　　　きょうのテストはたったの2てん
　　　ママにぎょろりとにらまれた
　　　パパに三発たたかれた
　　　ばあさんおしりをけりつけた
　　　わたしはくちをとがらして
　　　とうとうあひるになりました

　この絵かき歌がなぜ中国にあるのかは、はっきりしないということです。日本から移入されたものなのか、中国で誕生したものなのか、定かではありません。

物の形や線で描く絵かき歌

　このタイプで有名なのは「みみずがさんびきよってきてー」で始まり、「あっというまにたこにゅうどう」で終わるものや、一時期テレビの幼児番組で放送されて、日本中に知れ渡った「コックさん」でしょう。

　　みみずがさんびきよってきて
　　たまごをみっつかいました
　　あめがざあざあふってきて
　　あられがポツポツふってきて
　　あっというまにたこにゅうどう

　　おなべかな　　おなべじゃないよ　　はっぱだよ
　　はっぱじゃないよ　　かえるだよ
　　かえるじゃないよ　　あひるだよ
　　６がつ６かに　　あめがざあざあふってきて
　　さんかくじょうぎにひびいって
　　あんぱんふたつに　　まめみっつ
　　こっぺぱんふたつくださいな
　　あっというまにかわいいコックさん

　どちらの絵かき歌もよく遊ばれているものです。また、絵かき歌には簡単に替え歌ができますから、同じ絵になる異なる歌もある場合があります。

　誰が始めたのか、歌をうたいながら文字や数字や線で、絵を描く遊びは地味ではありますが、好きな子にとっては、何回も繰り返して遊ぶ遊びです。

　　注1）　永田栄一　1927年生まれ。1954年、東京芸術大学卒業。元島根大学教授。遊びとわらべうたの世界を北海道から沖縄まで採譜し、子どもの文化を見直し、遊びが果たす人間教育の役割を明らかにした。1987年没。著書には、『遊びとわらべうた―子どもの文化の見直し』（青木書店、1982年）、『にほんの絵かきうた』（音楽之友社、1976年）、『日本のわらべうた遊び35』（音楽之友社、1981年）など。

　　注2）　『日本遊戯史』復刻版（酒井欣、拓石堂出版、1977年）　原本は昭和8年に出版された。奈良時代から江戸時代を通して、著されたさまざまな書物を調べ、遊戯史を作成したものである。

絵かき歌

遊び方 — 絵かき歌のいろいろ

【 あひる 】

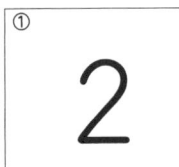

① にいちゃんが 
② さんえんもらって 
③ まめかって 
④ おくちをとんがらかして、あひるさん

【 たこにゅうどう 】

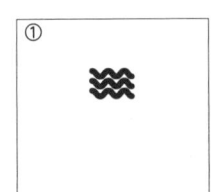

① みみずがさんびきよってきて 
② たまごを3つかいました、あめがざあざあふってきて 
③ あられがポツポツふってきて 
④ あっというまにたこにゅうどう

【 コックさん 】

① おなべかな 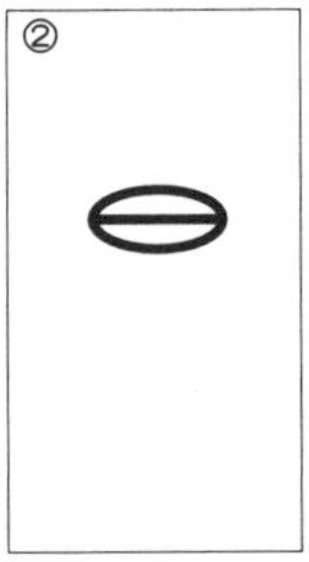
② おなべじゃないよ、はっぱだよ 
③ はっぱじゃないよ、かえるだよ 
④ かえるじゃないよ、あひるだよ 
⑤ 6がつ6かに、あめがざあざあふってきて 
⑥ さんかくじょうぎにひびいって 
⑦ あんぱんふたつに、まめみっつ 
⑧ こっぺぱんふたつくださいな 
⑨ あっというまにかわいいコックさん

おしくらまんじゅう

　寒いときにはおしくらまんじゅうが一番でした。体を寄せ合ってぐいぐいと押し合うと体がぽかぽかと暖かくなりました。

　　　おしくらまんじゅう
　　　おされてなくな
　　　おしくらまんじゅう
　　　おされてなくな
　　　あんまりおすとあんこがでるぞ
　　　あんこがでたらつまんでなめろ

　これを何度も言いながら、体を押し合うのです。体が両方から押されてそのかたまりから押し出されてしまうこともあります。押し出されないように一生懸命に押し合うのです。

江戸時代には「めじろおし」

　おしくらまんじゅうの遊びについては、古い文献にはありません。江戸時代に書かれた『嬉遊笑覧』に「めじろおし」とあるのが、おしくらまんじゅうの遊びの古い記録です。
　「めじろおし」は、ここでは遊びの名称として紹介されていますが、大勢の人で込み合っている様子を表すときにも用いられていました。現在でもたまに聞くことができる言い方です。半澤敏郎[注]によれば、「めじろおし」とは、鳥のメジロが枝に止まっていて、互いに押し合うところから、そのような様を表現したのだと説明しています。
　江戸時代には「めじろおし」と呼ばれていた遊びが、いつから「おしくらまんじゅう」と呼ばれるようになったのかは定かではありません。まんじゅうが潰されれば、中の餡は出てきます。その様子を子どもの押し合いの遊びに命名した人が誰なのかわかりませんが、なるほどと納得させられる、うまい呼び方だと思います。

体だけがあればいい遊び

　おしくらまんじゅうの遊びは、体と体とが触れ合う遊びの一つです。何も必要なものはない、ただ体だけがあればいい遊びです。何かして遊ぼうと思って集まった子どもたちが、寒さに震えているときに、真っ先に遊んだのが「おしくらまんじゅう」です。これで体を十分に暖めて、それから次の遊びに進んだのです。火がなくても、暖がとれたのです。まさに子どもの知恵といえるでしょう。

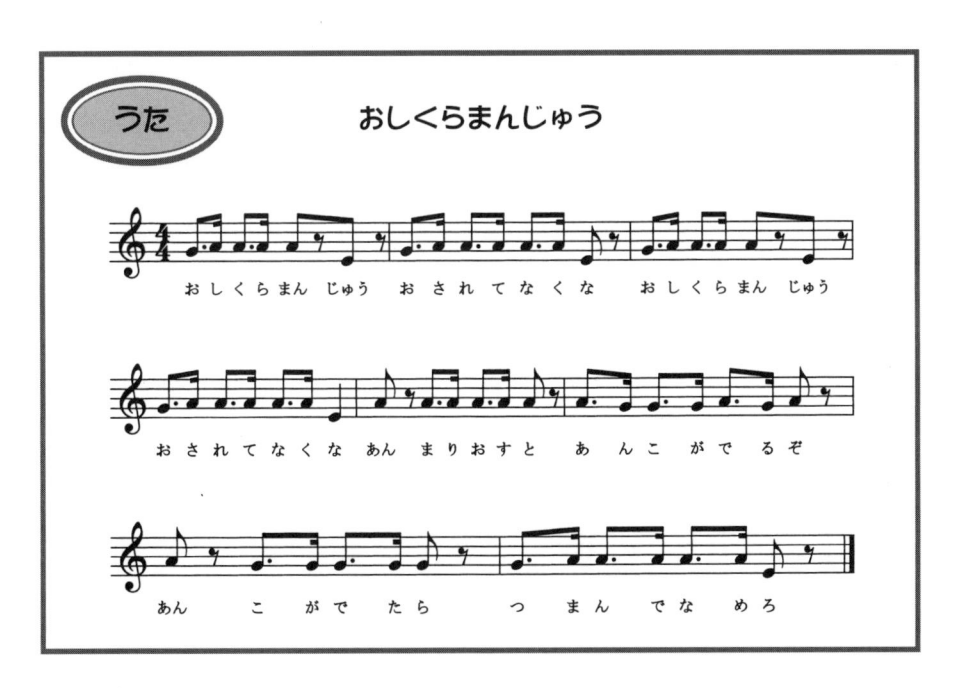

　　注）半澤敏郎　前掲（p.20参照）

うた　おしくらまんじゅう

おしくらまん じゅう おされてなくな おしくらまん じゅう
おされてなくな あんまりおすと あんこがでるぞ
あん こがで たら つまん でなめろ

お手玉

　お手玉の遊びは明治生まれの女性の話にはとてもよく登場します。「おじゃみ」とも呼ばれていました。ほとんどの子どもが母親に教わって、自分自身で縫って作りました。小さな布の端切れをつなぎ合わせ、そのなかに小豆や米などを入れた、小さな袋です。もっとも明治時代は小豆などを入れることは少なく、小石をその代わりにしていたようです。筆者自身が子どものころには、数珠玉（じゅず）を入れました。

　袋の数は奇数が一組になっており、袋を手でつかんだり、投げたりして遊びます。お手玉のなかの数珠玉を多く入れ過ぎては具合が悪く、適度に入れておくのがもっとも手でつかみやすいのです。お手玉の遊びにも動きに合わせた唱え歌がつき物です。歌をうたいながら、お手玉を一つ、空中に投げ、その間に下にまいた数個のお手玉を両手あるいは片手でつかんでいく遊びです。

筆者がよく遊んだのは次の歌です。

うた　　お手玉「おさらい」

　おさらい
　おひとつ　おひとつ　おさらい
　おふたつ　おふたつ　おさらい
　おみっつ　おみっつ　おさらい

おさらい（両手でお手玉を拾って、一斉に落とす）

おひとつおひとつ（お手玉を1個拾って）

おさらい

おふたつおふたつ（お手玉を2個拾って）

おさらい

おみっつおみっつ（お手玉を3個拾って）

おさらい

以下、お手玉の数だけ拾っていくのです。

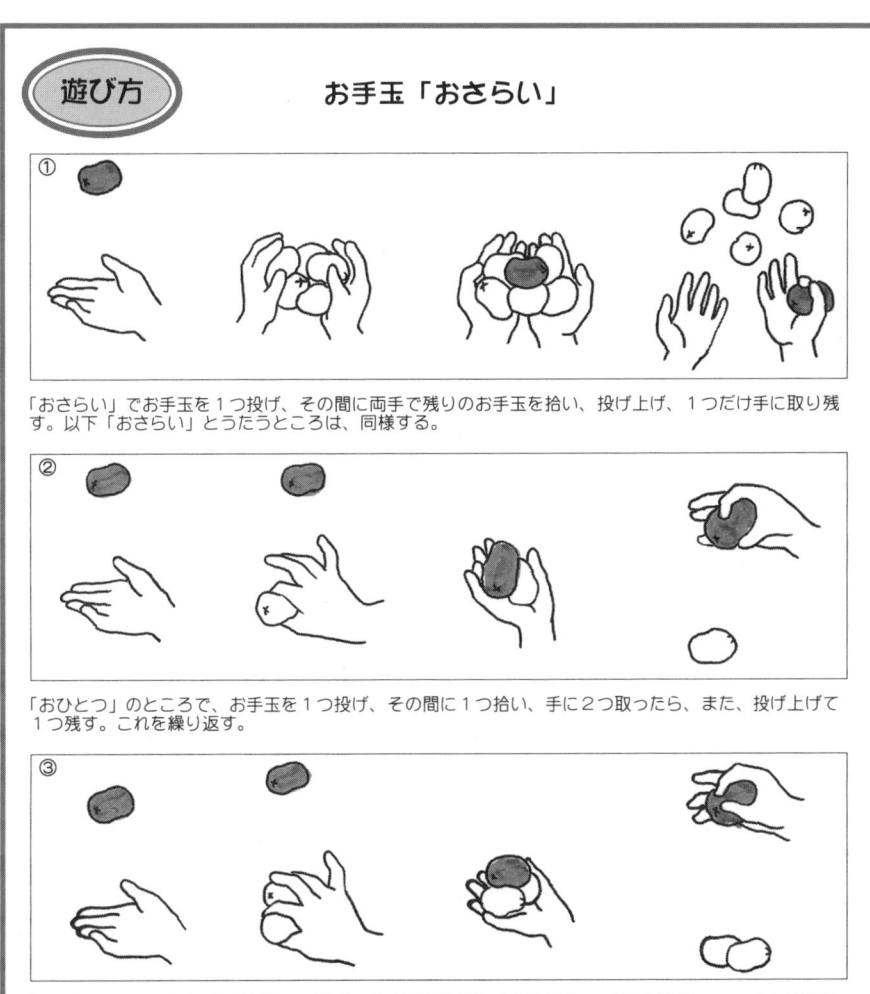

遊び方　お手玉「おさらい」

① 「おさらい」でお手玉を1つ投げ、その間に両手で残りのお手玉を拾い、投げ上げ、1つだけ手に取り残す。以下「おさらい」とうたうところは、同様する。

② 「おひとつ」のところで、お手玉を1つ投げ、その間に1つ拾い、手に2つ取ったら、また、投げ上げて1つ残す。これを繰り返す。

③ 「おふたつ」のときは、お手玉を1つ投げ、その間に拾うときの数を2つ、以下「おみっつ」のときは3つ……というように、繰り返していく。

あるいは次のような遊び方もありました。
　　おさらい
　　お手のせ　お手のせ（手の背にお手玉を1個ずつ乗せて）
　　おろして（お手玉を手の背から落として）
　　おさらい

これは、お手玉の数が多いと手の背からこぼれてしまってむずかしいものでした。

また、次のような遊び方もありました。
　　おさらい
　　おつかみ　おつかみ（お手玉を片手で1個ずつ、つかんでいき）
　　おろして（つかんだお手玉を離して）
　　おさらい

これは、お手玉の数が多いと全部をつかむのは大変困難でした。

さらに別の遊び方がありました。
　　おさらい
　　おはさみ　おはさみ（お手玉を1個ずつ指の間にはさんで）
　　おろして（手を離して、お手玉を下に落として）
　　おさらい

これは、お手玉の数が多い場合には、指の間にいくつかのお手玉をはさむことになり、かなり熟練を必要としたものです。

歌にあわせて空中に上げられたお手玉

そしてもちろん、手で2つや3つのお手玉を歌に合わせてずっと投げ続ける遊び方もありました。2つのお手玉は練習すれば比較的すぐに成功しましたが、3つのお手玉を下に落とさないで投げ続けるのはとてもむずかしいのです。両手で2つ、3つと投げられるようになると、次は片手で2つ、3つと投げられるように練習したものです。この連続して投げるときにうたった歌は、第二次世界大戦後に生まれた私でも始まりは次のようなものです。
　　いちれつらんぱん（一列談判）破裂して
　　日露戦争はじまった

さっさと逃げるはロシアの兵
死んでもつくすは日本の兵
　　　（略）

うた　お手玉唄のひとつ

いちれつらんぱんはれつして
にちろせんそうはじまった

　この歌は、まりを突くときにもうたっていましたから、同じような動作が続くときにうたっていたのでしょう。子どもですから、いちいちその歌詞の意味を考えたりしません。誰かがうたっているのを模倣していくのです。この歌はなんと、日露戦争がぼっ発したときのことをうたったものなのです。とうの昔に終わった歴史が子どもの遊び歌には残っていたのです。子どものわらべうたといっても興味深いところです。

古い歴史のあるお手玉の遊び

　このお手玉の遊びはとても古い歴史をもっています。おはじきと同様に古代からのおもちゃでした。有史以前から動物の骨片で作ったお手玉の遊びがあったと言われています。ギリシャ神話にオリンポスの神々たちが、お手玉を楽しむところが出てきます。アジアではインドが発祥地と言われています。石やナツメヤシの実などがお手玉に使われました。

　この遊びが中国を経て日本に伝わってきたのは奈良時代のころのようです。このころは「いしなどり」とか「いしなご」と呼ばれていました。小石を地上にまいて、その一つを空中に投げあげ、それが落ちてこないうちに下の石をつかんで、早く拾い尽くしたのを勝ちとする遊びでした。これ

は現在のお手玉取りの前身です。平安時代には宮中の遊びとなり、武家政治のころには複雑化していきました。「一二」と呼ばれ、数を多く取ったほうが勝ちとなる数取り遊びになりました。それに片手つき、両手つきなどのやり方が加えられ、しだいにお手玉の遊びとなりました。そして江戸時代にはすっかり少女の遊びになり、流行しました。碁石やムクロジの種子、小さな巻き貝などが用いられました。少女の流行おもちゃになるにしたがい、家庭にある布の裁ち切れなどを利用した、現在のような布製のものが現れました。はじめのうちは「いしなご」という呼び名の名残りで小石を入れていたのですが、手に受ける当たりが強く、痛いので、後には小豆などが多く使われるようになりました。

お手玉の魅力

　ところで、中に少しの重みを入れた小さな布の袋であるお手玉が、非常に長い間、なぜ子どもたちに好まれ遊ばれてきたのでしょうか。特に女の子なら、ほとんどの子どもが自分専用のお手玉をもち、自分の両手を使ってその小さな袋を投げ上げたり、つかんだりすることに夢中になりました。

その理由としては、お手玉の大きさがあまり大きくなく、小さな子どもの手にもちょうど扱えるくらいの大きさであること、布の端切れとはいえども、きれいな、美しいものであることがまず考えられます。そして一つとして同じものはありませんでした。それぞれの家庭の余り布で作られた手製です。子どもは自分の母親や祖母に作ってもらったり、あるいは自分自身で作ったものです。布の組み合わせはさまざまです。中に入れる小豆や数珠玉の量も自分にもっとも扱いやすいように考えて作ってあります。自分が一番使いやすいように作った、自分だけのお手玉なのです。

　お手玉はその勝敗で取り合うことはしませんでした。男の子たちの「めんこ」は勝敗によって持ち主が代わりますが、お手玉ではそのようなことはなく、ただ自分自身の技を見せ合うだけの遊びです。小石や小豆や数珠玉などを入れた布製の小さな袋は、女の子たちにとってはいつまでも飽きないで遊び続けることのできる魅力的な存在でした。自分の手になじんだお手玉を特別なものとして、大変ていねいに扱ったものです。それでもお手玉の布が擦り切れるくらい繰り返し遊ばれました。

　女の子がお手玉を使って遊び続けた理由として、もう一つ考えられるのは遊ぶときにうたわれたお手玉歌のおもしろさだろうと思います。お手玉歌はそれはそれはたくさんありました。これまでに残っている資料は、お手玉歌がいかにたくさんあったのかを示しています。しかしながら残念なことに、音符がないので、実際にどのようにうたわれていたのか、資料のすべてを知ることができないのです。せいぜい今の私ができるのは、私が子どものころにうたい、記憶にあるものを再現することくらいです。おそらく、このようにお手玉歌はどんどん人々の記憶から遠ざかってしまうのでしょう。年齢を重ねたお年寄りの方々に実際にうたっていただいて、お手玉歌を残す努力が必要のようです。[注]

　　注）　わずかだが、採譜した歌がある。例）相馬大『わらべうた　子どもの遊びと文化』
　　　　創元社、1976

コラム　お手玉の種類と作り方

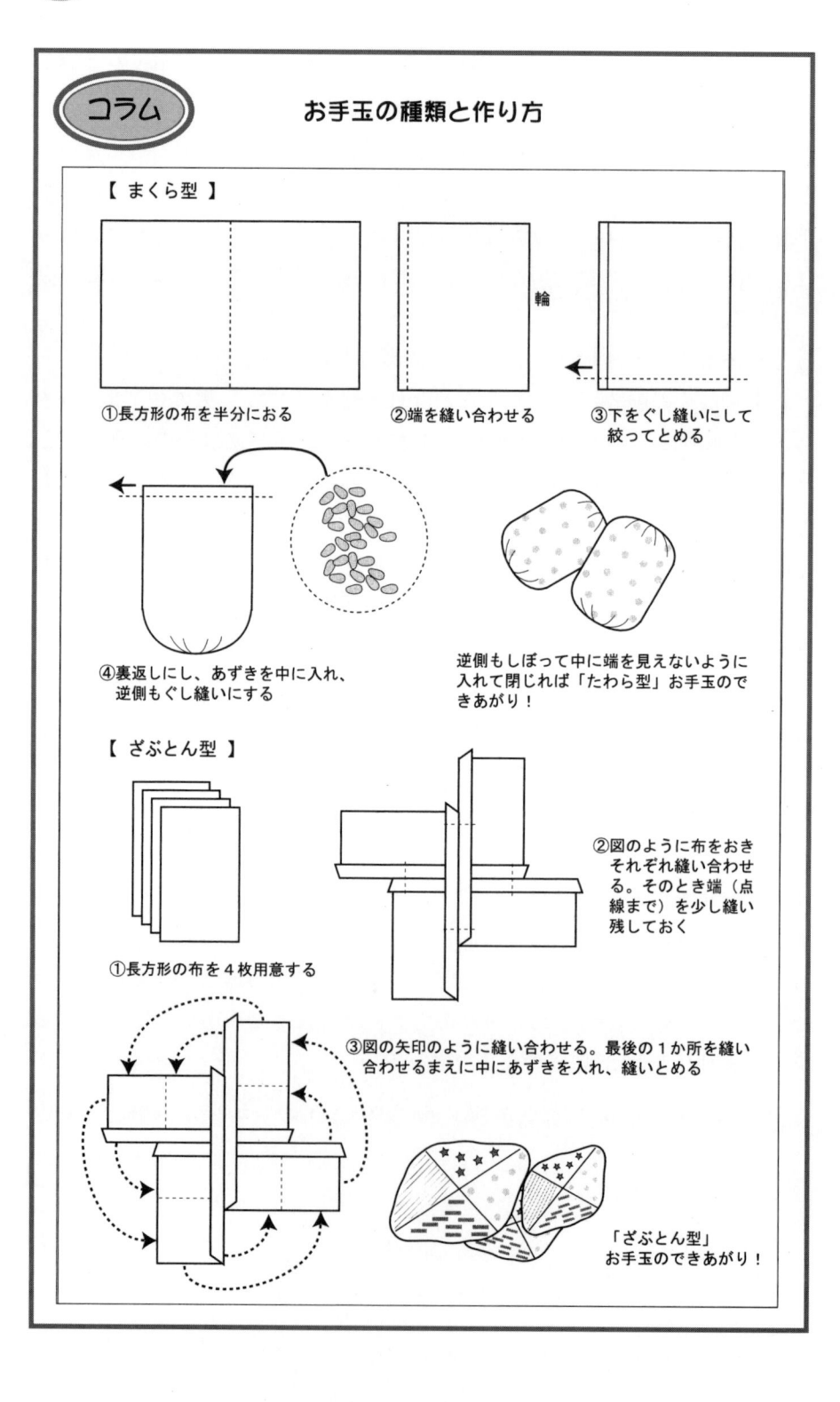

【 まくら型 】

①長方形の布を半分におる

②端を縫い合わせる

③下をぐし縫いにして絞ってとめる

輪

④裏返しにし、あずきを中に入れ、逆側もぐし縫いにする

逆側もしぼって中に端を見えないように入れて閉じれば「たわら型」お手玉のできあがり！

【 ざぶとん型 】

①長方形の布を4枚用意する

②図のように布をおきそれぞれ縫い合わせる。そのとき端（点線まで）を少し縫い残しておく

③図の矢印のように縫い合わせる。最後の1か所を縫い合わせるまえに中にあずきを入れ、縫いとめる

「ざぶとん型」お手玉のできあがり！

鬼ごっこ

　「鬼ごっこ」とは、一般に「鬼」という役割をとる者がいる遊びをいいます。高鬼(たかおに)、色鬼(いろおに)など、さまざまな遊びがあります。けれども普通、「鬼ごっこ」というと「追いかけ鬼」などの追いかけっこを指すことが多いでしょう。

　日本の子どもの遊びの調査をした半澤敏郎(注1)は、「鬼ごっこ」には全国で255種類の呼び名があったことをあげています。半澤の最後の調査から27年の年月を過ぎた現在では、呼び名の種類は少なくなっていることを推測するのは否めません。ただし半澤の調査では見られなかった遊びが登場しています。最近では「おおかみさん、いま何時?」や「おおかみとひつじ」と呼ばれる遊びが人気がありますが、これらは27年前にはなかった遊びです。「鬼」が「おおかみ」となっているところは長く伝承されてきたものとは異なっていますが、今後、これらの遊びが継続していけば、これらも伝承遊びの一部になるのです。

「鬼」とは何？

さて「鬼ごっこ」では「鬼」の役割をとる子どもがかならず存在するのですが、なぜ「鬼」というのでしょうか？

柳田国男[注2]や和歌森太郎[注3]は、子どもの「鬼ごっこ」とはすなわち「鬼事(おにごと)」が変化したものであると述べています。「鬼事」とは神事の一つなのですが、いろいろな地方の神社や寺の鬼追い祭や鬼むけ祭のことを指します。鬼追い祭や鬼むけ祭とは、鬼の役割をとった者が大あばれをした後に、今度は逆に、人々に追いかけられ、鬼が追いやられる神事です。この神事は中国の鬼やらい（災いをもたらす精霊としての鬼を追い払う神事）に起源をもつといわれています。ここに「鬼」は人々に追いかけられるという図式を見ることができます。子どもたちは大人たちが行っている鬼事を当然見ており、それを模倣して自分たちの遊びとして再現し、それがおもしろくて次から次へと伝承されてきたと考えられます。それにしても子どもは、人々が鬼を追いかけ追い払うところではなく、はじめの鬼が人々を追いかける部分を自分たちの遊びとしていったところが興味深いところです。

中国では、「鬼」とは死者の魂の帰ってきた形と考えられていました。けれども日本に「オニ」として入ってきたところから、中国の「鬼」とは微妙に異なっていったと考えられています。馬場あき子[注4]や折口信夫[注5]らの研究から「鬼」とは、「畏(おそ)るべきもの、慎(つつし)むべきもの」であり、私たちの目には見えないのだけれどその存在を信ずることができ、人間ではないものとして、恐れられ、なるべくなら出会うことがないように願われたのでした。

このような存在である「鬼」が、子どもの遊びには当然の存在として生きていることが不思議にも思えます。

追う者と追われる者の親しい関係

「鬼ごっこ」のなかでもっともシンプルな追いかけっこの型の「追いかけ鬼」の遊びの特色を考えてみましょう。これは、追う役割をとる者と追われる役割をとる者の両者の間に、人間的なかかわりがなければ遊びとして成立しません。両者の間にまったく関係がない場合には「追いかけ鬼」

の遊びは始まるわけはないのです。もしも見知らぬ人が自分を追いかけてくるとしたら、誰でも必死に逃げるはずです。そして助けを求めることでしょう。けれども母親が子どもに向かって「捕まえちゃうわよー」と言って追いかけると、子どもは笑いながら逃げていき、母親に捕まえられることを願い、捕まえられると「きゃっ、きゃっ」と笑います。つまり、追われる者は追う者に捕まりたいと思いながら逃げ、追う者もかならず捕まえられることを信じて追っているのです。「追いかけ鬼」の遊びは追う者と追われる者との関係が親密であるほど、より楽しいものになるのです。

　追いかける子は追いかけることを喜び、もっと追いかけたいと思って、逃げていく子を追っていきます。また追いかけられる子は、「鬼」に追いかけられることを喜び、「鬼」をあえて挑発したりします。追う子も追われる子も、それぞれが楽しんでいるのです。もし追われる子がまったく逃げないとしたら、追う子はすぐに捕まえられますが、これでは遊びにはなりません。やはり、追われる子は、追う子の存在をいつも認めることができる距離をとることが大切なのです。この適当な距離をとることができる関係こそが「鬼ごっこ」の遊びを成立させる要素といえます。

注1）　半澤敏郎　前掲（p.20参照）

注2）　柳田国男　前掲（p.19参照）

注3）　和歌森太郎　1915年千葉県生まれ。戦後の歴史学者。日本古代史、文化史の研究に従事し、また民間伝承、習俗を収集した。1977年没。

注4）　馬場あき子　1928年東京生まれ。現代の歌人、評論家。都立高校教員を経て、昭和53年に『かりん』創刊。歌集、評論多数。

注5）　折口信夫　1887年大阪生まれ。大正、昭和期の国文学者、歌人。柳田国男に私淑。各地の民間伝承や民俗芸能の採集、調査旅行をさかんに行う。国文学者として古代研究や芸能史研究などに新分野を開いた。1953年没。

コラム　鬼ごっこのいろいろ

鬼ごっこは「鬼」が子を追いかける遊びですが、特色をとり、さまざまな呼び名があります。一般的なものを紹介しましょう。

- 色鬼

　「鬼」が「〇〇色」と叫ぶ。子は、「鬼」が指定した色を探して、触れることができないと、「鬼」はその子を捕まえて、「鬼」を交替する。「鬼」が指定した色に触れれば、「鬼」に捕まえられることはない。

- 木鬼

　「鬼」ではない子は木に触っていれば、「鬼」には捕まらない。木から、ちょっとでも手を離せば、「鬼」はその子を追いかける。「鬼」がその子を捕まえれば、「鬼」は交替する。

- 高鬼

　子は、地面より少しでも高いところにいれば、「鬼」に捕まることはない。子は、ジャングルジムやすべり台などのところに上がっていれば安全である。けれども、ずっと上がっているのでは追いかけっこにはならないので、すなわちおもしろくないので、たいていは、子は「鬼」を挑発するかのように、「鬼」の目を盗んで、地面にさっと降りる。そこで、「鬼」はその子を追いかけ、子が捕まれば、「鬼」は交替する。

- しゃがみ鬼（すわり鬼）

　子は、「鬼」と追いかけっこをしていて、その場にしゃがめば（すわれば）、「鬼」には捕まらない。一人の「鬼」が、数人の子を追いかけているので、子が逃げる機会は多く、「鬼」は子をなかなか捕まえることができない。

- ひょうたん鬼

　地面にひょうたんの形を描いて、子はその中にいる。「鬼」はひょうたんの形の外側を行き来して、形の中にいる子を捕まえる。「鬼」は、ひょうたんを描いている線の中に入ってはいけない。ひょうたんの形は、かならず狭い部分があるので、そこを通るときには、「鬼」にとっては最高に都合がよいが、子にとっては、「鬼」に捕まる確率が一番高く、スリル感を味わう。

おはじき

現在の子どもたちは「おはじき」が遊び道具とは知らないかもしれません。美しい色をした、小さなガラス製のおはじきは、今や装飾品となってしまいました。透明なガラスに空色や朱色や黄色や群青色(ぐんじょう)がつけられているおはじきは、薄緑色のおはじきとは異なる、大事なものでした。

　明治20年代に生まれた女性たちは、子どものころに「ゼゼ貝」と呼ばれたキサゴでおはじきをしていたことを述べています。当時、ゼゼ貝は売られていました。一銭で一合升に一杯あったと言いますから、子どもでも簡単に買えるくらいの安いものだったのです。このゼゼ貝でおはじきをしていました。まずみんなで同じ数のゼゼ貝を出し合い、畳などの床に撒きます。そして貝と貝の隙間の空いているところへ小指を入れ、弾きます。ほかの貝に当たらなければ、その貝をもらうことができるのです。この遊び方はその後も変わりません。

　ガラス製のおはじきが登場するのは明治時代後半になってからです。ガラス製のおはじきが現れてからはきれいなおはじきをとろうと、子どもは夢中になったものです。単におはじきをたくさん集めることが目的ではなく、なるべくきれいなおはじきを集めようとしたのです。

紀元前からあったおはじき遊び

　おはじきの遊びの歴史はとても古いものです。木の実、貝殻、小石などを指で弾いて当てる遊びは、紀元前から存在したといわれています。ヨーロッパ古代のおはじきは、円形の中央に小石をまき散らしておき、これをほかの小石でねらい弾(はじ)き、円内の小石を一番多く弾き出した者を勝ちとする遊びでした。

アジアでは、インド、セイロンに始まったこの古代遊戯が中国に伝えられて、魏時代（AD200年）に弾碁（はじき）が生まれました。これは黒白の石を互いに分け持って、中高になっている盤の隅から、それを弾き合い、中央の凸起点を越えて打ち当てれば、相手の石を取り、当て損なえば、その石を取られる遊びです。この盤上おはじきは日本にも伝わり、平安時代には貴族たちの間で遊ばれました。まず大人たちの遊びとしてあったわけです。

江戸時代に入ると、女の子の遊びとなりました。小石の代わりにキサゴの貝が使われるようになりました。明治時代に遊んでいたのはこのキサゴの貝です。ほかにもコヤスガイの貝殻、ギンナン、数珠玉や柿の実などの自然物や、瀬戸物のかけらが使われました。その後、ガラス製が作られるようになりました。戦後、プラスチック製もありましたが、現在では再びガラス製が作られています。

小さい「もの」を収集する喜び

おはじきの遊びは、小さい「もの」を指で弾いて、その弾いたものをやり取りするところにおもしろさがあるのです。この種の遊びは男の子たちの遊びのメンコやベーゴマやビー玉などがそうです。それぞれの子どもの手の技術によって、上手、下手があり、早く上手になりたいとおはじきを

一人で練習したりするのも楽しみでした。子どもにとって、小さい「もの」は魅力的な存在です。子どもだけではなく、人間にとって小さい「もの」は魅力的な存在かもしれません。小さいことはそれだけで魅力的な特徴です。自分より小さい「もの」、たとえ貝殻であれ、小石であっても、集めたくなるのです。それが美しいガラス製のおはじきなら、いっそう集めたくなるものです。集めた「もの」はたしかに自分の「宝物」になるに違いありません。

遊び方　「おはじき」の基本的な遊び方

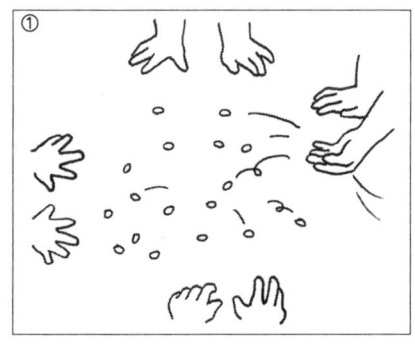

① それぞれ決めた数のおはじきを出し合い、じゃんけんで順番を決める。1番最初の順番の人がみんなのおはじきを広がるようにまく。

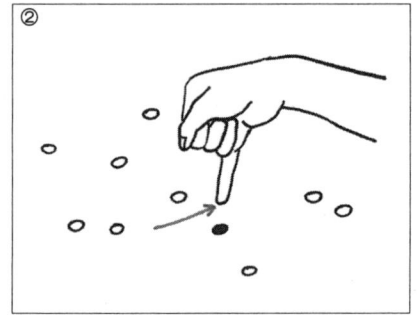

② まず、当てるおはじきを決める。弾くおはじきと当てるおはじきの間を指先で線を引く。（このときおはじきに指は当ってはいけない。狭いところは小指の爪などで引く）

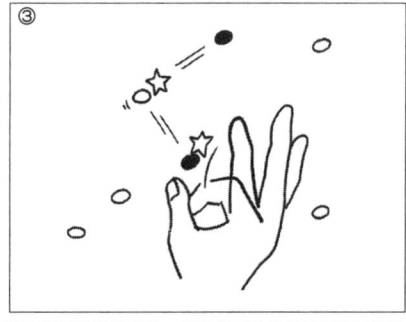

③ 指でおはじきを弾き、当たればそのおはじきを自分のものにすることができ、失敗するまで続けることができる。（目標のおはじき以外に当たったりしたら失敗となる）

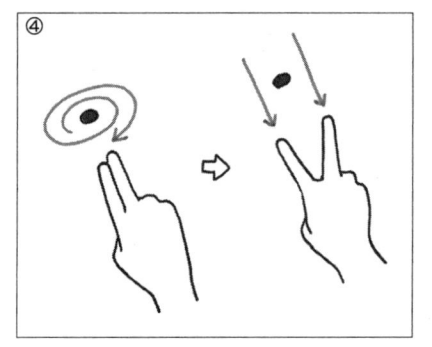

④ 最後の1つは位置を確認した後、目をつぶりおはじきに触れずに、指先を2回まわし、人差し指と中指の間を通せば、取ることができる。

折り紙

　現在、私たちが「折り紙」と呼んでいるのは、正方形の紙を折り、何らかの形に見立て、飾ったり、遊んだりするものです。「折り紙」といえば、すぐに「つる」をイメージする人も多いでしょう。筆者は「つる」より簡単に折ることができる「やっこさん」や「二槽船(にそうぶね)」などをよく折ったことを思い出します。折り紙が上手だった祖母に「おばけ」を折ってもらったことなどもなつかしい思い出です。

　折り紙の遊びは相当昔から行われているように思いますが、この遊びについては歴史的に文献がほとんどないといっても言い過ぎではないほど、記録がないのが事実です。

折り紙の歴史

　折り紙の歴史に注目し、研究を試みている梶浦真由美[注1]は数少ない文献や資料をもとに次のように述べています。

　梶浦によれば、「折り紙」の遊びが平安時代に誕生したという説や、平安時代より少し時代が下った室町時代に発生したのではないかとする説があるということです。

　まだ紙が貴重品だった時代から神具として紙はあったわけですが、前者の説に対しては異論もあり、はっきりしたことはわかりません。後者の説は、遊ぶ「折り紙」が登場するきっかけとなったのは、室町時代中期に将軍の足利義満が小笠原、伊勢、今川を礼法の御三家に命じたことからではないかとしています。すなわち、武士である幕府が朝廷や貴族階級とのコミュニケーションをとる手段として礼法を学ばせたということです。その礼法の一つに「折形(おりがた)」があったのです。「折形」とは、包み方のことでした。何かを包んで差し出すときの包み方です。御三家は包む礼法を体系化し、子どものころから教育したそうです。これが「折り紙」の遊びの発生のきっかけとなったのではないかというわけです。この時代、紙に触れる

ことができたのは、ごく限られた子どもであったことは言うまでもありません。

　ずっと時代は下って明治時代になっても「紙」は庶民にとっては貴重品でした。「紙」といっても和紙でした。学制が布かれ、小学校の教科書は手すきの和紙でした。それでも明治36年には教科書の紙は洋紙に切り替えられました。そして大正時代の初期には、私たちが知っている一辺が15センチくらいの大きさの正方形の色紙が市販されました。

フレーベルの恩物の一つ「摺み紙（たたみがみ）」

　かこさとし[注2]によれば戦前（昭和20年）の幼児教育の場では、恩物や折り紙の教材が大きく取り上げられていたことを述べています。明治9年から始まった幼稚園ではフレーベルの保育方法がとられていました。これが恩物といわれるものです。恩物は20種類あり、その一つに「摺み紙」といわれる、いわゆる折り紙がありました。はじめのうちは、恩物は保育者のいうとおりに子どもがやらなくてはなりませんでしたが、明治時代の終わりころには、「摺み紙」という呼び方を「折り紙」と変えたり、かならずしも保育者のいうとおりに作らなくてもよくなっていました。つまり紙を折って、平面かあるいは立体的なものを作ったりしていました。

　けれども恩物のやり方はすでに全国に普及していましたから、折り紙そのものも子どもにとって、自由にならない、堅苦しい物というイメージが定着していたのでしょう。あるいは折り紙で、何かの形を作ろうとしたときに、ある一定の決まりどおりに折っていかないと、その形にはならないというのも折り紙のイメージを堅苦しいものにしていったのかもしれません。このためか、戦争が終わって価値観が戦前とはまったく異なったものになったときに、かこさとしに言わせれば「少々思慮の深くない進歩的教育論者が『型通り、順序通りに紙を折ったりひっくり返させるだけの折り紙などに、何の価値があるものか、これこそ押しつけ・抑圧・創造否定そのものである』とかなんとか、勇ましく言ったり」[注3]したために、折り紙は人々から簡単に拒否され、消えてしまったのです。

折り紙の再興

　一度下火になった折り紙が再び昭和50年ころから流行し出しました。折り紙に関する本が出版されたり、これまでの伝統的なものばかりではなく、「創作おりがみ」と称して、新しいタイプの折り紙が紹介されるようになりました。日本人が著した折り紙の英語版も登場しました。なぜまた流行したのかについては、仕掛け人がいるのかもしれませんが、これという原因は特定できません。折り紙が注目され、マスコミにもたびたび登場するようになりました。

　折り紙は日本独自のものではなくさまざまな国で見られるものですが、やはり、芸術性としては日本のものは、非常に高いレベルにあると思います。

　また実際に保育者養成の世界では、相変わらず折り紙を重要に思っている人々がおり、特にフレーベルの教育を伝える養成校では、折り紙は教材として扱われていました。そのような中で本当に折り紙が大好きな大人が現れ、作品を展示し、なおかつ折り方を喜んで伝えるようになりました。

　紙もさまざまな色、いろいろな大きさが色紙として売られるようになりました。大人が楽しんで折り紙をするのですから、当然子どもたちの中には、折り紙をするのが大好きという子も現れました。

折り紙の楽しさ

　美しい紙を折ったものを、ただ飾って楽しむだけでは、幼い子どもはすぐに飽きてしまうでしょう。かつては誰でもが折れた「つる」さえも、現在では折れない人も多くなりました。折り紙がまた流行したとはいえ、好きな人とあまり興味がない人の二派に分かれるのが現状のようです。折り紙が単なる飾り物ではなく、折ったもので遊ぶことができるものであれば、楽しいに違いありません。初めて「つる」を折った人がどこで感激す

るかといえば、最後に平面の物体が羽根を開き、立体の鳥が現れるところでしょう。幼い子どもがこの「つる」を持って、飛んでいる様子を表現して遊んでいるのを見たことがあります。このように大人が折ったもので子どもが遊ぶことができる、あるいは子ども自身が折ったもので遊べることが折り紙の楽しさなのです。

遊べる折り紙

　かこさとしはこのような観点から、遊ぶことができる折り紙をいくつか紹介しています。紙しゅりけん、紙ヒコーキ、おりがみめんこ、おりがみくじなどが代表です。しゅりけんやヒコーキ、めんこというのは、どちらかというと男の子に人気があります。それに対してくじは女の子に人気があります。

　二次元の正方形の紙を折って、三次元の世界を創り出し、自分が知っている具体的な何かをイメージできるという折り紙遊びはまだまだ発展の余地がありそうです。

　正方形の色紙を折るだけではなく、新聞にはいってくる広告のしっかりした紙はヒコーキ作りにはもってこいでしょうし、読み終えた新聞そのものも、丸めれば、剣になります。新聞紙で「兜(かぶと)」を作り、これを頭にかぶり、新聞紙の剣を持って、チャンバラごっこというわけには現在ではいかないでしょうが、紙を折ることから遊びの世界がもっと魅力的になったり、広がっていくことでしょう。

注1）　梶浦真由美　2000年3月1日現在、北海道文教短期大学幼児教育学科に勤務。参考文献　「遊戯折り紙のルーツを探る」『家庭科教育3月号』2000年3月1日発行　家政教育社

注2）　かこさとし　前掲（p.19参照）

注3）　かこさとし『日本の子どもの遊び（上）』青木書店、1979、p.74

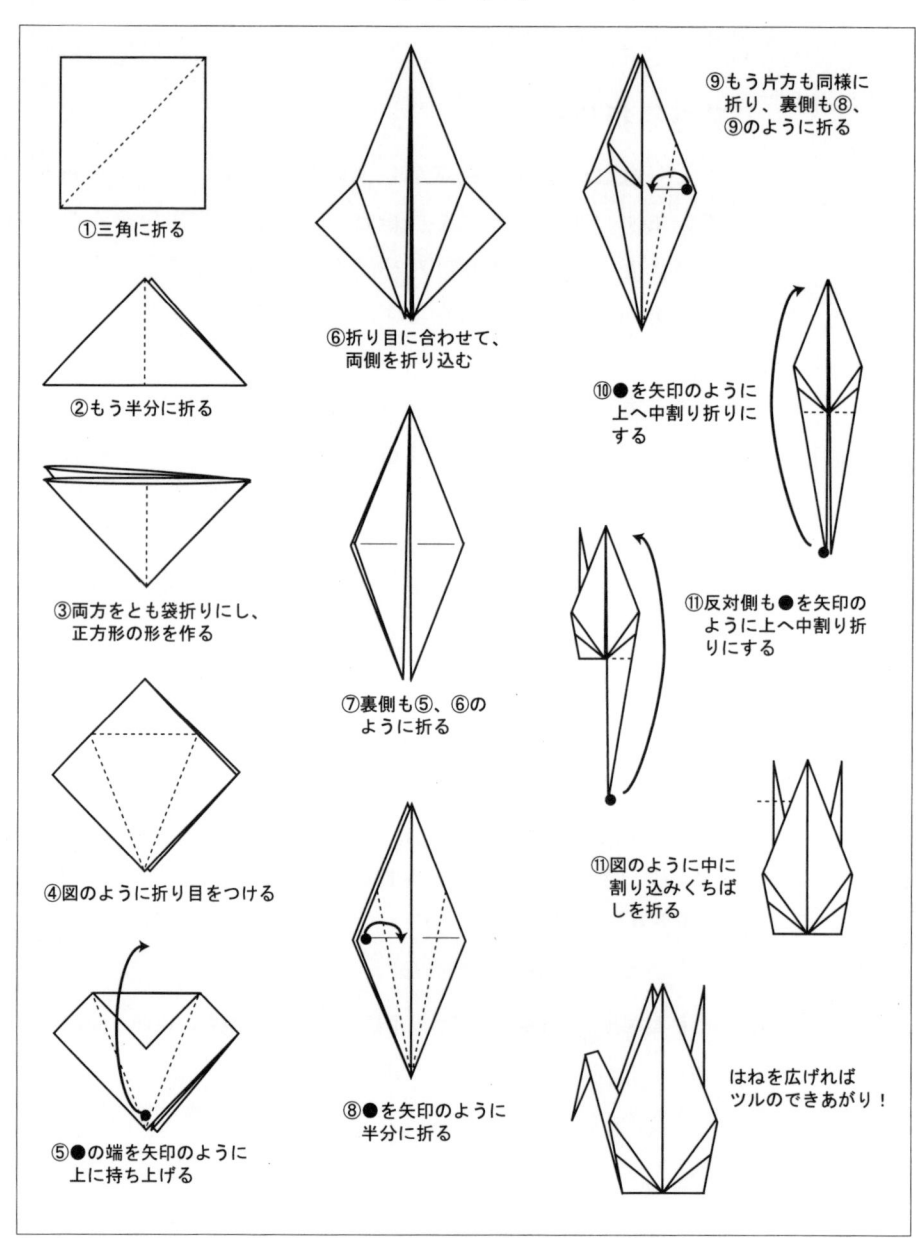

| 遊び方 | 折り紙の折り方 |

【 つ る 】

① 三角に折る

② もう半分に折る

③ 両方をとも袋折りにし、正方形の形を作る

④ 図のように折り目をつける

⑤ ●の端を矢印のように上に持ち上げる

⑥ 折り目に合わせて、両側を折り込む

⑦ 裏側も⑤、⑥のように折る

⑧ ●を矢印のように半分に折る

⑨ もう片方も同様に折り、裏側も⑧、⑨のように折る

⑩ ●を矢印のように上へ中割り折りにする

⑪ 反対側も●を矢印のように上へ中割り折りにする

⑪ 図のように中に割り込みくちばしを折る

はねを広げればツルのできあがり！

折り紙　75

【　折り紙めんこ　】　【　二槽船と帆掛け船　】　【　折り紙しゅりけん　】

折り紙めんこ

①三角に折る

②輪になっているほうの上を折る

③図のように斜めに折る

④反対側も同様に折る

⑤●の端を矢印の箇所に挟み込む

折り紙めんこのできあがり！

二槽船と帆掛け船

①両端を中心にそろえて折る

②●を矢印のように開くように折る

③反対側も②と同じように折る

（真ん中で半分に折ると、二槽船のできあがり！）

④裏返しにし正方形の部分を斜めに折り矢印のように倒す

⑤反対側を矢印のように倒す

帆掛け船のできあがり！

折り紙しゅりけん

①両端を中心にそろえて折る

②さらに半分に折る
※これを2つ作る

③それぞれ（AとB）を左右対称に以下のように折っていく

【A】　【B】

裏返す　　裏返す

④この2つを組み立てる

A　　Bは裏返す

図のように重ね、●を●の中に差し込み、▲を▲の中に差し込む。裏返して、裏も同様に差し込む

折り紙しゅりけんのできあがり！

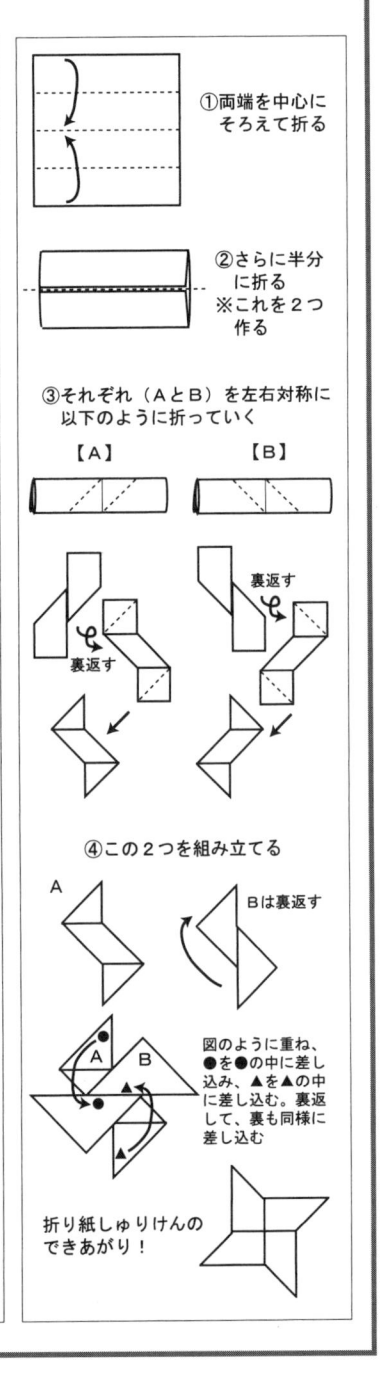

折り紙

【 折り紙くじ 】

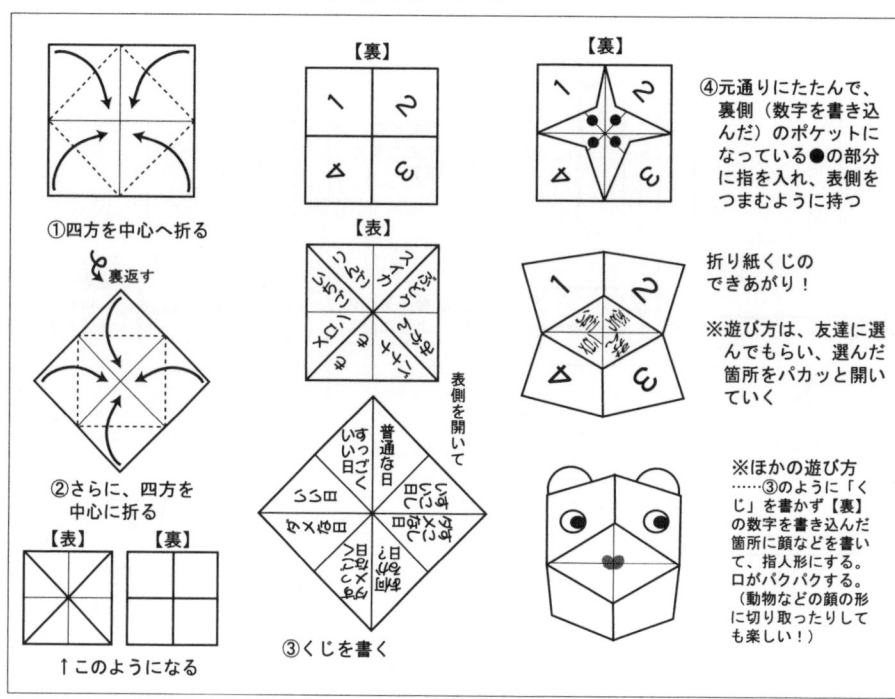

①四方を中心へ折る

裏返す

②さらに、四方を中心に折る

【表】　【裏】

↑このようになる

【裏】
| 1 | 2 |
| 4 | 3 |

【表】
すっごくいい日 / ふつうの日 / ふくまるの日 / 四×××日 / 四×げつ日 / うるう日 / かぜの日 / 普通な日

③くじを書く

④元通りにたたんで、裏側（数字を書き込んだ）のポケットになっている●の部分に指を入れ、表側をつまむように持つ

折り紙くじのできあがり！

※遊び方は、友達に選んでもらい、選んだ箇所をパカッと開いていく

※ほかの遊び方……③のように「くじ」を書かず【裏】の数字を書き込んだ箇所に顔などを書いて、指人形にする。口がパクパクする。（動物などの顔の形に切り取ったりしても楽しい！）

【 やっこさんとはかま 】

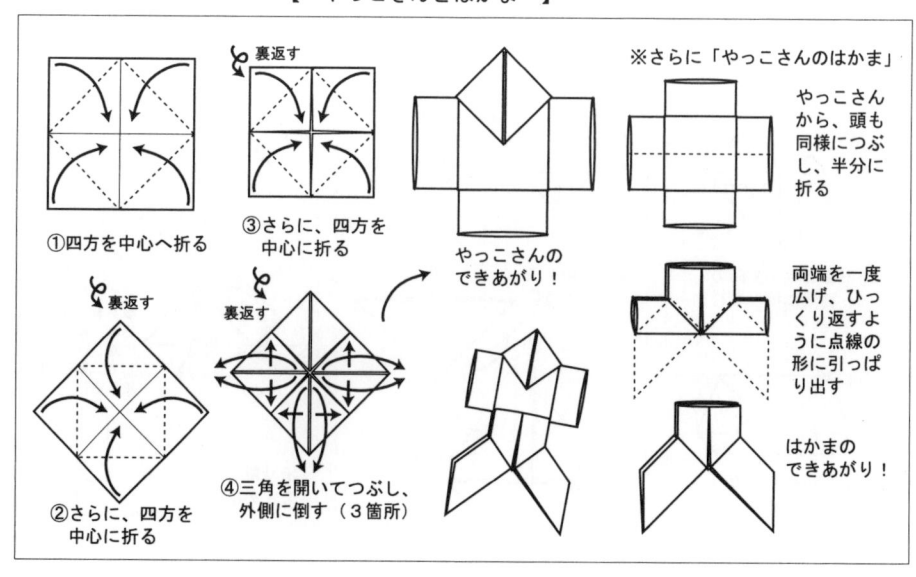

①四方を中心へ折る

裏返す

②さらに、四方を中心に折る

裏返す

③さらに、四方を中心に折る

④三角を開いてつぶし、外側に倒す（3箇所）

やっこさんのできあがり！

※さらに「やっこさんのはかま」
やっこさんから、頭も同様につぶし、半分に折る

両端を一度広げ、ひっくり返すように点線の形に引っぱり出す

はかまのできあがり！

【 折り紙のお花 】　　　【 紙ひこうき① 】　　　【 紙ひこうき② 】

折り紙のお花

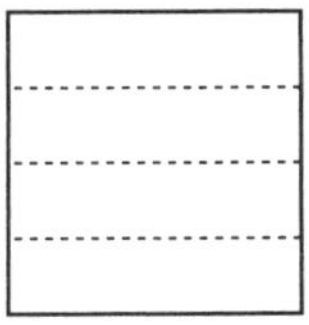

① 両端を中心にそろえて折る 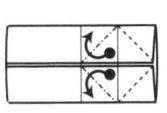
② ●を矢印のように開くように折る 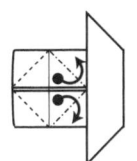
③ 反対側も②と同じように折る 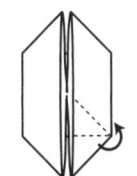
④ 三角をつぶすようにして、四角に折る 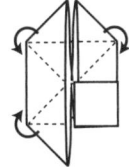
⑤ ほかも同様に折る 
⑥ できた四角を図のように折る 
⑦ ほかも同様に折る 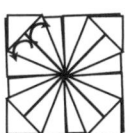
⑧ できた三角を割り、開いてつぶす
⑨ ほかも同様に折る 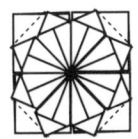
⑩ 四隅を後ろに折る

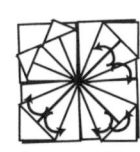

できあがり！

紙ひこうき①

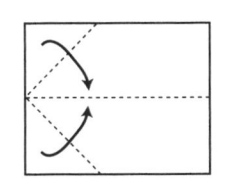

① 長方形の折り紙を使い、中心に向かい三角に折る 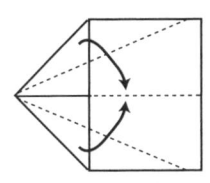
② さらに中心に両端をそろえるように、半分に折る 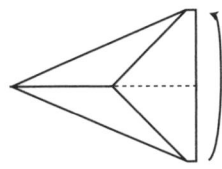
③ 真ん中で半分に折る 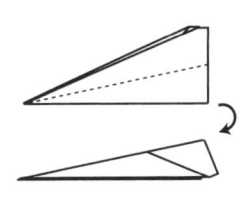
④ 外側に半分に折り翼にする。反対側も同様に折る

やりがた紙ひこうきのできあがり！

紙ひこうき②

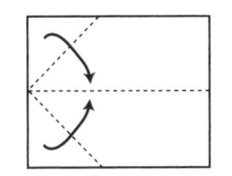

① 長方形の折り紙を使い、中心に向かい三角に折る 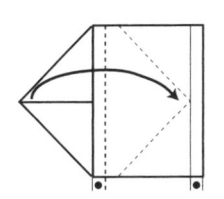
② 三角を●と●が同じ長さになるように折る 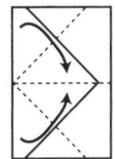
③ 中心に向かって両端を三角に折る 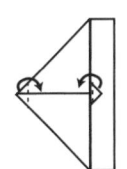
④ 図のように三角に、内側に折る 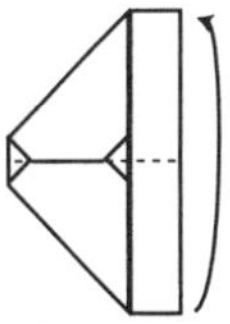
⑤ 真ん中で、半分に折る 
⑥ 外側に半分に折り翼にする。反対側も同様に折る

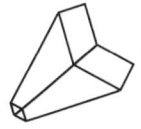

へそがた紙ひこうきのできあがり！

かくれんぼ

　「鬼」の役割をとっている子どもが、隠れているほかの子どもたちを見つける遊びです。「鬼」になっている子どもが、後ろを向いて、自分で目を隠して見えないようにしている間に、ほかの子どもたちがさっと自分の隠れる場所を探します。「鬼」が、「もう、いいかーい？」と聞きます。まだ隠れていない子は「まあだだよー」と答え、急いで隠れます。再び「鬼」が、「もういいかーい？」と聞きます。隠れている子どもたちが、「もう、いいよー」と答えると、「鬼」はその声を頼りに、隠れている子どもたちを探して見つける遊びです。

スリルある「かくれんぼ」

　この遊びのもっともスリリングで、ドキドキする特徴は「隠れる」ことです。一度でも「かくれんぼ」を体験した人なら、きっと「鬼」を待っている間の緊張した、そしてちょっぴり怖いような、ドキドキした思いを忘

れないでしょう。「鬼」に見つけられるのも恐いけれど、「鬼」が自分を見つけてくれなかったらもっと恐い。見つかりたくない思いと見つけてほしいという思いが同居する、不思議ともいえる体験が伴う遊びです。ですから幼いころに遊んだ「かくれんぼ」のことを大人になってからも、簡単に思い出すことができるのです。

「隠れる」ことの意味

いったい、「隠れる」という行為にはどのような意味があるのでしょうか。やっと歩けるようになった幼い子どもですら、自分からカーテンの陰に「隠れ」て遊びます。カーテンの陰に隠れた2歳の子どもが、「いないよ」と自らの存在を否定することもあります。大人が子どもの姿に気づかない振りをしていれば、子どもは「本当はここにいるよ」とでもいうように「バア」と飛び出してきます。自分から「隠れ」たのに、子どもは「隠れ」っぱなしでは嫌なのです。

「かくれんぼ」の原型

「かくれんぼ」の遊びの本来の型は、大人の真面目な神事であったと日本民俗学の祖である柳田国男[注1]が述べています。柳田によれば、「元は信仰の儀式」[注2]から起こったのが「かくれんぼ」であると言っています。柳田は「隠れ鬼、盲鬼なども、今では真面目な元の形は無いようだが、昔は多分是と似た神事もあったことを想像する」[注3]と述べています。けれども残念なことに現在では、このことを明らかにする方法はありません。多田道太郎[注4]は、「かくれんぼ」の遊びの原型に「神隠し」を見ています。多田は、フランスの社会学者カズヌーヴの伝える、アメリカ大陸のズニ族インディアンの水底都市に住んでいると信じられているカチーナの神の例をあげて、次のように述べています。

「カチーナは祭のとき、生者を元気づけにやってくるが、しかし同時に、笑いをもたらす。カチーナの踊りがおわると神々のあとについて死者のすみかへ行ってしまう連中が出てきたのである（カズヌーヴ『儀礼』）。神々に魅惑されて行方知れずになってしまう、これは『隠れんぼ』遊びの直接の原型である。」[注5]

「かくれんぼ」の遊びの原型は「神隠し」だろうと述べる多田の説には説得力があります。

夕方から禁止されていた「かくれんぼ」

柳田は、子どもに夕方からは「かくれんぼ」で遊ぶことを禁止していた例を数多く紹介しています。夕方のように暗くなってから「かくれんぼ」をすると、人さらいにさらわれたり、隠し婆さんに連れて行かれると、言われていました。多田自身も子どものころに、親に「子とり」が来るとおどかされ、それを信じていたと述べています。そして多田は、実際に用心深い家では、「子留守」とか「鎮西八郎為朝御宿」というお札を貼って、魔よけにしていた例を報告しています。筆者自身も親に言われ、怖い思いをしたことを思い出します。暗くなってからの「かくれんぼ」の禁止は、昭和30年代くらいまであったようです。

子どもが屋外で遊ぶのが普通だった時代、いわゆる高度経済成長期以前までは、現在のように照明が明るくありませんでした。人々が暗やみに対して恐れを感じていたことが容易に想像できます。実際に暗くなってからの「かくれんぼ」の遊びは、危険だったことでしょう。事故が起こったこ

ともあったでしょう。しかし、こうしたことだけではなく、人々が真剣に子どもに暗くなってからの「かくれんぼ」の遊びを禁止した理由は、「かくれんぼ」に「隠れる」、「見えなくなる」、「いなくなる」というイメージが浮かぶからではないでしょうか。親にとって、子どもがいなくなるというのは非常に恐ろしいことです。実際に、何らかの理由で帰宅しなかった子どものことを人々は「神隠し」にあったと言ったのでした。人々は説明のつかないようなこと、つまり、子どもがいなくなったことを「神隠し」にあったと考えたのでした。

「神隠し」から「かくれんぼ」へ

人々の信仰の中にある「神隠し」がどうやって子どもの遊びになっていったのかについて、多田は神話に基づく通過儀礼[注6]の模倣ではないかと述べています。

「かくれんぼ」の遊びの形態の基本である「隠れ場所」に「身を隠す」行為は、さまざまな通過儀礼によく見られます。この通過儀礼の多くは「死と再生」を象徴していると考えられています。現在では絶えてしまったものもありますが、たとえば、各地域の部族の成人式や成女式[注7]の様子を知ることができます。たいてい成人する男性や初潮を迎えた一人前になる女性が、普段生活している村などの共同体から分離させられ、ひっそりと「隠れる」ことから始まります。地域によって異なりますが、短いものでは２日間から、長いものでは７日間にも渡って、共同体から分離されます。このとき、たいていは食物などが与えられなかったり、あるいは生命の限界状況を体験したりします。人々から離れた場所に「隠れる＝こもる」行為は、「死」を象徴すると考えられています。「隠れ」た人が再び現れたときには、新しい人間に生まれ変わったことを意味しているのです。

このような通過儀礼の模倣が子どもの「かくれんぼ」になってきたことを証明することはできませんが、次のようなことが考えられます。成人式で限界状況を体験していく過程で、人々は「この世」と「あの世」の途中で「鬼」と出会ったのではないかとは、考えられないでしょうか。その際、「鬼」は「見つけたぞ」と言ったのかもしれません。しだいに成人式のような通過儀礼はなくなり、人々は「鬼」と出会う機会はなくなっていきま

したが、それが子どもたちの「かくれんぼ」の遊びとして残っているのではないでしょうか。

「かくれんぼ」の遊びで、子どもたちがじっと「鬼」がくるまで隠れ場所に身を隠しているのは、「再生」のための「死」のイメージを体験していることを意味していることになります。同様に「鬼」に見つけられて現れるのも、「鬼」に見つけられるのを待てずに自分から飛び出していくのも、まさに「再生」のイメージを体験していると考えられます。つまり、「かくれんぼ」の遊びのような「隠れる」行為には、自分自身を見つめ、確認する意味があると考えられます。この行為は人間の成長にとても大切であるといわれています。「かくれんぼ」という遊びを楽しくやっていくだけで、長い人々の歴史のなかに現れた通過儀礼に重要な「死と再生」のテーマを体験することになると考えられます。

注1）　柳田国男　前掲（p.19参照）

注2）　柳田国男「青年と学問」『定本柳田国男集第25巻』筑摩書房、1973、p.207

注3）　柳田国男「国語の将来」『定本柳田国男集第19巻』筑摩書房、1973、p.66

注4）　多田道太郎　大正13年京都生まれ。評論家。特にフランス文学、日本文化論。身辺雑事から日本文化を語る。著書に『しぐさの日本文化』、『遊びと日本人』、『身辺の日本文化』等。

注5）　多田道太郎『遊びと日本人』筑摩書房、1974、p.153

注6）　通過儀礼　個人の生活史における儀礼である。人の一生で一つの段階から次の段階へと移っていく重要な時期に行われる。誕生、成年、結婚、病気、厄年、死亡などにからまる、家庭生活を中心とする儀礼と、家庭をこえた社会生活としての儀礼の意味をもつものがある。当事者個人と、これを取り巻く人によって、同じ事実が別個の意味を持つことになり、そこに個人儀礼が社会儀礼の意味をもつようになる。

　　通過儀礼はそれが共同体の成員としての社会性をもつものであり、その共同体における個人の地位、共同体の性格によって、参加する範囲や意味に相違がある。共同体としてのつながりが強い地域では、誕生した子どもは単にその家庭の一員としてではなく、初宮参りをすることで地域の神社の氏子の一員となることも意味していた。共同体のつながりの強さによって、単に家庭内としての儀礼であるのか、あるいは社会生活としての儀礼であるかが異なるものである。

注7）　成女式　子どもから成人への移行を社会的に認知する儀礼で、通過儀礼の一種で

ある。少女の場合に成女式という。例として南アメリカのヤノマモ族では、初潮があると少女は1週間ほど家の中に隔離される。このとき、これまで身に着けていたものを捨て、母親などが新しく作ってくれたものを身に着ける。隔離期間中は、娘の食べ物は親族が用意する。成女式が終わって隔離が解かれると、少女は結婚することができる。

コラム 　　　　「かくれんぼ」のいろいろ

　「かくれんぼ」の遊びは、古くから各地方にありました。酒井欣によれば『類聚名義抄（るいじゅみょうぎしょう）』や『伊呂波字類抄（いろはじるいしょう）』などに「白地蔵」があり、『名物六帖』に「迷蔵」があるので、中国にも存在していたということです。日本では平安時代に著された『宇津保物語』と『栄花物語』に「かくれんぼ」の遊びのことが書かれたのが初めてだとされています。すなわち日本では文献の上では十世紀後半から「かくれんぼ」の遊びは登場しますが、これより以前にこの遊びが存在していただろうと推測できます。

　『遊戯大事典』（中島海編、不昧堂書店、1957年、p.125～127）によれば「かくれんぼ」は関東地方の「隠れ鬼」の呼び名であるということです。地方によって呼び名は少しずつ異なっています。仙台地方では「かくれかがし」、「かくれかしこ」、相模地方では「かくれかんじょう」などと呼ばれていたことが紹介されています。

　「かくれんぼ」は、鬼が隠れている子を見つける遊びですが、鬼の交代の条件は基本的に次の三種類があります。

　1．鬼は隠れた子のうち、一人を発見すればよいもの
　2．鬼は隠れた子の全員を発見しなければならないもの
　3．鬼は発見した子を追いかけ、捕まえなければならないもの

　いずれにしても遊び方は、遊ぶ子どもたちによって自在に変化しますから、さらに条件がつく場合もあります。

影絵

　手や少しの道具を使って、みんながよく知っている形を作り、それを影に映して見せ合う遊びです。よく障子を利用してすることが多かったのですが、現在の住宅には障子が消えてしまいましたから、家庭ではほとんど遊ばれなくなってしまいました。筆者が子どもだったころ、よく停電になりました。停電になって、家の中が真っ暗になるとかならず父がろうそくの灯りや、後には懐中電灯の灯りを利用して、「影絵」をして子どもたちに見せてくれたことを思い出します。停電で何となく怖い思いをしていた子どもたちは、それですっかり、リラックスしたものです。

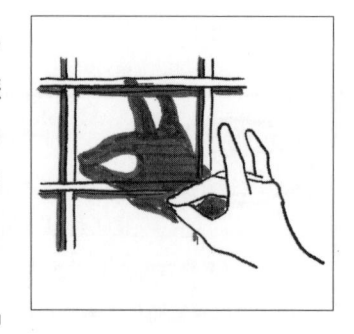

簡単にできる影絵

　影絵というとおおげさなものを想像するかもしれませんが、簡単にできます。たとえば、中指と薬指を親指につけて、人指し指と小指をピンと立てます。これを影絵にすれば、「きつね」のでき上がりです。その他「イヌ」や「ハクチョウ」を映すこともできます。

幻想的な不思議な魅力

　影絵が子どもにとって忘れられない思い出を作る理由に、「暗さ」があげられます。影絵をまず大人から見せられるとき、子どもは暗闇にいて、障子の向こう側の光に映っている影を見ることになります。子どもにとっての暗闇は、日常生活では「夜」を意味します。子どもにとって「夜」は、昼とは違って、ちょっと怖いときです。その夜のイメージの中で繰り広げられる世界は幻想的なものです。大人にとっては、照明などの灯りを利用した遊びに過ぎませんが、子どもにとっては不思議な魅力的な遊びです。

影 絵　85

遊び方　影絵のいろいろ

【 いぬ 】

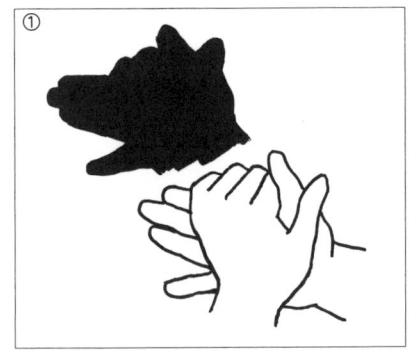

① 小指と薬指で口をパクパクさせる

【 カニ 】

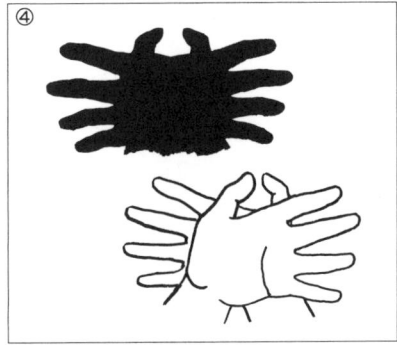

④ 親指の部分が目になる

【 とんび 】

② 親指の部分が頭になる

【 あひる 】

⑤ 片方の手が顔と首になり、もう一方が羽根になる

【 かたつむり 】

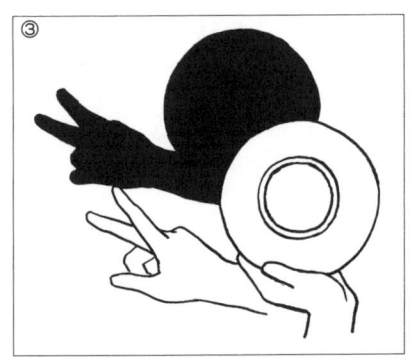

③ 片方の手にお皿をのせ、殻に見立てる

【 ねこ 】

⑥ かたいひもなどを用いて、ひげに見立てる

かごめかごめ

かごめかごめ
かごのなかのとりは
いついつでやる
よあけのばんに
つるとかめがすべった
うしろのしょうめん　だあれ

「鬼」の役割をとる子どもが、輪の中に座り、両手で自分の目を覆います。ほかの子どもたちは「かーごめかごめ、かごのなかのとりは、いついつでやる」とうたいながら、手をつないで「鬼」のまわりをぐるぐると回ります。「よあけのばんに、つるとかめがすべった、うしろのしょうめん、だあれ」とうたい終わると同時に、「鬼」の真後ろに誰かが来るようにして一斉にしゃがみます。「鬼」は自分の真後ろにいる子どもの名前を当てるという、当てもの遊びの一種です。

子どもたちが「かごめかごめ」で遊んでいる姿は現在ではあまり見られなくなってしまいました。この遊びは、2、3人の子どもの集団では成立しません。輪になって「鬼」のまわりをぐるぐると回るのですから、最低でも5、6人の子どもが必要でしょう。群れで遊ぶ子どもたちの姿を町中ではほとんど見かけなくなってしまった現在、消えつつある遊びのひとつと言っても過言ではないようです。

「かごめかごめ」の流行は明治時代に

「かごめかごめ」の遊びは、民俗学研究者たちの調査によれば、明治時代の初期から中期にかけて大流行したのではないかと言われています。「かごめかごめ」の前身と言える「地蔵遊び」や「中の中の小坊さん」の遊びは、日本の各地でもっと以前から行われていました。「かごめかごめ」が遊ばれてから、130年余り。その後も、その時代、その時代の子どもたちに延々と遊び継がれてきました。現在でもまったく無くなったわけではないことを、現場の保育者が報告しています。こんなにも長い間、遊ばれている「かごめかごめ」の魅力は何なのでしょうか？

「かごめかごめ」って何？

まず、「かごめかごめ」の歌の意味について考えてみましょう。

「かーごめ、かごめ」という歌の初めの部分からは、確かな意味はわからないのです。籠の目のことを指すのではないだろうかと言われたりしたこともありますが、今では「かごめ」というのは、「屈め」、すなわち「しゃがめ」の意味であるとするのが、一般的な解釈です。

次の「かごのなかのとりは、いついつでやる」については、素直に「カゴに入れられた鳥は、いつ出るのだろうか」という意味ととるのが普通でしょう。

続いて「よあけのばんに、つるとかめがすべった」というところですが、実はここがもっとも難解なところです。これまで多くの民俗学者がこの部分の意味について解釈を試みています。「よあけのばん」とは「夜明けだけれど、まだ暗い状態のとき」のことを指すのではないかとか、「夜明けの晩などは、あるわけはない」と考える人もいます。「つるとかめ」が出てきますが、これらは、「目出度い」象徴です。けれども、目出度い象徴であるはずの「鶴と亀」が「すべって」しまうという、これも不可解です。つまり、あるはずのない「時」にあるはずのない「こと」がうたわれているというわけです。

そして「うしろのしょうめん、だあれ」と問いかけてきます。この問いかけのために、それまでの意味のない歌があるのだとさえ、柳田国男[注]は述べています。この問いかけがあるので、「かごめかごめ」の「鬼」は自

分の真後ろの子の名前を当てることができるのです。

あてもの遊びとしての問いかけ

　柳田は歌詞については、あまり重要視していません。重要なのはこの遊びが「うしろのしょうめん、だあれ？」という問いかけに「鬼」が答える、「あてもの遊び」の一種であることだといっています。

　この遊びのもっとも大切な、「うしろのしょうめん、だあれ？」は、輪の中にいる「鬼」への問いかけです。「鬼」は、自分の真後ろにいる子どもの名前を当てなければなりません。実際には、真後ろにいる子どもの声で推測したり、目を覆っている手をちょっぴり開いて、自分の前のほうにはいない子どもは誰だろうと推測したりして、「鬼」は自分の真後ろにいる子どもの名前を当てるのですが、当たらなければ、再び「鬼」をしなければならず、緊張の一瞬というわけです。

元は神事

　「輪」の中の「鬼」が、自分の真後ろにいる子どもが誰なのかを当てるというこの遊びは、元は大人たちが真面目に行っていた神事である「神おろし」であったのではないかと、柳田は述べています。「神おろし」というのは、作物の出来具合や天候、あるいはそれぞれの家の嫁取りなどへの、神のお告げを伺うために行われた神事です。日本では昔、さまざまな共同体で行われていました。方法は、神がかりになりやすい人を中にして、ほかの人々がまるく輪になり、唱えながらくるくると回るのです。すると輪の真ん中にいる人が神がかりになり、まわりの人が尋ねることについて、神の意志を告げるというものです。

　もちろん現在では「神おろし」を見ることはほとんどなくなりました。重要なのは大人はとっくにやめてしまった「神おろし」を、子どもたちは自分たちの遊びとしてしまい、伝え続けてきたということです。まるく輪になってぐるぐると歌をうたいながら回転していき、真ん中の人が「神」に代わってその意志を告げるという「神おろし」の形態は、「かごめかごめ」の遊びにそっくり伝わっているといえます。

「輪」と「回転」

　輪の中に人を入れて、そのまわりを歌をうたいながらくるくると回るという動きこそが、「神おろし」であり、同時に「かごめかごめ」の遊びというわけです。この動きには大切な意味があることがわかりました。

　世界中のさまざまな民族の通過儀礼や習慣で行われてきた動きを筆者が分析したところ、人々がまるくなることによってできた円環の内側が、「聖なる空間」となり、さらに回転することによって、「聖なる空間」として存在し続けることを意味しているということが明らかになりました（巻末資料1 p.200〜参照）。そのために「聖なる空間」にいる人は、神がかりになりやすいというわけです。「かごめかごめ」の遊びとなっても、輪の中にいる「鬼」の役割をとっている子どもは、自分には見えないはずの真後ろにいる子どもを当てることができるはずということになります。

　人々が手をつなぎ、まるくなり、くるくると回るという動きは「かごめかごめ」の遊びだけではなく、生活の中によくあると思います。私たちがその意味を深く知らずによくやっている動きです。けれども実はその動き

には意味があること、知らず知らずやっていて、伝えていっていることは興味深く思います。2、3歳の子どもたちが輪の中に入ることが大好きなのは、輪の中にいる意味をもしかすると知っているのかもしれません。

　注）柳田国男　前掲（p.19参照）

コラム

聖なる空間　ー輪の中の空間の不思議ー

　ある囲まれた空間、たとえば寺院や宮殿は「聖なる空間」であるという概念があります。特に有名なのはミルチャ・エリアーデ注）の理論です。エリアーデによれば聖なる空間とは、「ある空間を変容し、特殊化し、要するに、周囲の俗的な空間から、それを隔絶させることによって、聖別した、原初の聖の顕現を繰り返すという観念を含意している」というものです。

　西洋では、実際に森の中のまるい空き地や、円形に石が並んでいる場所は「妖精の輪」と呼ばれていて、夜になり月が出ると、小さな妖精たちが、ここで輪になって踊ると信じられていたり、インドやチベットの寺院によく見られる曼荼羅がまさに「聖なる空間」に相当します。曼荼羅とは本来は、そのもの自体は、一連の「輪」からなっていて、正方形の中に書かれています。このなかにタントラ教のいろいろな神々の像が建てられました。チベットの寺院は建造物そのものが曼荼羅になっており、そこに入っていくことが、聖なる空間に入っていくことを意味し、中心に到達することがもっとも重要であるとされています。

　また、さまざまな民族の通過儀礼の際に円形になって囲むことが多いようです。東アフリカのワヤオ族では少年たちの割礼を行う間、彼らを取り巻いて動き回ります。ニューギニア諸島では、新たに成年に達した者は、老人を取り巻いて、円を描いて走らなければなりません。このほかにも似たような儀礼がいろいろな民族に見られます。

　注）ミルチャ・エリアーデ　1907年生まれ。1986年没。宗教学者、作家。ブカレスト生まれ。ブカレスト大学で哲学を学んだ後、インドのカルカッタ大学でヨガを研究。1934年から1940年までブカレスト大学でインドの哲学史講義。1940年から大使館付文化担当官としてロンドン、リスボンに滞在。第二次世界大戦後、ソルボンヌ大学を中心にヨーロッパ各地の大学で宗教学を講義。1957年よりシカゴ大学教授。あらゆる宗教現象の共通する「聖」の原初的構造を「原型」としてとらえて宗教学を集大成し、独自の宗教哲学を生み出した世界的な宗教学者。文化人類学、心理学、民俗学など関連領域にも深い影響を与えた。（日外アソシエーツ編集『現代外国人名録』1992）

かごめかごめ

遊び方

① じゃんけんなどで鬼を決め、鬼の子はしゃがみ目隠しする。ほかの子は鬼の子を中心に手をつないで輪になる。

② 「かごめかごめ」の歌をうたいながら、鬼のまわりを回る。

③ 歌の最後の「うしろのしょうめんだあれ」にあわせて、鬼の後ろに誰かくるように一斉にしゃがむ。

④ 鬼は後ろにいる子どもを当てる。当てれば、鬼は交代。はずれれば鬼を続ける。

うた

か ご め か ご め か ご の な か の と り は
い つ い つ で や る よ あ け の ば ん に つ る と か め が
す べ っ た う し ろ の しょう め ん だ あ れ

カンけり

　鬼に見られないように空きカンを蹴とばすという、ただそれだけの遊びです。しかし、鬼にすれば、空きカンを蹴とばされる前にほかの子を見つけなければならず、同時に空きカンを守らなくてはならないという、2つのことをしなければならない高度な技術を要求されます。鬼は必死に空きカンを蹴とばされないようにし、ほかの子は反対に、必死に空きカンを蹴とばそうとするスリリングな遊びです。鬼は、空きカンを蹴とばされてしまったら、もう一度、鬼をしなくてはなりません。鬼は、空きカンを蹴とばそうとねらっている子を早く見つけ、鬼の役割を交代しようと動きます。ほかの子は、鬼に見つからないように隠れ、空きカンを蹴とばそうとします。これは幼児というより少し年齢の高い子どもに熱狂的に好まれる遊びです。

空カンの登場

　この遊びはカン詰の空きカンがなければ始まりません。ですからこの遊びが登場したのは、大正時代でした。空きカンがない場合にはほかのもので代用できますが、やはり蹴とばしたときのカーンという甲高い音は魅力的で、何よりの道具でした。空きカンを取られまいとして鬼が空きカンの上に片足を乗せて守っている様子は緊張感を大いに伴っていました。

カンけりが成立する場所的条件

　カンけりは、かくれんぼと鬼ごっこが総合された遊びです。当然1人や2人で遊んでもおもしろくはなく、少なくとも5人くらいで遊んだほうがはるかにおもしろい遊びです。この人たちが全員が隠れる場所が必要です。隠れている子は、ただ隠れているのではなく、鬼がカンのそばを離れたすきにカンを蹴とばすという、この遊びの中でもっともスリルある行動を繰り返すのですから、鬼のそばにいることが大切です。ですから、遊ぶ仲間が鬼からそうは遠くに行かなくてもいい距離に隠れ場所がある、ある

程度の広さのある神社の境内や広場がカンけりには都合がいいのです。見晴らしのいい原っぱでは、隠れるところがないのでカンけりには不向きです。また、誰かがカンを蹴った音が聞こえないような広いところも不向きです。カンけりができるちょうどいい場所というのを見つけるのはむずかしいようですが、子どもたちは適当な場所を見つけることが可能です。なぜなら代々、カンけりで遊んでいる場所は伝承されていくからです。ただこのことは、逆に言えば、もし、広場がなくなってしまったりすると、遊ぶ場所がなくなってしまうということをも意味します。

根強い人気のカンけり

半澤敏郎[注)]の昭和48年までの調査によると、大正10年以降に男の子の遊びとして登場したカンけりは、昭和10年には男の子だけではなく、女の子にも遊ばれるようになっていたようです。その後はどんどん人気は高まり、昭和21年から昭和48年まで子どもの遊びの上位にあげられています。

半澤は遊び場が減少したので、カンけりの遊びも他の伝承遊びと同様、消えていってしまうのではないかと言及しています。ところが半澤の予想を裏切って、カンけりは現在でも遊ばれています。特に小学校の上級生や

94　カンけり

中学生が好んで遊んでいるようです。カンけりの遊びのルールの複雑さが年齢の高い子どもに好まれるのでしょう。この遊びは、21世紀でも遊ばれていく数少ない伝承遊びと考えます。鬼に見つけられないで、カンを蹴る醍醐味は男の子にも女の子にも共通のものなのです。

　注）　半澤敏郎　前掲（p.20参照）

遊び方　　　カンけり

① じゃんけんなどで鬼を決める。地面に円をかき、その中央に空きカンを置く。

② 鬼は、空きカンのまわりで「100」を数え、その間にほかの子はそれぞれ隠れる。

③ 鬼は数え終えたら、カンのそばから離れ、みんなをさがす。見つけたら「○○ちゃん、みっけ」と言い、カンのところへ戻り、カンを「1、2、3」と3回踏む。（このとき、見つけられた子は鬼より早くカンを蹴とばすことができれば、また逃げることができる）

④ 鬼は③のようにして、みんなを捕まえていく。鬼がさがしている間に、見つかっていないほかの子にカンを蹴られると、捕まった子はみんな逃げることができる。鬼が全員の子を捕まえることができたら、最初に捕まった子が鬼となる。

子とろ子とろ

「子とろ子とろ」ほど動きがはげしい遊びはないと考えられるほど、エネルギッシュな遊びです。

　　　　鬼　子とろ子とろ　どの子とーろ
　　　　親　どの子がほしい
　　　　鬼　○○ちゃんがほしい

鬼が子に向かい、「子とろ　子とろ、どの子とーろ」と言います。鬼に向かって親は両手をいっぱいに広げ、自分の後ろに連なっている子たちを守ろうとしています。親は鬼に向かって、「それじゃあ、とってみいさいな。」と叫びます。鬼は列の最後尾にいる子をつかまえようと、右へ、左へと動き回ります。鬼の動きにつれ、親は子を守ろうと、右へ左へと動きます。その動きがあまりにも激しいので一番後ろにいる子は、ついていけず、ころんだりしてしまうのです。

平安時代につくられた「子とろ子とろ」

子どもの遊びのほとんどは、いつ、どのようにできたのか、わからないのですが、「子とろ子とろ」は、作者がわかっている数少ない例です。こ

れは、平安時代に僧侶の恵心僧都が、経文の意をくんでつくったことが明らかになっています。つまり、仏教の布教のために、むずかしい経文を人々が理解しやすいものにつくり直したものなのです。

　和州吉野の天河の弁財天の祭りの夜に、恵心僧都が子どもたちを集めて、地蔵菩薩が罪人を奪い取ったのを、獄卒が取り返そうとする様を模して、地蔵の法楽として始めたということが文献に残っています。

　当時、「子とろ子とろ」は「比比丘女」と呼ばれていました。「比比丘女」は「比丘比丘尼」から転じたもので、「比丘」とは、男性の修行僧呂のことです。そして「比丘尼」とは女性の修行僧呂のことです。

　当時は次のようにうたったといいます。

　　　　　取りつく
　　　　　比丘　　（仏門に帰依した男子）
　　　　　比丘尼　（仏門に帰依した女子）
　　　　　優婆塞　（男子の仏教信者）
　　　　　優婆夷　（女子の仏教信者）

　この歌の本当の意味は、地獄の獄卒が地獄に引き込もうとして、地蔵のうしろにいる仏門に帰依した人々や、まだ帰依してはいないけれど仏教信者たちに向かって「取りつくぞ、取りついて地獄に落とすぞ」ということです。けれども地蔵が彼らが獄卒に捕まらないようにしている様子を実際に見せるものでした。つまり、地蔵が獄卒から守ってあげるから、仏教を信心しなさいという布教のために子どもの遊びとして作られたものだったのです。

　けれども子どもたちはこの歌の意味がわからなかったので、勝手に早口に「とりちょう　ヒフクメ」とうたったといいます。いつからこの歌詞が現在のようなものになったのか、はっきりわかりませんが、子どもたちはどんどん自分たちに都合の良いように変えていく力がありますから、いつの間にか「子ーとろ、子とろ」とうたうようになったのだと思います。本来は列の先頭にいるのが「地蔵菩薩」であり、追う側である「鬼」は、「地獄の獄卒」であったのです。

回転する動きのおもしろさ

　「子とろ子とろ」の遊びの最大のおもしろさは、列になった子どもたちのぐるぐると回転する動きにあると考えられます。鬼が列の後ろにいる子どもを捕まえようと動くと、阻止しようと親が動き、それにつれて親の後ろの子どもたちがぐるぐると動くという、一連の動きこそが「子とろ子とろ」の遊びの醍醐味（だいごみ）です。列にいる子どもたちは、前にいる子どもの体や服の一部をしっかりと持ち、絶対に離れまいとします。ですから自然と体はあっちこっちへ揺さぶられます。

　これはカイヨワの遊びの要素の一つであるイリンクス[注]（めまい）として説明することができます。親の動きにつれて、ぐるぐると回転させられる列の子どもたちは、自分の意志とは無関係に右に左にと動かされることになり、これが「めまい」の感覚を作り出すのです。これが「子とろ子とろ」の遊びの最大の魅力でしょう。親の後ろの列が長くなればなるほど、この「めまい」の感覚は増大していきます。たとえ転んでしまって、痛い思いをしても、それ以上におもしろく、また遊びたくなるのです。

　　注）イリンクス　遊びの研究をしたカイヨワは遊びの要素を4つあげた。そのうちの一つである、めまいのようにくらくらした感覚を言う。（→「カイヨワ」p.20参照）

コラム　「子とろ子とろ」の遊びの歴史

　本田和子[注]は、18世紀後半に長沢蘆雪によって描かれた『唐児遊図屏風』には30名余りの子どもたちが「子とろ子とろ」で遊んでいる場面があるのを紹介しています。本田は、この絵から詳しく「子とろ子とろ」の遊びの歴史をたどっています。この絵では、子どもたちは中国の子どもの身なりで描かれているのですが、この場合日本の子どもとして見ていいようです。その当時、「子ども」を中国的な描き方をしたものがあるからです。それには列はくねくねと曲がり、楽しそうな様子が描かれています。この時代でさえも子どもたちは歌詞の内容ではなく、「子とろ子とろ」の遊びの魅力そのもので楽しんでいることがわかります。

　　注）本田和子　昭和6年生まれ。お茶の水女子大学卒業。お茶の水女子大学学長。児童学、児童文化論専攻。子どもとその周辺を論じる。著書『異文化としての子ども』（紀伊国屋書店）『子どもたちのいる宇宙』（三省堂）『少女浮遊』（青土社）など多数。

子とろ子とろ

遊び方

① じゃんけんなどで鬼・親・子を決める。親を先頭に子がその後ろへ縦1列につながる。

② 親と鬼が「子とろ子とろ、どの子とろ……」と問答を交わし、鬼は列の1番後ろの子を捕まえようとする。

③ 親は子を守ろうと手を広げて、鬼の進入を防がなければならない

④ 1番後ろの子が捕まると、親の役の子が鬼となり、鬼の子が列の1番後ろにつき、これを繰り返えす。

うた

こ と ろ こ と ろ　 ど の こ と ろ

こま

　「こま」を漢字で書くと「独楽(こま)」となります。子どもも大人もこまを回すことには夢中になります。現在では、正月に子どもたちに遊ばれるおもちゃの一つとなっているようですが、こまは相当古い時代から大人にも遊ばれているものです。現在残っている最古のこまは、エジプトで発掘されたもので、紀元前1400年ころから2000年ころのものということです。本当に長い歴史をもっています。そして単なる子どものおもちゃとはいえない存在でした。

こまの歴史

　それでは、日本のこまの歴史を見てみましょう。中田幸平[注1]によれば「独楽」という名は紀元900年代のはじめに書かれた『和名抄(わみょうしょう)』に「古末都玖利(こまつぐり)」とあるのが、もっとも古いと述べています。「古末(こま)」というところは他に「高麗(こま)」とも書かれました。これは中国から高麗(こうらい)(朝鮮)を経て、日本に伝わったことからつけられたと考えられます。また「都玖利(つぐり)」とは、こま本来の呼び名で、ツムグリともツグリともいわれ、円を意味しています。ツブラにも通じています。これらがいつのまにか略されて「古

中田幸平『日本の児童遊戯』社会思想社、1970、p.134より引用

100　こ ま

末」になったのではないかというのが中田の推論です。

　古代のこまは宮廷の儀式として用いられることがほとんどでした。専門の独楽びょう師（儀式の際にこまを回して吉凶を占う人）がこまを保管し、神仏会(注2)や相撲節儀(注3)の余興として、紫のひもをつかって厳かに回したものでした。

　古代の神儀性が薄れたこまが、だんだん貴族階級の大人の遊びとなり、実際に庶民の子どもたちの手に入るようになったのは、およそ300年後の江戸時代になってからです。江戸時代のこまは、無性独楽といわれ、貝をむちやひもでたたいて回すものでした。これはのちのバイ独楽（ベーゴマ）です（ベーゴマ→p.166参照）。

　寛文年間に、丸木を八角に削ったこまが登場しました。八方独楽と呼ばれ、もとは中国のもので、はじめは四角面のひねり独楽でした。遊び方は、回転がとまったときにでたこまの表面の文字で双六の進退を決める、サイ

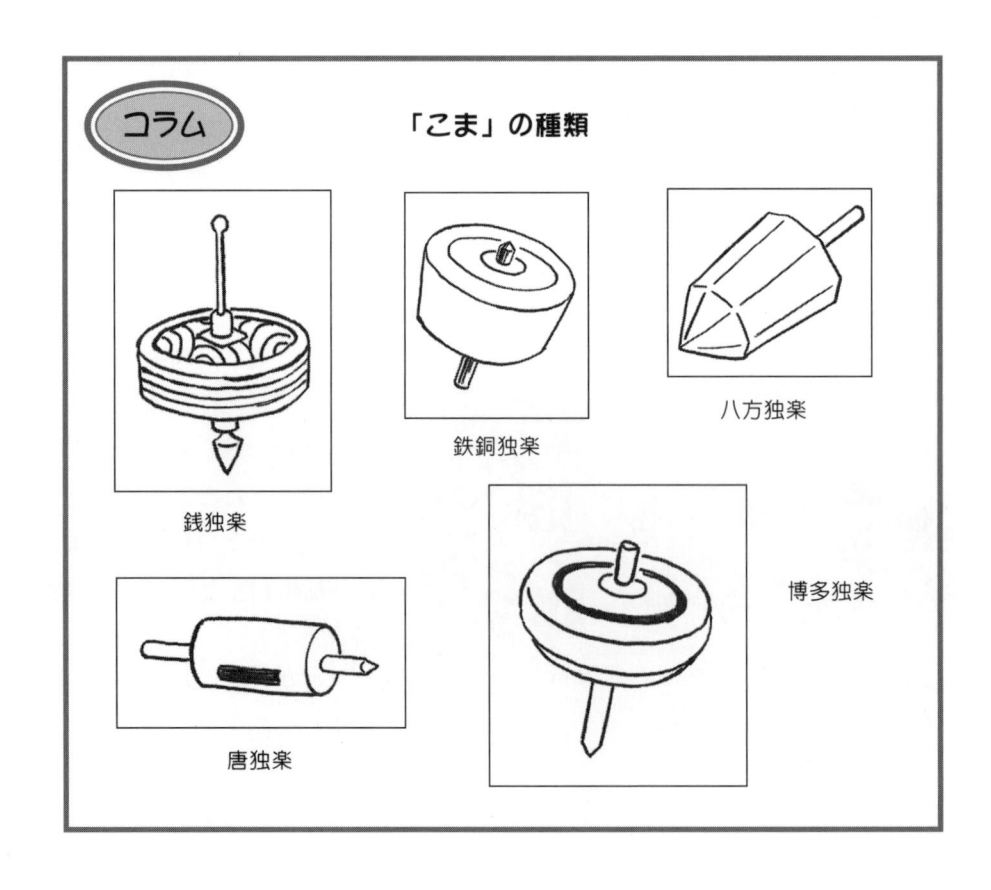

コラム　「こま」の種類

- 銭独楽
- 鉄銅独楽
- 八方独楽
- 唐独楽
- 博多独楽

コロと同じものでした。日本ではその後、六角となって使われるようになりましたが、六角面のおもてに「南無分身緒仏(なむぶんしんしょぶつ)」と焼き印していたために、遊び道具としては不似合いなものでした。元禄時代になると、この六角に六歌仙(注4)などの絵入りのものや、お花という人物を中心に5人の男女名を書いた独楽がでました。これはお花独楽と呼ばれました。再び八角面もでて、「春夏秋冬花鳥風月」の文字や絵入りのものがでました。これらの八方独楽は、単に回転を楽しむためのこまではなく、あくまでも双六の進退を決めるためのサイコロ的なものだったり、他の要素を楽しむためのものでした。

　そこに回転そのものを楽しむこまが現れました。唐独楽(とうごま)というもので、空鐘とも呼ばれました。木製の円筒の上下をふさぎ、胴に縦穴を開けて、中心に串状の心棒を入れたものです。回転させるとゴンゴン鳴るので、ゴンゴン独楽ともいわれました。

　回転の魅力をさらに伝えるこまとして、博多独楽が登場しました。博多独楽は、心棒が鉄製で、丈が高く、回転寿命が非常に長かったのです。回し方が簡単なわりには、掌(てのひら)、棒先、横に張ったひもの上など、どこでも回り、独楽の曲芸のおもしろさがありました。残念なことに、博多独楽の流行した場所が風紀上、良くないところだったために幕府が禁止令を出したのです。そのため回転を楽しむために、博多独楽に代わってバイ（貝）回しが流行しました。このバイ回しは子どもだけの遊びとなりました。

　その後、天保年間には、子どもたちに鉄胴独楽が流行しました。鉄胴独楽は、木製の胴に厚い鉄輪をはめ、鉄の心棒をいれた、頑丈なものでした。双六用の鉄胴独楽を交互に打ち当てて遊ぶ、ケンカ独楽というゲームが嘉永(かえい)2、3年ころから流行しました。はじめはただ、当てるだけでしたが、次第に相手の独楽を激しくたたきつける方法に変化していき、子どもたちは相手の独楽の胴を打ち割るために、心棒の先をますますとがらせていきました。

　明治時代の中頃に、ブリキ製のこまが作られました。日露戦争後にはじめて作られたのは、ゴンゴン独楽（鳴りゴマ）でした。江戸時代に木や竹で作られた唐独楽は、ブリキ製になりました。胴の穴が1個と2個の2種類あり、穴が1つのこまはピーと鳴り、穴が2つのこまはポーと鳴るもの

でした。その後は押しゴマ、無線自動ゴマなどがどんどん作られていきました。

回転の魅力と戦いのおもしろさ

　こまで遊ぶことは大人も子どもも楽しいものです。こまの魅力は回転にあるといえるでしょう。単にくるくると回転することがおもしろい。幼い子どもは、こまが回転するのを見ていると、自分自身も回転してしまいます。子どもがこまになってしまうのです。この体験の感覚が、いつまでも忘れられず、こまの回転を見ていると、同時に自身のイリンクス[注5]（めまい）を感じているのではないかと考えられます。

　こまそのものの回転を追求するだけでも相当楽しいのですが、やはり最も人の心をワクワクさせるのは、こまを使って、戦わせ、他人のこまを奪うことにあります。こまのなかでもベーゴマがこの種の遊びの頂点にあったと思います。

注1) 中田幸平 『日本の児童遊戯』を昭和45年に社会思想社より著した。コマについて詳しく述べている。

注2) 神仏会　大勢の人が寄り集まって行う神事や仏教の行事のこと。

注3) 相撲節儀　相撲は現在では単なる競技か職業的な興行物と考えられているが、本来は神と関係深いものだった。宮廷では初秋の行事として相撲節儀が行われていた。諸国から優秀な人材を集め、宮廷を中心として国を東西に分け、その勝敗でいずれが豊年であるのかを占った。

注4) 六歌仙　平安時代初期の歌道に優れた6人。在原業平、僧正遍昭、喜撰法師、大伴黒主、文屋康秀、小野小町。

注5) イリンクス　前掲（p.97参照）

コラム　世界のこま

世界にもいろいろな種類のこまがあります。その一部を紹介します。

①スイスのカラーこま、②チェコの糸引きこま、③ハンガリーの糸引きこま、④イタリアの音楽こま（回すと音が出る）、⑤アメリカのブリキこま、⑥スペインのつまみこま、⑦トルコのけんかこま、⑧日本のこま、⑨ドイツのゼンマイこま、⑩イギリスのなぐりこま。

（埼玉県所沢市：町田良夫氏所蔵）

ゴムとび

　ゴムとびは、ゴムという素材が登場してからの子どもの、特に女の子の遊びです。ですから明治時代になって登場したわけですが、昭和の初めまではゴムとび用のゴムは１本１銭で、駄菓子屋やおもちゃ屋で売られていて、子どもはだいたいそこで買って遊んでいたことから、本当に好かれた遊びの一つであったと思われます。ゴムとびのゴムをなくしてしまったときには、輪ゴムをつなげてゴムとび用のものを作って遊びました。

元は「なわとび」

　ゴムとびの遊び方であるゴムを跳び越えるというのは、もともとは「なわとび」に見られるものでした。おそらく「なわとび」の遊びが、ゴムの登場とともに「ゴムとび」となっていったものと思われます。ピンと張ったワラなわを跳び越えるより、ぐんと伸びるゴムひもを跳び越えるほうがゴムの弾力を感じて魅力的です。また、もし跳び越えられないとしても、ゴムの弾力によってケガをすることがないのが子どもにとって都合がよかったのだと思います。

　ゴムとびは主として女の子の遊びでした。ゴムひもをただ跳び越えるだ

けではなく、ゴムに足をからげて、歌をうたいながら、ゴムひもを操ったりもしました。「女跳び」といわれる跳び方もありました。これは、少し助走して、片足踏み切りをしながら体をひねって、前傾して、反対の足を高く上げて、その足でゴムひもを引っかけ、引き下げて、跳び越すものです。この跳び方は男の子がしてはいけなかったのか、あるいはそもそも男の子はゴムとびをしなかったのか、はっきりわかりませんが、どういうわけか「女跳び」と呼ばれていました。また子どもの背丈よりずっと高いゴムひもを跳ぶことは普通考えると無理なことでしたが、この場合には両手を地面について、逆立ちの要領で足をゴムひもに引っかけ、ゴムをずっと低い状態にして、それを跳び越す方法もありました。

集団で遊ぶゴムとび

ゴムとびは子どもが一人で遊ぶより、数人で遊んだほうが楽しさが倍増しました。なぜなら、子ども自身が身につけた跳ぶ技術を他の子どもたちに披露する喜びがあったからだと思います。そして子どもの年齢やもっている技術によって、同じ高さのゴムひもを跳び越える方法がいろいろ許されたのです。幼い子は幼い子なりに跳べばよかったし、むずかしい跳び方をまだマスターしていない子は、簡単な跳び方をすればよかったのです。異年齢集団で遊んでいた時代ですから、大きい子は小さい子を無視するのでなく、小さい子も遊びの仲間として認め、無理のないやり方で、跳び方が上達するように指導していったのでした。

今も細々と遊ばれているゴムとび

ゴムとびは完全になくなってしまったのではなく、現在も子どもたちは遊んでいるということがわかりました。一般に子どもが遊んでいる姿を見かけることが少なくなっていますが、小学校の校庭では、ゴムとびで遊んでいる子どもがいるのです。小学校の20分休みのときや放課後の校庭開放のときに、多くはありませんが遊んでいます。今でも駄菓子屋にはゴムひもが売られています。ですからほとんどの女の子は、ゴムとびの体験の記憶はもっています。ただ、遊び集団の構成は変化していて、同年齢で遊んでいることがほとんどです。

ゴムとび

遊び方　ゴムとびの跳び方・遊び方

【 男跳び 】

ゴムをまたいで、直接跳び越える

【 女跳び 】

足にゴムを引っかけるようにして跳ぶ

【 逆立ち跳び 】

ゴムの高さが高くなったときに、逆立ちをするようにゴムを越える

【 ゴムの高さの順序 】

天上
頭
肩
胸
腰
もも
ひざ
地面

【 集団でのゴムとびの例 】

 ゴムを１本の輪にし、持つ子（２人）の足にかけて、跳ぶ子が次のように、ゴムに引っかからないようにテンポよく跳ぶ。うまくいけば、次の高さにすすむことができ、失敗すると持つ子と変わる。

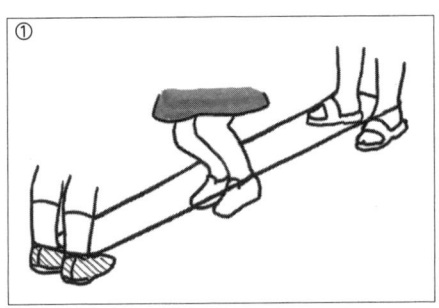

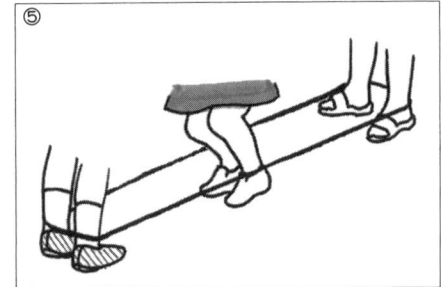

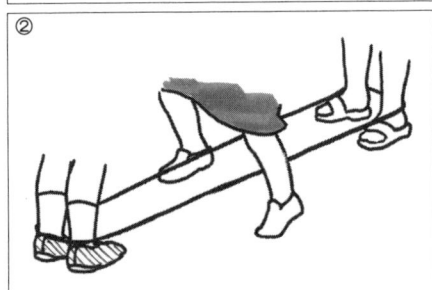

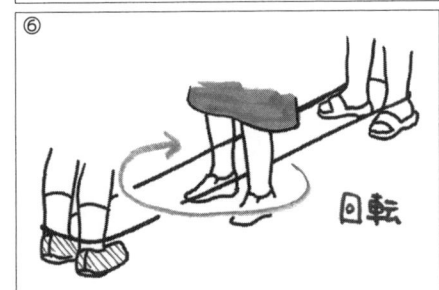

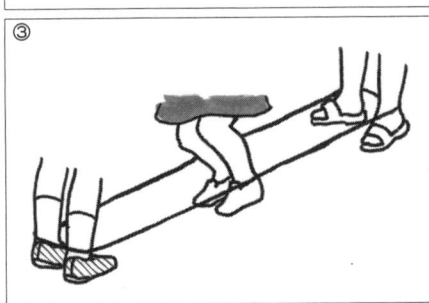

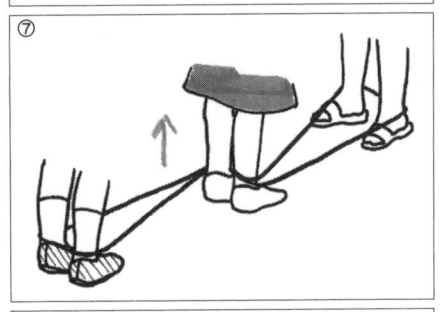

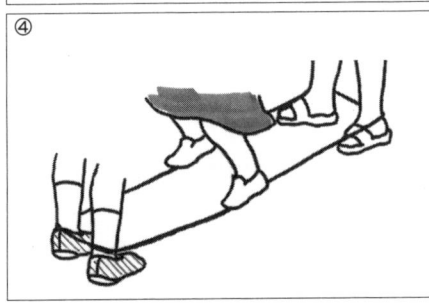

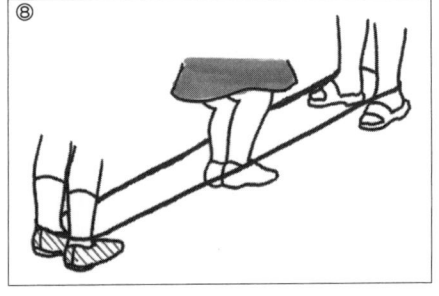

① ② ③ ④ ⑤ ⑥ 回転 ⑦ ⑧

相撲

　　相撲というと今では国技館などで行われるプロの大相撲を思い起こす場合が多くなってしまいましたが、子どもが2人で体をぶつけ合って相撲をとることが遊びとして行われていました。実際、筆者はつい最近、幼稚園の年長組の男の子が「すもうやろう」と言って、別の男の子と「のこった、のこった」と言いながら、相撲をとって遊んでいるのを見たばかりです。ですから子どもによっては、相撲が遊びとして存在しているのだと改めて思ったものです。相撲には土俵がつきものと思われていますが、土俵があらわれるのは江戸時代からで、それまでは土俵なしが普通でした。

相撲の歴史

　日本では相撲の歴史は非常に古いのです。『民族遊戯大辞典』[注]によれば、5世紀後半から7世紀前半までに作られた古墳から、力士埴輪や、組み合った力士のテラコッタをつけた装飾付須恵器、そして石の力士像が出土しているということです。場所も福岡から福島、茨城までにわたってでているということで、大変な大昔から人々は相撲をしていた事実がわかります。有名なことに、天皇家が相撲を庇護しましたので、天皇による中央集権体制が一応確立した8世紀前半から、相撲は旧暦7月7日に天皇が力士を召し出して行う一大年中行事となりました。これは相撲節といい、武家政権が成立する12世紀の末まで5世紀に渉って行われました。その後も力士を送った地域では、寺社の祭礼で、宮中相撲節の様式をよく保存してきています。

　中世では、武士が戦場組討の練習として相撲をやり、寺社は勧進のために新たに相撲興行を行うようになりました。この勧進相撲が、近世の大阪、京都、江戸における幕府公認のビジネスとして定着し、今日の大相撲に及んでいます。

世界各地の相撲

　普通、世界の相撲というとモンゴルとかトルコの相撲を連想するくらいが一般的でしょうが、実は相撲は世界各地で行われています。少し長くなりますが、以下に紹介しておきますので興味のある方は読んでみてください。

[アジアの相撲]

　モンゴル族の相撲は有名です。皮製あるいは布製の半袖の上着をつかんで投げ合う、柔道に近い競技です。これが行われるのは、1年に2回行われる家畜の豊穣と安全を祈願する祭礼のときです。相撲は大変人気が高く、力士は戦績によって、鷹、象、ライオン、巨人といった称号が与えられます。力士は「力」の源泉とみなされ、女性には圧倒的に人気が高いのです。

　シベリア東部のヤクート族は、春の到来を期待するための祭りとして相撲を行っています。

　西アジアのカハジェ・ニントウ出土の相撲とりを彫った銅製の壺は紀元前3000年頃のものと言われています。そのせいか現在でも相撲はさかんです。

　トルコでは皮製の長ズボンだけを着て、裸身に油を塗ります。両肩が地面に着くまで闘うのです。この試合には審判はいません。負けを認めたほうが、相手の足をたたいて、「参った」と意思表示をすればそれで闘いは終わりです。

　イランでは伝統的な身体訓練場で行われます。器具を用いた訓練の後、仕上げとして相撲がとられます。

　インドでも紀元前3世紀頃の成立といわれている仏陀の生前物語集である「ジャータカ」に相撲大会が人気があったことが出ています。現在でもインド各地にアカーラと呼ばれる相撲練習場があります。5歳から25歳くらいまでの青少年を親元から引き取って、合宿の形で相撲とりを育てるところですが、プロの相撲とりになる人は少なく、ほとんどの人のここでのトレーニングはエネルギーを体内に蓄えることが目的のようです。

　東南アジア大陸の山岳地帯に住む、ナガ系諸族にはさまざまな相撲があります。東レングマ・ナガ族は一年中いつでも相撲をとってもいいのです

が、西レングナ・ナガ族では、焼畑に米が植えられている間は、米の精霊を驚かさないために、相撲は禁止されます。初めから両者は組み合って闘い、足など下半身への攻撃は許されていません。マラム・ナガ族では相撲は結婚式のイベントです。花嫁側の男と花婿側の男が対戦し、花嫁側が勝てば、花嫁は夫より長生きでき、子宝に恵まれると言われています。そのほかにも、タドウ・クキ族、ラケール族では、結婚式に相撲が行われます。反対にクオレン・ナガ族は人が死んだときの儀式の一部に相撲が取り入れられています。10日間に及ぶ葬式の最終日に若者たちが村の外に出て、相撲をとり、とり終えると村に戻ります。また、ウイロン・ナガ族は村の年中行事である死者祭のときに、未婚男子がストーン・サークルのなかで相撲をとります。

　台湾の東海岸の平地に住むアミ族は、粟の収穫時に男子が、男子集会所で相撲をとりました。女性はそれを見ることを許されませんでした。サイシアト族は男子は少年になると相撲で体を鍛えました。おもしろいことにもめごとが起きて、どちらの言い分が正しいかわからないときには、首狩り、狩猟、相撲のどれかの方法で競い、勝者を正者とする決まりがありました。ただし姦通（かんつう）の場合のみ、相撲で決着することが決まっていました。なぜなら、姦通した男には神が味方しないので、絶対に相撲に勝てないと信じていたからです。

　中国の少数民族でも相撲はさかんです。結婚式に行われることもあり、他に決まった日（相撲節）に行われることが多いのです。ルールは民族によっていろいろです。足を攻めてもいい場合や、足を攻撃してはいけない場合があります。

　韓国では日本の相撲の「まわし」に似た、布製の帯を腰と片方の太股に巻いて、この帯をつかみ合って闘う「シルム」があります。ただし、日本と異なるのは上半身だけが裸であることです。

　インドネシアでもフィリッピンでも相撲はとられています。

[オセアニアの相撲]

　オセアニアの島々にも多くの相撲が見られます。アジアで見られた相撲と少し様子が異なります。ミクロネシアのナウル島では、子どもが生まれた機会に男は男と、女は女と、子どもは子どもと相撲をとるのです。体を

組み合わせて、相撲を始めます。相手の背中が全部、地面に着くように投げれば勝ちとなります。村同士の対抗戦も行われたりします。

同じミクロネシアですが、ヌクオロ島では相撲は祭りの行事で、男だけが丸く刈り取られた茂みで、人々が集まってつくった人垣の中で相撲をとります。

フィジーのオノでは、酋長が死んだときと、少年の割礼のときに相撲をとるのが習慣でした。これが現在でも行われているかどうかは定かではありません。フィジーでは小高い丘の上に男女が集まってさまざまな遊びを楽しむ習慣があり、このときに相撲もとられました。この相撲は男と女でとるのです。男の狙いは女を投げて抱き合ったまま丘の下まで転がり落ちていくことにあったそうです。

ポリネシアの諸島でも相撲はよく行われました。トンガではヤムイモの収穫予祝祭、客人歓迎式、死者祭、タブーを解く儀式などで相撲がとられました。また、紛争を解決するのにも相撲が使われました。トンガでは女も相撲をとりますが、基本的には男のスポーツとされています。サモアでは相撲は大変人気のあるものです。体に油を塗って行われます。葬式の際にも行われる競技でした。ニューギニアのマオリ族でも死者祭のときに、相撲がとられました。ハワイでは新年祭のときに相撲がとられました。

オーストラリアのアボリジニーの一族は、男の成人式（割礼）で相撲がとられました。

［北米・中南米の相撲］

カナダのイヌイットでは狩りの成功を祝う儀式として、あるいは夜の楽しみとして相撲がとられました。

中南米のベネズエラのカリニャ族では、昔は、相撲が客人歓迎会の幕開け行事でした。まず訪問者と民族とで相撲がとられ、その後、歓迎の宴が開かれました。

アマゾン川流域のインディオでも、相撲は宗教的儀式と村訪問には絶対に必要でした。

南米最南端の島に住むヤーガン族では、相撲は男のスポーツであり、女がするのは禁じられていました。ヤーガン族の相撲はとても勇ましいものです。相撲をとる男は自分の闘う相手を自分で探し、その人の前に小さな

土球を置きます。それを置かれた男は臆病者と呼ばれたくないので、挑戦を受けなければなりません。挑戦を受けて、もし、負ければ、その友人が再度挑戦を申し込みます。勝者は挑戦を受けなければならないので、こうして延々と相撲が続けられるのです。特に若い男にとって、相撲に勝つことがそのまま年頃の娘たちにとって、理想の結婚相手となるからです。

　［ヨーロッパの相撲］
　ヨーロッパにも相撲はあります。アイスランド、アイルランド、イギリスのスコットランド、コーンウオール、ウエールズ、カンバーランド、ウエストモーランドの各地方、フランスのブリュターニュ地方では、ケルト相撲と呼ばれる相撲がさかんです。これだけではなく、次の国では独自の相撲が行われています。
　ノルウェー、スウェーデン、デンマーク、オーストリア、スイス、スペイン、ポルトガル、ユーゴスラビア、ルーマニア、アルメニア、ウズベク、タジク、アゼルバイジャンにも、相撲があります。

　［アフリカの相撲］
　この地域は相撲がさかんなところです。なかでもスーダンのバヨト族とセネガルのデイオラ族、ペペル族では、植付祭と収穫祭に若い男と娘が相撲をとるのです。これは豊穣予祝の性交を象徴的に再現する儀礼と見られます。スーダンのヌバ族は、裸の体全身に白い灰を塗って相撲をとります。相撲は1年中行われますが、特に農作業が少ない乾季には村対抗の大きい試合が催されます。娘はこの相撲の闘いで結婚相手を探しますから、若い男にとって、相撲の試合は大切なのです。ナイジェリアのバチャマ族でも乾季に盛大な相撲大会が行われます。相撲の勝者は男の社会的価値を上げることにもなり、また単なる相撲大会ではなく、これがまもなく始まる新しい農耕期の予祝儀礼の性格を持っています。相撲が収穫によって少なくなった土地に力を与えると考えられています。

相撲の魅力

　相撲が世界中で行われていることには驚かされます。相撲がないところを探すほうがむずかしいくらいです。相撲が楽しみとして、力くらべをす

るだけではなく、人々の生活の中に重要な意味を持っていることがわかります。成人式や結婚式、そして葬式などの通過儀礼の際に、そして客の歓迎の際にと、相撲が登場しています。共通しているのは、相撲の強い男は人々に尊敬される存在であることです。

　大人がやっている相撲を子どもが、まず遊びとしてやるのは普通です。相撲の強い男が尊敬される社会では、男たちは相撲が強くなるために日々、練習をします。そのような社会では子どもは大人を模倣し、当然遊びとして相撲をとるのです。

　日本の社会でも体の大きさには無関係に相撲が好きな子どもはいますが、だんだん減少しているようです。相撲がさかんな地域にある、小学校などの校庭には土俵があるのが普通でしたが、現在ではあっても省みられないところもあります。男の子たちにとって相撲より魅力的な遊びやスポーツがあるとそれらに移っていってしまうようです。国技館の大相撲の観客が満席ではない日もある現在は、子どもの世界からも相撲が遠ざかってしまったと言わざるをえません。

　相撲のバリエーションとして、足を引っ掛ける足相撲や指相撲があります。これらも遊んでみるととてもおもしろいものです。

　子どもにとって相撲の魅力は、相手と体を組み合い、ぶつかり合って、力を競うこと、それだけだろうと思います。相撲で勝つことは、本来は人々に尊敬されるようなことなのです。しかし、現在では相撲は、男の子にとって、もっと魅力的な野球やサッカーがその場に取って代わったと言えるでしょう。

　　注）『民族遊戯大辞典』　前掲（p.45参照）

草花摘み（そうかつみ）

これは字から判断できるように、草や花を摘んで遊ぶことです。「そうかつみ」という言い方はあまりなじみがないかもしれません。子どもが夢中になって草や花を摘んでいるときに「そうかつみしましょう」とは言いません。けれども「そうかつみ」は、古い文献にも登場します。

『古事記』にも見られる「そうかつみ」

『古事記』[注1]には、子どもが植物の、のびる（野蒜）や花を摘みに行ったことが記録されています。また『万葉集』[注2]には植物が入っている和歌が多く、当時からせりなどを摘んでいたことがわかります。この時代では摘んだ草は食用とされたようです。少し時代が下った『源氏物語』[注3]にも花を摘んで、山で遊んだことが記されています。ここで摘んだ花は観賞用だったでしょう。

草や花を摘んだ人々は早くから遊びにしていました。平安時代にはすでにさかんであったということですから、もっと前の奈良時代から遊びは始まっていただろうと、半澤敏郎[注4]は推測しています。草花をつかった遊びとは何であったのかというと、草合わせ、花合わせなのです。遊び方は、人々が種々の草花を採集して、それらの草花を懐中にしのばせて、それを出して競い合うというものでした。めずらしい、貴重な草花をもっている人が勝ちとなる遊びです。何と、負けた人は

着ている衣を脱いで勝った人に贈るということもされていました。草花を見せ合って競い合うという遊びは、子どもも大人と同じようにやっていました。

　草花を見せ合う遊びのほかに、もう一つ、昔から子どもによく遊ばれていたのが、草相撲でした。特にスミレをつかって行うのが多かったようです。花びらを組み合わせて、引っ張って勝敗を決めるという遊びです。また松の葉でも葉を引っかけて引っ張り合い、切れたほうが負けという遊びもよくやられました。

草花摘みが遊びとなる条件

　まず、草花を自由に摘んでも良いような自然があることがあげられるでしょう。都会で育った筆者は、摘みたいと思うがままに草や花を摘んだ体験がありません。せいぜいままごとのごちそうに使う、俗称「ねこまんま」を摘んだくらいでした。おそらく自然が豊かな地域で育った人は異なった体験をするのだと思います。

　また草花摘みは、遊びとしてではなく、食料採集としても大切です。半澤自身も第二次大戦中の食糧難のときには、食用として草花摘みをしたことを述べていますが、このような体験の思い出をもっている大人たちはまだ多くいるはずです。ですから草花摘みが遊びとなるためには、豊かな自然と平和な社会が必要であることがわかります。野原や山で草花を摘み、遊んで、食卓を豊かにするために野草を摘んで一品にすることができる自然と社会こそ、草花摘みが可能になる条件といえるでしょう。

注1）『古事記』　奈良時代初期に太安万侶（おおのやすまろ）が稗田阿礼（ひえだのあれ）の提唱したものを記録して作った。3巻からなり、神代から推古天皇までの記事を収めてあるもの。

注2）『万葉集』　奈良時代にできた日本最古の歌集。全20巻。約4500首の歌がおさめられている。選者は大伴家持（おおとものやかもち）といわれ、柿本人麻呂（かきのもとのひとまろ）、山部赤人（やまべのあかひと）、山上憶良（やまのうえのおくら）、大伴旅人（おおとものたびと）、大伴家持などが代表歌人。

注3）『源氏物語』　平安時代中期の物語。紫式部（むらさきしきぶ）が作者。当時の貴族生活を背景に、主として主人公光源氏（ひかるげんじ）の一生を描いた小説。代表的古典文学作品。

注4）　半澤敏郎　前掲（p.20参照）

コラム　いろいろな草花を使った遊び①

【シロツメクサの花かんむり】

【レンゲソウのネックレス】
三つ編みの要領で

【タンポポの腕時計と指輪】
茎をたてにさく

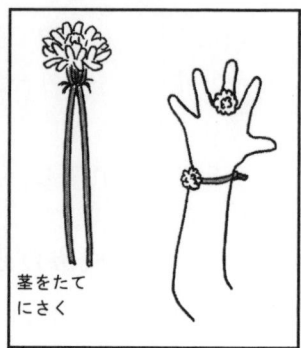

【ギシギシの人形】
レンゲソウ
葉をたてに半分に折り巻き重ねていく

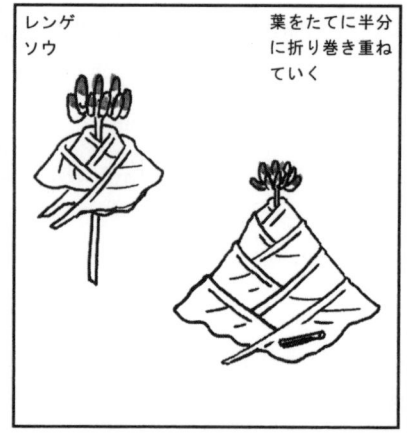

【ヤブカンゾウの人形】
タンポポ
男びな　女びな

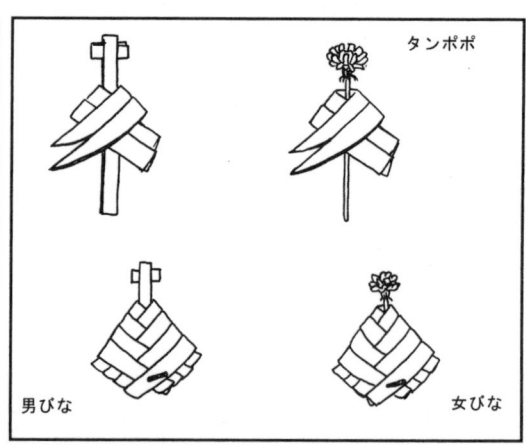

【カヤツリグサの仲うらない】
①両端をさく　②　③　④

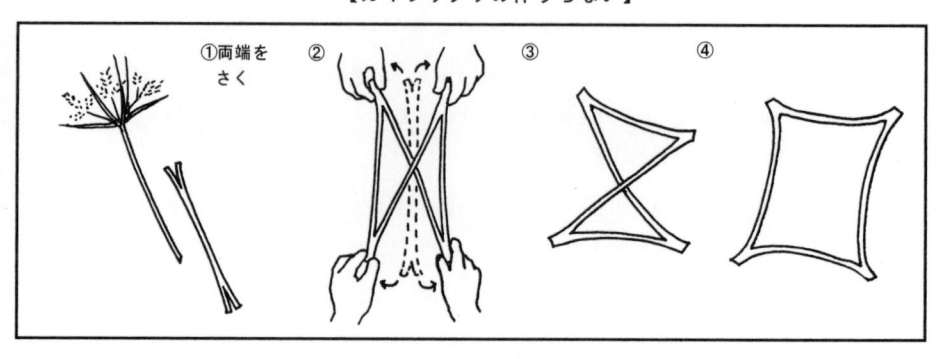

草花摘み 117

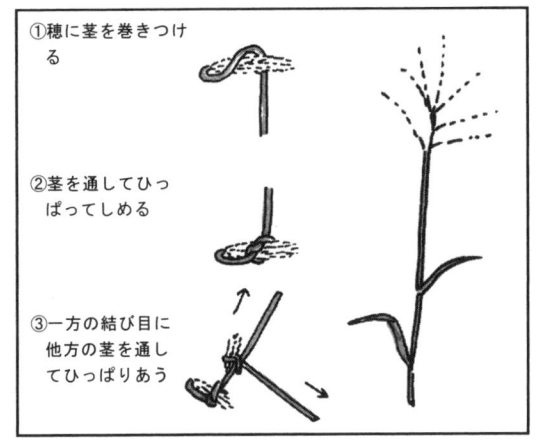

【オシヒバの切り合い】
①穂に茎を巻きつける
②茎を通してひっぱってしめる
③一方の結び目に他方の茎を通してひっぱりあう

【オオバコの切り合い】

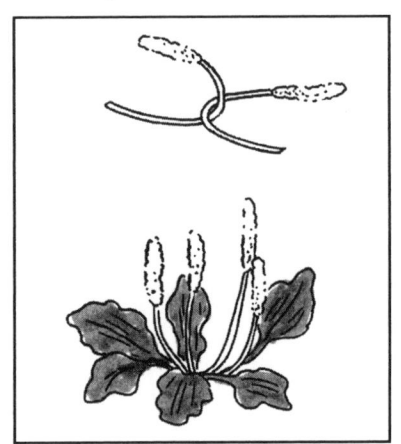

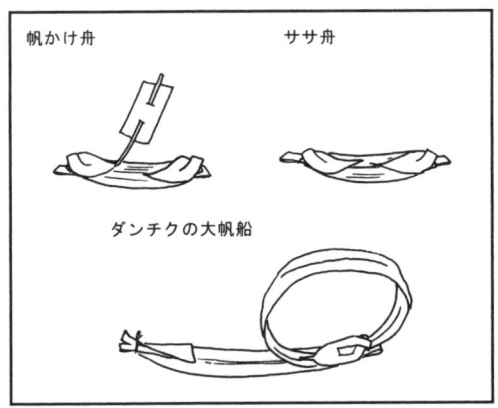

【ササの舟】
帆かけ舟　ササ舟
ダンチクの大帆船

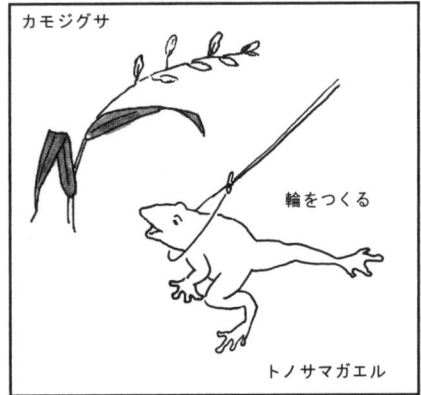

【カモジグサのカエル釣り】
カモジグサ
輪をつくる
トノサマガエル

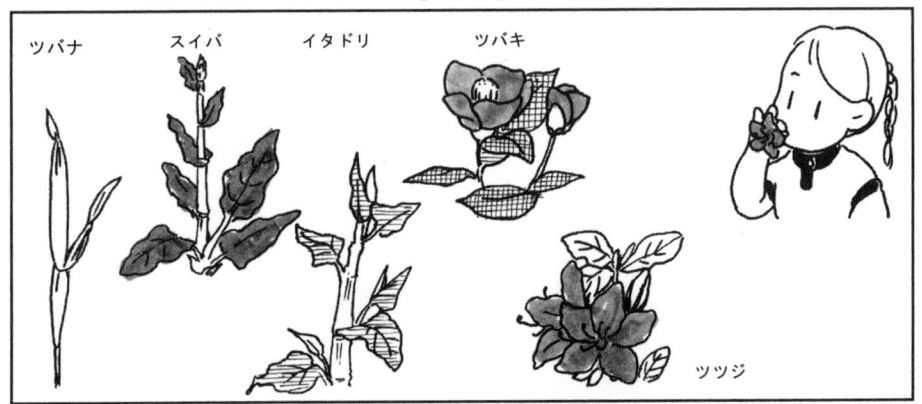

【密吸い】
ツバナ　スイバ　イタドリ　ツバキ
ツツジ

藤本浩之輔『野外あそび事典』くもん出版、1994より引用

コラム　いろいろな草花を使った遊び②　－草笛－

【木の葉笛】

マサキ、ナンテン、モチ、カシなどの常緑広葉樹の柔らかい葉っぱがよい。

葉の表を下唇に押し当て、葉の上部が上唇に少しふれる程度にして、軽く吹く

【巻き笛】

ツバキ、モチ、マサキなどの常緑広葉樹の比較的広い葉っぱがよい。

葉先からくるくる巻く

直径5～7mmの筒状にし、吹き口を指でつぶして吹く

【カラスノエンドウの笛】

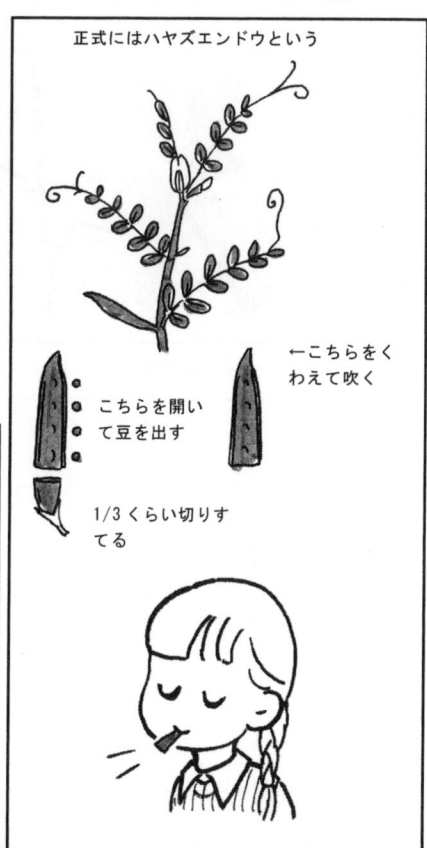

正式にはヤハズエンドウという

←こちらをくわえて吹く

こちらを開いて豆を出す

1/3くらい切りすてる

【タンポポの笛】

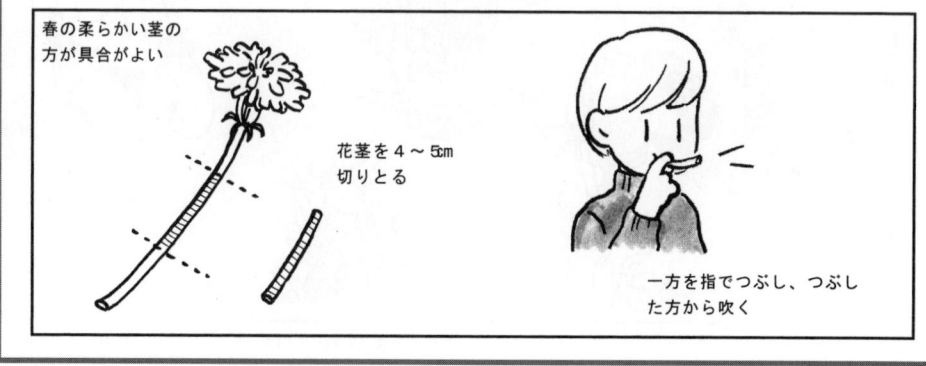

春の柔らかい茎の方が具合がよい

花茎を4～5cm切りとる

一方を指でつぶし、つぶした方から吹く

草花摘み

【スズメノテッポウの笛】

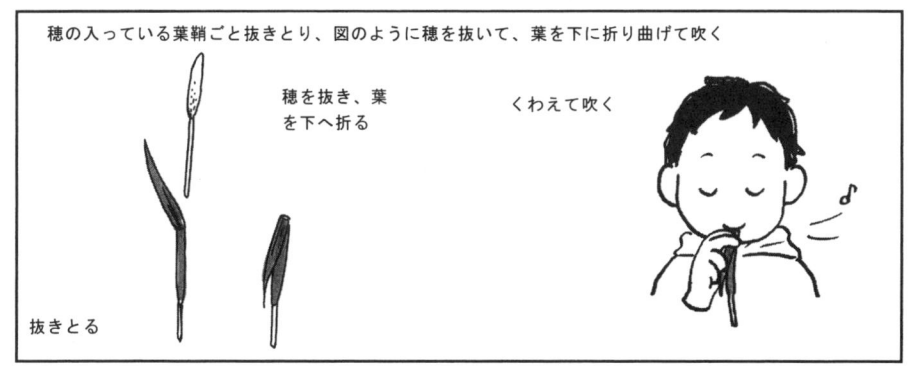

穂の入っている葉鞘ごと抜きとり、図のように穂を抜いて、葉を下に折り曲げて吹く

穂を抜き、葉を下へ折る

くわえて吹く

抜きとる

【イタドリやウツギの笛】

イタドリは、夏になると茎が硬くなってくる。竹のように中空になっているので、図のように節と節の間を切りとり、柔らかいササの葉やススキの葉で弁をつくって吹く。同様にして、中空になっているウツギの茎でも笛をつくることができる。

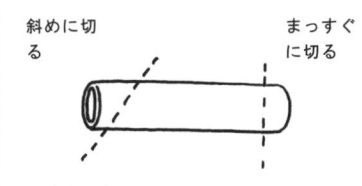

斜めに切る　　　まっすぐに切る

切り込みを入れる

ササやススキの葉をはさみこむ

穴の大きさに合わせて葉を切る

【キジ鳴きの笛】

カンゾウ、ササ、ショウブなどのように葉脈が平行に走っている葉で、柔らかいのがよい。

両手の親指の間に葉をはさむ
強く吹いて鳴らす

藤本浩之輔『野外あそび事典』くもん出版、1994 より引用

たけうま

　現在でもたけうまは保育所や幼稚園、あるいは学校のなかに取り入れられているので、部分的にはよくやられている遊びです。現在のたけうまは二本足で、途中に踏み板がついており、そこに乗って歩いたり、走ったりするものです。

　歴史を見てみると、たけうまには2種類ありました。1つは、平安時代から遊ばれているもので、葉のついた1本の生竹にまたがり、両手で竹の先を握るか、綱をつけて手綱を握って、遊びました。鎌倉時代には男の子たちによって、さかんに遊ばれました。この遊びはまさに「竹馬」でした。つまり男の子が竹を本物の馬に見立て、またがって竹に乗っていたのでした。

半澤敏郎『童遊文化史 別巻』東京書籍、1985、p.333より引用

平安時代には「高足(たかあし)」

　私たちがよく知っているたけうまは、平安時代には「高足」とか、「サギ脚(あし)」と呼ばれていたものです。これは、当時流行した田楽(でんがく)に使われた、はきものからきたものではないかと考えられています。田楽とは田植え時に行われた祝いの舞から生まれたものだとか、あるいは猿楽(さるがく)注1)から変化したものだといわれています。「高足」という呼び名は大正時代のはじめころまでは使われていましたが、それ以後はほとんど「たけうま」という呼び名になっています。高い「たけうま」が大変流行したのは、江戸時代中期から幕末にかけてでした。

半澤敏郎『童遊文化史 別巻』東京書籍、1985、p.334より引用

遊びの実際

　明治時代に子どもだった人々の話には「竹馬」や「高足」がよく登場します。藤本浩之輔による『聞き書き　明治の子ども　遊びと暮らし』注2)には、実際に遊んでいた様子がいきいきと語られています。現代の人々にはまるで想像できないくらいな遊び方をしていた姿があります。

　非常に高い竹馬があって、はしごで屋根へ上がり、屋根へ腰掛けて竹馬に乗ったり、普通に歩くだけではなく、1本を肩にかついで、1本足でケンケンしたり、竹馬で石段を上がったり、あるいはわざわざ柔らかい畑にズボズボ入ってだれが上手に歩けるのかを競ったり、2人乗りしたりしたことなどがでています。2人乗りとは、特に好きな女の子を竹馬の足の前の部分に、女の子の足の指を乗せ、つまり子ども2人は向かい合わせになって歩く、乗り方です。竹馬は男の子の遊びだと思われていますが、なかには女の子も竹馬によろこんで乗って遊んだこともわかります。

遊びの魅力

　昔の子どもたちは、現代の子どもたちが危ないからという理由でできないことまでやっていたことがわかります。一階の屋根から乗るような高いたけうまを現在では見ることはほとんどありません。たけうまの遊びの魅力はなるべく他の人より高いたけうまに乗ることのようです。自分の足のように自由自在に竹馬を操り、ふだん見ることができない視野で見る世界を楽しんでいたのでしょう。

　　注1)　猿楽　現代の狂言や能の起こりとも言われているが、古代の曲芸の総称。

　　注2)　藤本浩之輔『聞き書き　明治の子ども　遊びと暮らし』SBB出版会、1986

たこあげ

現在ではおもにお正月に行われている「たこあげ」は、昔から冬の遊びでした。大空に風を受けて舞う「たこ」を自らの手で操る感覚は、おそらく一生忘れないことでしょう。「たこ」の動きに合わせて走り回ることは相当おもしろく、楽しいものです。

「たこ」の起源

「たこ」がいつできたのかについては、さまざまな説があります。たとえば、南の島の部族が熱帯性植物の葉につるをつけて、風を利用して飛ばしたものが始まりだという説、あるいはギリシャの哲学者プラトンの友人のアルタスが作ったという説。またあるいは、紀元前2世紀に中国の韓信（かんしん）という人が敵陣の距離測定のためにたこを飛ばしたという説、549年に梁（りょう）の候景の乱のときに、たこに人を乗せて飛ばし、城の中との連絡をとったという説などがあります。一般的には東アジアや東南アジアが発祥だろうといわれています。

中国の紀元前5世紀に著された『墨子』（ぼくし）には、公輪子が竹木でカササギを作って飛ばした話があったり、紀元前3世紀の『韓非子』（かんぴし）にも墨子が木でトビを作って揚げた話が載っています。

けれどもこれらの話を疑問視している研究者がいます。その代表はイギリスの人類学者のハッドンです。ハッドンによれば東南アジアの島のどこかで最初の「たこ」が揚がったといっています。ハッドンは「たこ」の原形は船の帆で、帆はたびたび強い風によって空に吹き上げられ、これを降ろそうとして綱を引き寄せたところ、空気抵抗のおもしろさを知り、しだいに小形の帆を作って、風に飛ばしたのが「たこあげ」の始まりではないかと推測しています。

日本には、中国から伝わったとするのが通説であり、平安時代に著された『倭名類聚抄』（わみょうるいじゅうしょう）に「紙鳶」という文字で現れたのがもっとも古い記録です。この読み方は「しえん」であったろうといわれています。

「たこ」と「いか」

「たこ」という呼び方は、現在ではだれもがわかりますが、元はこの呼び方は関東地方を中心とした方言でした。1755年に江戸で出された『諸国方言物類称呼』（ほうげんぶつるいしょうこ）によれば、その当時「たこ」といっていたのは、関東、東海道、土佐、唐津でした。その他のところでは、東北では「てんぐばた」、群馬と信州では「たか」、近畿と北陸では「いか」、「いかご」、九州では「たつ」「ふうりう」、長崎と伊勢で「はた」と呼ばれていました。当時は近畿が政治経済の中心でしたので、「いか」という名称が共通だったのでした。けれども政治の中心が江戸（東京）に移ったことで、「たこ」が共通の呼び名となったのであろうとされています。

「たこ」を漢字で書くと「凧」ですが、この漢字は江戸時代に「風」と「巾」、あるいは「鳳」と「巾」とを合わせて作った和製漢字であることが知られています。ですからこの「凧」の字が登場するのは江戸時代からのことです。

「たこ」の種類

奈良時代の日本の「たこ」は、『弁色立成』（べんしょくりゅうじょう）の記述によると、紙を材料にして、鳶（とび）の形につくったものでした。それ以後は800年の間、記録がありません。けれども江戸時代には専門のたこ屋ができるほどさかんになりました。行商のたこ売りもいて、若者や子ども相手に商売をしていました。たこあげの遊びは冬を代表する遊びの一つでした。特に暮れから３月くらいまではさかんに遊ばれました。冬の季節は風が強く吹く日が多くあり、たこあげをするのに良い条件があったのでしょう。江戸時代にはすでに次のような種類がありました。

1. 字凧（じだこ）：四角い凧に国、龍、嵐、錦、虎などの字を書いたもの
2. 絵凧（えだこ）：四角い凧に達磨（だるま）、金太郎、般若（はんにゃ）などのカラフルな絵を描いたもの

3．奴、鳶、釣鐘、釜、扇など、その形状を擬した凧
4．細工凧：笛やうなりなどの共鳴具をつけたもの

　「たこ」が子どもだけのものではなく、大人も夢中になったらしいことがさまざまな文献から推測できます。大型になっていったり、絹張りのたこが現れたりという、凧の大型化、華美化が進みました。武士も庶民も夢中になっていったのでした。どんなに人々が夢中になっていたかということは、幕府が1841年に凧商人に大型で高価な凧を商うことを禁じたことからもわかります。1841年といえば、江戸時代も末期です。明治時代になり、近代化が進み、電柱と電線が町に張りめぐらされると、人々がたこあげをすることは物理的にできなくなりました。東京では明治6年に早くも市中でのたこあげ禁止令がでています。その後、お正月を中心として、子どもの遊びとなり、5月の端午の節句を中心に行事としてたこあげが行われるようになりました。

たこあげの意味

　たこあげが人々にもたらす宗教的意味や呪術的意味についてはさまざまな地域に見られます。韓国では正月に揚げた凧は15日に焼くか、遠くの空へ放してしまいます。これは凧にさまざまな凶事を記し、身元から遠ざけることでその年の無病息災を願う意味をもっているからです。この習慣は中国から台湾まで広がっています。中国では正月に、台湾では春の清明節に行われます。災いを背負っている凧が自分に家に落ちてくることは極端に忌み嫌われます。中国では凧が落ちた家では「お払い」をしてもらうのが普通です。カンボジアでは仏僧に浄化儀礼をしてもらいます。

　東南アジアの稲作地域では雨季から乾季に変わるころ、儀礼のひとつとしてたこあげが行われます。凧の出す唸り音が風を呼び、その風が雨季の雨雲を追い払ってくれるというのです。

　日本では、長男誕生の機会に凧を揚げる習慣があります。これは子どもの健やかな成長の祈願のためのものです。有名なのは静岡県浜松市のものです。長男が生まれると、母方の実家や親類から「初凧」として大凧が贈られ、男の子の初節句に揚げてもらうのです。

たこあげの魅力

　たこあげの魅力は何でしょうか。元には宗教的な意味があったことを忘れて、人々はたこあげに魅せられました。電線などの邪魔物がない場所では子どもはたこあげをしています。かつては、たこは竹ひごと紙で自分で作ったものですが、今では壊れにくいビニール製のたこが主流です。風を受けて高くあがるものになっています。あまり苦労することなく、空にさっと揚がっていきやすいものです。たこを揚げていると、目には見えない風を感じることが可能です。風とコミュニケーションしながら、長い時間たこを揚げ続ける努力をするのです。風を捕らえるということが子どもたちの心を捕らえてしまうのがたこあげの魅力でしょう。

コラム　行事としてのたこあげ

　半澤俊郎[注]は、明治時代に行われた高知県香美郡の「たこあげ」を紹介しています。男の子が生まれた初正月の家では、近所の若者を雇って大きいたこを揚げていました。その大きさは4畳半といいますから、縦2.7m×横2.7m、糸の長さおよそ600mに及ぶといいます。この大凧に長い和紙の尾がつけられます。この尾には懸賞がかけられています。当日、大凧が揚がると、子どもたちは自分のたこを揚げて、その尾を切り取り、尾についている懸賞を受け取るようになっていました。お正月の男児出生のお祝いの大凧揚げだったのです。この行事には、当時の人々の男の子誕生の喜びが込められていました。このような個人の家が主催していた「たこあげ」は、今では見られなくなりました。

　最近、中止されていた地方で、再び、「たこあげ」が行われるようになりました。「たこあげ」そのものを後に残しておきたいと思う気持ちが、たとえば商店会主催として、「たこあげ」復活がニュースで報道されるようになりました。このことは、共同体の神社が主催する祭礼としてではなく、地域の商店会が主催する行事としての祭りに変わっていったことと同じ意味だろうと考えられます。

　注）半澤俊郎　前掲（p.20参照）

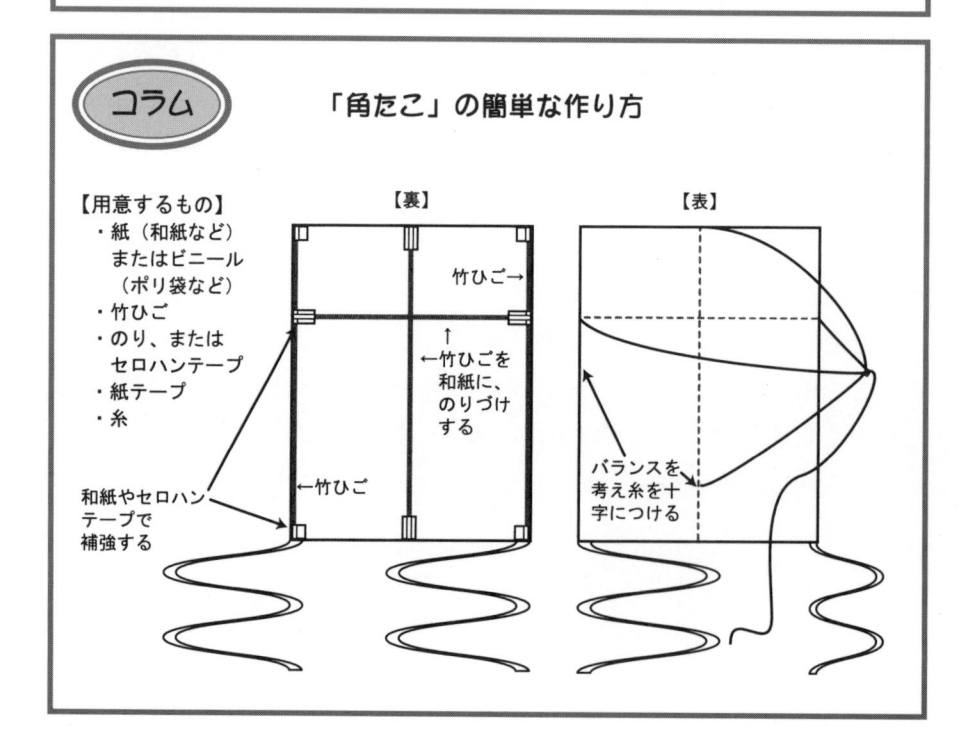

コラム　「角たこ」の簡単な作り方

【用意するもの】
・紙（和紙など）またはビニール（ポリ袋など）
・竹ひご
・のり、またはセロハンテープ
・紙テープ
・糸

【裏】
竹ひご→
←竹ひごを和紙に、のりづけする
←竹ひご
和紙やセロハンテープで補強する

【表】
バランスを考え糸を十字につける

手遊び

　わらべうたをうたいながら、手をつかって遊ぶ手遊びは、まだ幼くて自分ではうたえないような子には、大人がうたいながら遊んであげることができ、少し成長して自分でもうたえるようになると、友達と遊ぶことができる、手だけで遊ぶことができるすばらしい遊びです。

リズムの楽しさ

　いろいろありますから、一つや二つは知っている人が多いでしょう。

　たとえば、何人かの子どもが向かい合って丸くなり、それぞれが両方の掌(てのひら)をぱっと開いて、胸の前にかざして、「親」の子が、

　　　どのおせんべがやけたかな

と言いながら、掌を一つ一つ触っていき、最後の「やけたかな」の「な」のところにあたった子の掌を返します。さらに「どのおせんべがやけたかな」と唱えながら、一つ一つの掌を「親」が触っていき、再び最後の「な」にあたった子の掌を返します。そして2回、掌を返した子は、おせんべが焼けて、食べられるようになったということで、自分で食べる真似をする遊びなどは、単純ですから、赤ちゃんを母親があやすときにもよく遊ばれる手遊びの一つです。

　あるいは、古典的な手遊びとして「ずいずいずっころばし」も、よく知られています。

　何人かの子どもが向かい合って、丸くなり、両手を一つずつ軽く握り、胸の前にかざします。「親」の子が歌をうたいながら、その軽く握った手の真ん中に人指し指を入れていきます。歌の最後のところの「おちゃわん　かいたの　だあれ」でちょうど指が入った子が「鬼」になって、次の新しい遊びが始まるのです。歌は次のようです。

　　　ずいずいずっころばし　ごまみそずい
　　　ちゃつぼにおわれて　とっぴんしゃん
　　　ぬけたーらどんどこしょ

たわらのねずみが　こめくって　ちゅう
　　　ちゅう　ちゅう　ちゅう
　　　おっとさんがよんでも　おっかさんがよんでも
　　　いきっこなーしよ
　　　いどのまわりで　おちゃわんかいたの　だーれ

　この歌から意味を探ろうとしても無理かもしれません。だいたい子どものわらべうたには、はっきりとした意味はないと言われています。この「ずいずいずっころばし」の歌も全体的には意味はわかりません。けれど、大変魅力的なひびきを持っている歌です。子どもは、手遊びをしながらうたう、調子の良い、リズミカルな歌が、おもしろく感じられ、何回も繰り返して遊ぶのだと考えられます。本来は、「鬼」を決めるためにうたったわらべうただったものでも、歌がおもしろい場合には、それだけで子どもは楽しんで遊ぶのだと思います。

触れ合う楽しさ

　ここにあげた典型的な手遊びのほかにも、まだまだたくさんあります。2人の子が向かい合って、「せっせっせーのよいよいよい」で始める、相手の子と掌を合わせるわらべうたもあります。これらの手遊びの魅力は、子どもと子どもの掌が直接、触れ合うことではないでしょうか。リズムに合わせて、一緒に歌をうたいながら、掌を合わせる行為は、2人の気持ちをもぴったりと合わせることができるものなのです。特に手遊びは、歩いたり、走ったりする必要はなく、移動しないで、手だけで遊び、気持ちも合わせることができる手軽な遊びといえます。この遊びこそ、母と幼い子で遊ぶことができるものです。触れ合うことで、お互いに信頼できる、いい関係が生まれることと思います。

手遊び「茶摘み」

遊び方

① 歌の前に手拍子を1回打って始める

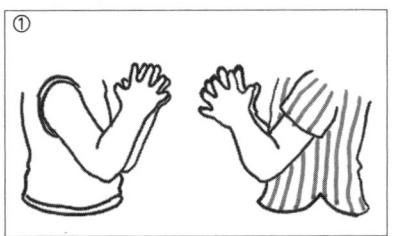

② 「な」のところでお互いの右手を打ち合う

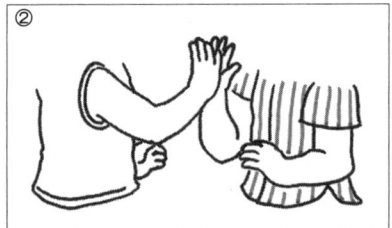

③ 「つ」のところで手拍子を1回打つ

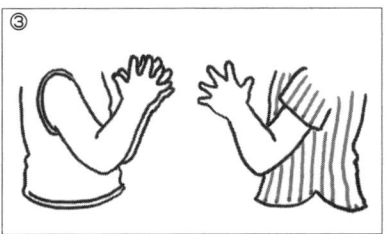

④ 「も」のところでお互いの左手を打ち合う。以下歌にあわせ、繰り返す。「トントン」のところでは互いに両手を2回打つ。

うた

なつも ちかづく はちじゅう はちや（トントン）のにも やまにも わかばが しげる（トントン）あれに みえるは ちゃつみじゃ ないか（トントン）あかね だすきに すげの かさ（トントン）

手遊び「ずいずいずっころばし」

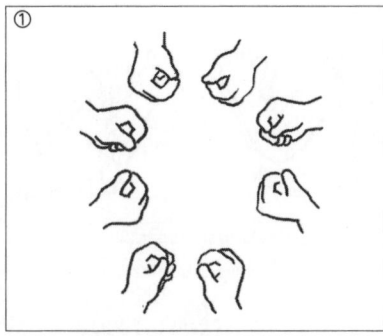

遊び方

① それぞれが軽く握った手を輪になって出す

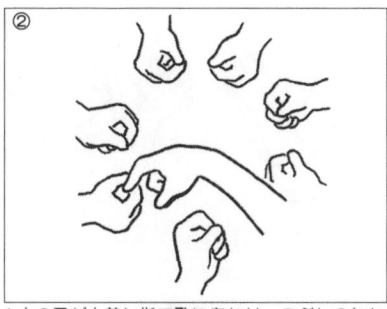

② 1人の子が人差し指で歌にあわせ、こぶしのなかをつついていく。最後のところで止まった子が次につづく役の子となり、遊びが続く。

うた

ずいずい ずっころばし ごまみそずい ちゃつぼに
おわれて とっぴんしゃん ぬけたら どんどこ
しょ たわらの ねずみが こめくって ちゅう
ちゅうちゅう ちゅう おっとさんが よんでも おっかさんが
よんでも いきっこ なーーし よ いどの
まわりで おちゃわん かいたの だーれ

通りゃんせ

通りゃんせ　通りゃんせ
ここはどこの細道じゃ
天神さまの細道じゃ
ちょっと通してくだしゃんせ
ご用のないもの　通しゃせん
この子の七つのお祝いに
お札(ふだ)を納めにまいります
行きはよいよい　帰りはこわい
こわいながらも　通りゃんせ
通りゃんせ

　２人の子どもが向かい合って、両手を握り、高くあげます。その中を列をなした子どもたちが、歌をうたいながらくぐって行き、「こわいながらも通りゃんせ、通りゃんせ」の部分で、はさまって捕まるという遊びです。
　できれば捕まりたくないと思う子どもたちは、歌の終わりの部分が近づ

くと、なんとか抜けようと思い、素早く通過したり、反対にわざとゆっくりと通過してみたりします。こうしてうまく捕まらなければ楽しいし、また、もし捕まったとしても、2人の子どもにはさまれて、身体接触が暖かく感じてうれしいものです。

「通りゃんせ」の始まりは箱根の関所？

「通りゃんせ」の遊びは、いつごろ、どうしてできたのでしょうか。『日本遊戯史』[注1]によれば、「通りゃんせ」の遊びは「天神様の細道」と紹介されています。これは、徳川氏が江戸に居城を築城した後にできたということです。幕府は江戸の機密保持のため、箱根に関所を設け、通行をきびしくしたのです。武士、商人、百姓を問わず、関所手形を持っていないものは絶対に通行できませんでした。けれども親の重病などで、どうしても手形なしに関所を通過しなければならない場合には、役人に哀願すると、来たときの方向を替えて、「貴様はこちらから参ったのにそちらへ参るのは不都合じゃ」と、反対方向に突き放してくれたそうです。しかし、用が済んで帰る際には、行きのようにはうまくいかないこともあり、「行きはよいよい、帰りはこわい」ということになったということです。

　箱根の関所の様子が子どもの遊びの始まりのきっかけをつくったということですが、それがなぜ「天神様の細道」となったかについての説明は、『日本遊戯史』には見られません。もしこの遊びが、江戸時代に始まったものであるとしたら「天神様」という存在は人々にはかなりポピュラーなものであったはずです。柳田国男[注2]は、「天神信仰」は菅原道真を奉ったとされる以前から「天の神」という古い観念があり、すでに全国に無数の神社が存在していたことを説明しています。子どもにとっても、「天神様」は身近な存在だったのです。「天神様の細道」といわれると、どの子どもも自分が行ったことのある「あの」「天神様」の「細道」としてイメージできるものだったのではないでしょうか。この遊びは「細道」でいつ、捕まえられるかわからないところがスリルとなっています。箱根の関所でいつ、捕まえられるのかわからないというスリルを再現している遊びというわけです。

「通りゃんせ」と同様の遊びにイギリスの「ロンドン橋おちた」（下記コラム参照）がありますが、この遊びのときうたわれる長い歌も歴史上の事実が元になっているといわれています。日本の「通りゃんせ」とイギリスの「ロンドン橋おちた」は、奇しくもうたわれている歌が歴史上の事実が元になっていることは、不思議な気がします。

> **コラム**　「ロンドン橋おちた」
>
> 　イギリスのマザー・グースと呼ばれる伝承童謡の一つです。伝承童謡であるので、日本のわらべうた同様に、うたう人によって少しの違いがあります。マザー・グースに関しては、イギリスのオーピー夫妻はじめさまざまな研究者が膨大な解釈をしています。なかでもこの「ロンドン橋おちた」は、実際に橋の建設の際によく橋が落ちたため、人柱を必要としたかなり遠い昔（十世紀から十二世紀のころ）の暗い記憶が、この歌の底にあるらしいというのが、現在のほぼ定説となっています。「ロンドン橋おちた」と同様の歌はヨーロッパ各地にあります。かなり古いものであるらしいのですが、文献上は1725年に見られるのが初めてです。
>
> 　ここでは「ロンドン橋おちた」を谷川俊太郎の訳で紹介します。
>
> 　　ロンドンばしが　おっこちる　おっこちるったら　おっこちる
> 　　ロンドンばしが　おっこちる　きれいなきれいな　おひめさま
>
> 　　ねんどと　きとで　つくろうよ　つくろうよったら　つくろうよ
> 　　ねんどと　きとで　つくろうよ　きれいなきれいな　おひめさま
>
> 　　ねんどと　きでは　ながれるよ　ながれるよってば　ながれるよ
> 　　ねんどと　きでは　ながれるよ　きれいなきれいな　おひめさま
>
> 　　れんがと　いしで　つくろうよ　つくろうよったら　つくろうよ
> 　　れんがと　いしで　つくろうよ　きれいなきれいな　おひめさま
>
> 　　れんがと　いしは　くずれるよ　くずれるよってば　くずれるよ
> 　　れんがと　いしは　くずれるよ　きれいなきれいな　おひめさま
>
> 　　はがねと　てつで　つくろうよ　つくろうよったら　つくろうよ
> 　　はがねと　てつで　つくろうよ　きれいなきれいな　おひめさま
>
> 　　はがねと　てつは　まがります　まがりますったら　まがります

> はがねと　てつは　まがります　きれいなきれいな　おひめさま
> きんと　ぎんとで　つくろうよ　つくろうよったら　つくろうよ
> きんと　ぎんとで　つくろうよ　きれいなきれいな　おひめさま
> きんと　ぎんでは　ぬすまれる　ぬすまれるってば　ぬすまれる
> きんと　ぎんでは　ぬすまれる　きれいなきれいな　おひめさま
> ねずの　みはりを　たてようか　たてようかなあ　たてようか
> ねずの　みはりを　たてようか　きれいなきれいな　おひめさま
> もしも　みはりが　ねむったら　ねむったらたら　ねむったら
> もしも　みはりが　ねむったら　きれいなきれいな　おひなさま
> よなかに　パイプを　すわせよう　すわせようってば　すわせよう
> よなかに　パイプを　すわせよう　きれいなきれいな　おひめさま
>
> (『マザー・グースのうた　第1集』谷川俊太郎訳、草思社、1975年)

友達と触れ合う遊びの楽しさ

「通りゃんせ」の遊びで、子どもたちがもっともおもしろく感じるのは何でしょうか。4歳の子どもたちが6人で「ロンドン橋おちた」をして遊んでいるのを見たことがあります。

降園の前のひとときでした。子どもたちは園庭の片づけを終え、保育室の片づけをほとんど終えて、保育者だけが不十分なところを片づけているときのことです。ある子どもが「ロンドン橋、やろう」と言い、その近くにいた子どもたちがさっと参加したのです。ジャンケンをすることなく、そのうちの2人の女児が、向き合って手をつなぎ、上にあげました。そして他の子どもたちがごく自然に「ロンドンばしおちた、おちた、おちた」とうたいながら、その中を通っていきます。興味深いことに、手をつないだ子どもたちは、歌のリズムに合わせて、ときどき手を下げるのです。すると当然つかまる子どもがでるのですが、捕まえた子どももちろん、捕まえられた子どもも、大喜びしているのです。わざわざ捕まりたくて、ゆっくりと進んでいく子どもまでいるのです。それを見たとき、筆者は子どもたちが友達と触れ合って遊ぶことを、心から楽しんでいると感じました。現在の日本の子どもたちにとって、「ロンドン橋おちた」の遊びが日

本本来のものなのか、イギリスからきた遊びであるのかなど、関係ないのです。おもしろければ遊ぶのだと思いました。

　もし、子どもたちが「通りゃんせ」をどこかで見たりして、知っていれば、遊ぶのかもしれないと思いながらも、けれど神社の境内で遊ぶことのない、現代の子どもたちにとっては「天神さま」の存在は希薄なのかもしれないと思ったりします。

　注1）『日本遊戯史』　前掲（p.52参照）

　注2）　柳田国男　前掲（p.19参照）

コラム　　　　　　　問答の楽しみ

　大正生まれの大村しげ(注)が子どものころに遊んだ「通りやんせ」は、私たちが知っている遊びとは少し異なっています。歌は同じですが、子どもをはさむ役割をとる2人の子どもの他の子のうち、先頭は「親」となり、その後にみんながつづき、歌は掛け合いですすみます。「通りゃんせ」が七五三の七歳のお祝いのときの神社へお参りをすることを遊びにしたものだと解釈しているのですが、「この子の七つのお祝いに」とうたうときには、うしろの子を指さししたそうです。最後の「通りゃんせ」で、子どもたちがみんな、2人の手の下をくぐって行きます。2人の子どもは、通り抜けようとする子どもを捕まえて次のようにしたといいます。

　　「せめよせめよ　親になに食わす
　　　おさかなの骨
　　この子は悪い子　針の山へ飛んで行け」

と言いながら、中の子をゆさぶり、みんなのいるほうへ飛ばすのです。あるいは、

　　「せめよせめよ　親になに食わす
　　　鯛のおつくり
　　この子は良い子　元の川へ飛んで行け」

と言って、悪い子がいる反対側へ飛ばすのです。ただつかまるだけではなく、ここでやりとりの楽しみを味わうのでした。どちらを答えても飛ばされることには変わりはないのですけれど、問答の楽しみがあるのとないのでは、楽しみ方に大きな違いがあると思います。今ではこのような問答は見られなくなりました。

　注）大村しげ　大正7年、京都生まれ。随筆家。祇園町の仕出し料理屋の娘。料理屋を継がず、文筆業に専念。著書『大村しげの京のおばんざい』等。

136 通りゃんせ

遊び方　通りゃんせ

① アーチを作る子を2人決め、そのほかの子は1列に並ぶ。

② 1列になった子どもたちは、「通りゃんせ、通りゃんせ……」とうたいながら、1人ずつアーチをくぐっていく。

③ アーチを作っている子も問答に答えながらうたい、うたい終わったところで、アーチをおろして、そのときアーチをくぐっていた子を捕まえる。

④ 捕まった子は、アーチを作っていた子に挟まれ、揺さぶられたりする。捕まった子とアーチを作っていた子の1人が交代して遊びを繰り返す。

通りゃんせ

とおりゃんせ とおりゃんせ ここはどこの ほそみちじゃ
てんじんさまの ほそみちじゃ ちょっととおして
くだしゃんせ ごようのないもの とおしゃせん
このこのななつの おいわいに おふだをおさめに
まいります いきはよいよい かえりはこわい
こわいながらも とおりゃんせ とおりゃんせ

なわとび

「なわとび」と聞くと、現在では1人で回して跳ぶ「なわとび」を思い起こすことが多いでしょう。二重とびをしたり、交叉とびをしたり、個人個人で一生懸命に練習する姿を見ることがあります。昭和30年代に小学生だった著者は、休み時間には「なわとび」、特に「長なわとび」をして楽しんだことを思い出します。

明治時代のなわとび

明治時代に子どもだった人々も「なわとび」で遊んだ思い出をもっています。当時のなわは、ワラなわや、麻なわを使っていました。遊び方は、なわをピンと引っ張って、そこを飛び越えるものでした。なわをどんどん高くしていき、跳び越えられなくなると、地面に手をついて、逆立ちをして足をかけて、なわを越えたのでした。もっともこの方法は大人たちからは禁じられていたそうです。なぜなら、まだ和服を着ていた時代で、現在のように下着を身につけていなかったからでした。けれども子どもたちは、着物のすそを両足に器用に巻いて、着物が上にまくれ上がらないようにして遊んだそうです。この遊び方は後に流行したゴムとびと同じです。もっともこの時代にも、長なわで、3、4人で一緒に跳んだり、なわを回しながら鬼ごっこをしたり、「大波小波」で遊んでいました。

素材の変化

昭和前期までは、なわはほとんどワラなわでした。炭俵や米俵に使われていたワラなわを利用していました。その後、ワラなわはロープになり、ビニール製も登場しました。

1人で跳ぶ「なわとび」には前回し、後回し、二重とび、三重とび、交叉（こうさ）とびなどがあり、どんどん新しい技に挑戦していきます。また1人とびをしているところにもう1人、別の子どもが入る遊びがあります。同時に2人で跳んだり、3人で跳んだりするのです。この延長にあるのが、長なわ

で、一度に大勢の子どもが跳ぶ遊び方があります。長なわを回し、そこに1人ずつ入っていくのです。先頭の子どもが動いていくのをまねをして、次の子からさまざまな場所に移動したり、さわったりしながら、走り回ります。その1つとして長なわを跳んだり、くぐったりしていくのです。回っているなわのリズムに合わせなければ、なわに引っかかって、なわが止まってしまいますから、これらの遊び方は緊張を伴った楽しいものです。

なわとびの魅力

なわを回転させて跳ぶという単純な行為が、子どもたちにとってとても魅力的なのはなぜでしょうか。

なわを使わないで、ただ跳んでいるだけではすぐにつまらなくなると思うのですが、なわが1本あれば長い時間跳べるのです。なわに引っかからないで回るという理由だけで、同じ行為がとても楽しくなるのです。ちょっとでも足がなわに引っかかってしまえば、なわの回転は止まってしまいます。回転が止まらないように、つまり足がなわに引っかからないようにしながら跳ぶことはスリル感を伴います。特に長なわを使い、集団で遊ぶ場合には、そのスリル感は増します。一人も失敗せずになわが回り続けるようにと思う一方で、跳んだり、走り続けたりしていると、かなり疲れますから、フラフラになりながらも、精一杯の集中力でなわに足が引っかからないようにするのです。

ついにだれかがなわに足をひっかけて、なわの回転が止まり、遊びは終わるのですが、なわを回す役を交代して、一息ついたら、再び遊び始めます。

なわとび

コラム　『古事記』に登場する「縄(なわ)」

半澤敏郎(注)によれば、「なわとび」の遊びは古い文献には見られないが、おそらく古くからあったに違いないと推測しています。半澤は「縄」そのものを文献から追っていきました。それによると「縄」が生活のなかに登場するのは『古事記』であることがわかりました。「縄」があれば、子どもはその「縄」で遊んでいたと考えるのが普通だからということです。もちろんその時代に縄を回して遊んでいたのかを今証明することはできません。

注）半澤敏郎　前掲（p.20参照）

遊び方　一人なわとびの基本的な跳び方

【 前・後回しとび  】　【 片足とび 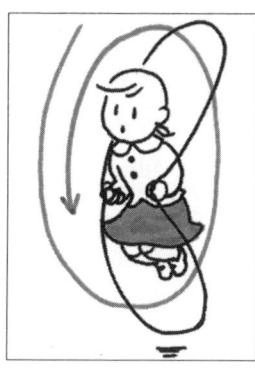 】　【 二重とび 】

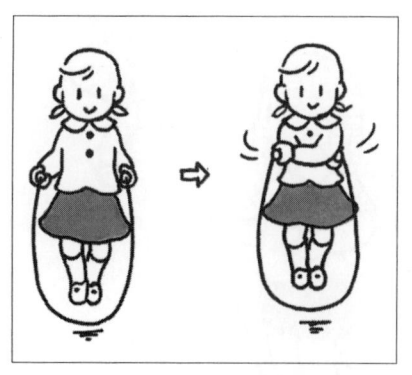

【 あやとび  】　【 交叉とび 】

なわとび

遊び方　長なわとびの跳び方－大波小波－

① 「おおなみ」で、回し手は左右に2回なわを揺らし、跳び手は跳び越える。

② 同様に「こなみ」で、回し手は左右に2回なわを揺らし、跳び手は跳び越える。

③ 「ぐるりと まわして」で、回し手はなわを2回頭上を越えるように回す。

④ 「にゃんこの め」で、跳び手は下を通ってきたなわをまたぐ。

うた　大波小波

おお なみ こ なみ で ぐるりと まわして ね(にゃん) こ の め

人形遊び

　現在では人形遊びといえば、リカちゃん人形やシルバニアファミリーの人形を指すことが普通です。これらは、子どもだけではなく、大人も収集して楽しんでいることが知られています。おそらく女の子の多くは人形で遊んだ体験を持っていることでしょう。

　人形でどのようにして遊んでいるか、それがどのような意味をもっているのかについては、発達心理学的観点からさまざまな考察がされています。注1)

　人形遊びとままごととは、切っても切れない関係にあるといえます。人形を寝かせながら、あるいは人形を人形用の乳母車に乗せて、ままごとしている子どもの姿を見ることはよくあります。保育所や幼稚園でままごとのコーナーのところに人形用のベッドがあり、そこに人形が寝ているのを見たりします。その人形がどのような素材でできているかというと、顔はソフトビニール系の人間らしいものであり、手足は自由に動かすことができるものがほとんどです。この種の人形はいつごろから登場したのでしょうか。

人間らしい人形の出現

　明治時代になり、西洋からさまざまな品物が入ってきました。人形も当然入ってきたのですが、明治後期になるとセルロイド製のキューピー人形が国内で生産されるようになって、日本中に広まりました。キューピー人形は、服は着せられない、裸のままで扱われるものです。このころ、ほかにも「ママー」と泣く青い目の人形や、寝かせると目を閉じる眠り人形、またフランス人形ももたらされました。

　さらに西洋風の人形に人々の関心が高まったのは、昭和2年のアメリカ人形使節団の来日でした。青い目の友情人形メリーちゃんをはじめとして、1200体もの人形が日本に上陸したのでした。これらの人形は全国の幼稚園や小学校に贈られました。当時この話題は日本中を沸かせました。

　けれども昭和12年に日華事変が起こり、昭和16年には第二次世界大戦へと拡大したので、子どもの遊びのなかの西洋的なものはすべて排除されました。そして昭和20年に戦争が終わり、人々の生活に少しゆとりができた昭和20年代の終わりのころに人形が子どもに戻ってきたのでした。それはアメリカからもたらされ、日本でも生産された、塩化ビニール製のミルク飲み人形でした。ミルク飲み人形は爆発的に流行しました。筆者自身、このミルク飲み人形ではよく遊んだ覚えがあります。半澤敏郎[注2]は昭和29年12月に、2回も朝日新聞にミルク飲み人形が取り上げられたことを紹介しています。

　「『国産ミルク飲み人形』　塩化ビニールを濁った色にしてベビーのはだ色を作ってある。石けんで洗っても平気、面白いのは添えてある哺乳びんに水を入れてのませると、おしっこをし、小さいママさんの母性愛を満足させてくれることである。おしめカバー、紙おしめ、ベビー服（2枚）、スリップ、ズロース、フード、ハンガー3個が財産で1200円、衣装のないのが500円」（朝日新聞昭和29年12月14日）

　「『オモチャ新製品』手、足、首ぜんぶ"さし替え"ができる『ミルク飲み人形』。目玉はソラミン樹脂、まつげはサラン、飲ませたミルクがおしっこになるまでの管の取り付けの部分や、ねむらせる目玉の装置の金具もシンチュウを用い、おふろに入れた時のサビを防いでいます。"輸入品並み"

とメーカーはご自慢ですがお年玉にはちょっと値段が高いのが難点。帽子から下着、ベビー服まで一式ぞろいに12インチのトランク入りセットで1400円、12.5インチの幼児型（トランクなし）同セットで2350円。衣装なしはビニール袋入りで、850円から」（朝日新聞昭和29年12月29日）

　この新聞の記事からミルク飲み人形がかなり高価だったことがわかります。高価であっても親は子どもに買って与えたのでした。親にとっても子どもにとってもミルク飲み人形は大切な大切な「人形」だったのです。ミルク飲み人形の後には、昭和32年頃に髪の毛をカールすることができるカール人形が登場しました。金髪の髪の毛を櫛で梳かしたり、結んだり、あるいはカールさせたり、お風呂で洗髪することもできる人形でした。カール人形も高価でした。こちらは800円から3000円という値段がついていました。

　ミルク飲み人形やカール人形のような、本当にミルクを飲ませたり、洗髪したりできる人形は、子どもにとってとても魅力的でした。実は人形あそびには、紙で遊んでいた長い歴史があります。紙は濡らすことはできません。ですから本当に水を使うことができる塩化ビニール製の人形はそれまでの人形遊びとは違う、リアリティーを感じることができるものだったのです。

　これらの人形が昭和40年代になって登場したリカちゃん人形へと続いていくもとになったようです。素材も改良されて手足が自由に曲げることができ、いろいろな表情が作れること、リカちゃん人形とともに売られている豪華な洋服のセット、リカちゃんの家であるリカちゃんハウス、ベッドやいすや机、応接間にはピアノなど、まるで夢のような西洋の生活のミニチュアが展開していることに子どもは夢中になりました。

半澤敏郎『童遊文化史 別巻』東京書籍、1985、p.408より引用

高価な人形遊びが流行する理由

　日本が敗戦し、アメリカに一時期占領されていた歴史は、人々の生活の大変化をもたらしました。アメリカから入ってくる豊かなさまざまな物、メディアを通して伝わる情報は日本の人々の生活の方法そのものを大きく変えることになりました。大人も子どももアメリカの文化に憧れを持ったのだと思います。衣食（住の部分は不足）の基本的な部分が安定すると、大人は子どもにたとえ高価であっても、西洋文化が感じられる人形を買って与えたのでした。人形とともに特に女性が魅力的に感じる、いろいろな生活用品がありました。たとえば人形用の洗濯機や人形用のオーブン付きのキッチンセットがありました。どれも実際の生活ではまだ売られていなかったり、売られていてもあまりにも高価なために手が出なかったりする生活用品です。実際の生活では、畳の上で丸いちゃぶ台で食事をしていても、いすに座り、高いテーブルで食事をすることが主婦たちにとっては、人形用のものであっても「夢」だったのです。それだからこそ少しでも余裕があれば、子どもに買い与えたのでしょう。子どもがそれらの文化的な品々で遊んでいる姿を見て、大人がまだ実現不可能な生活に耐えていたのではないかと考えられます。そして人々の生活の姿は、確実に変化したのです。団地アパートが建ち、畳ではない床ができ、台所とテーブルが同じ空間にあるダイニングキッチンが登場しました。これが昭和30年の初めです。この頃は大変な住宅不足で、公団アパートに入居するのは倍率も高く、厳しい所得審査（家賃の5倍以上の収入）もあって、一般的には人々にとってはいわゆる文化生活をするのは困難だったのです。それでも人々は入居して文化生活を望んだのです。座って食事するという長い歴史のある日本人ですが、ダイニングキッチンでの生活が比較的速い速度で人々に受け入れられていったのは、子どもの人形遊びが下地にあったといってもいいかもしれません。

注1）　人形と遊ぶ子どもに関心を寄せて、ごっこ遊びの研究や社会性の研究は多くある。おもな文献は、ピアジェ『遊びの心理学』(黎明書房)、ハートレイ、フランク・ゴールデンソン共著『子どもの発達と遊び』(岩崎学術出版社)、ニューソン著『おもちゃと遊具の心理学』(黎明書房)などで人形と子どものかかわりが載っている。

注2）　半澤敏郎　前掲（p.20参照）

はじめの一歩
（だるまさんがころんだ）

　たいていは、大きな木の前で背中を見せている「鬼」に向かい、5、6メートル離れたところにいる子どもたち全員が大声でいっせいに、「はじめのいーっぽ」と言うところから、この遊びは始まります。

　「鬼」決めをして「鬼」が決まると、「鬼」の住処（すみか）ともいえる大きい木や壁などの一か所に鬼役の子どもがみんなに背中を見せて立ちます。「鬼」がいるところから5メートルくらい離れたところに横に線を引きます。地面に棒や石で引っかいて印をつけますが、印がつけられない場合には印の代わりになるものを置いたりします。

　その線の手前にずらっと横にならんだ子どもたちが、いっせいに「はじめのいーっぽ」と言いながら、一歩、前進します。「鬼」は「だるまさんがころんだ」と言うと、ぱっと振り向いて、みんなのほうを向きます。体は向こうむきで、顔だけがこちらを向くのです。もしこのとき、「鬼」がちょっ

とでも体を動かしている子どもを見つければ、「〇〇ちゃーん、みっけ」と言います。見つけられた子どもは、鬼の言うことをきいて「鬼」と手をつながなければなりません。

これを何回か繰り返していると、「鬼」のうしろにつながれた子どもたちの列ができます。まだ「鬼」に動いているのを見つからず、つかまっていない子どものだれかが、子どもたちの列に近寄り、「鬼」とつながっている子どもの手を「切」ってしまえば、子どもたちは自由の身となり、逃げ出します。そのとき「鬼」は逃げ出した子たちに向かって、「1、2、3……10、止まれ」と叫びます。その声で逃げた子たちは止まります。

ここで興味深いのは、「鬼」がみんなを捕まえにいく条件、たとえば「何歩？」と聞くのです。聞かれたみんなは、たとえば「大股、10歩」とか「歩きで20歩」とか言います。だれがこれを言うのかは、特に決まってはいないので、言いたいと思う人が自主的に言うのです。指示された「鬼」はその決められたことを守り、精いっぱい跳んだり、大股で歩いたりして、だれかを捕まえるのです。こうして捕まった人が次の「鬼」になり、再び「はじめの一歩」がはじまります。

「はじめの一歩」は伝承遊びのなかでは、最近でも実際に遊ばれているめずらしいものです。しかしながら、これは明治生まれの人々の記憶のなかにはないようです。もしかしたら伝承遊びのなかでは比較的、新しい遊びであるのかもしれません。

「鬼」が見ていないときの子どもの様子

実際に「はじめの一歩」で遊んでいる子どもの姿からおもしろいことが見られます。それは「鬼」が向こうをむいて、数を数えている間の子どもたちの前進の様子と、「鬼」が子どもたちを見ているときのまったく動かない状態の違いです。子どもたちは一人ひとり、いろいろな格好をして進んでいきます。かえるのようにぴょんぴょん跳ねながら進んだり、腰を落とし、腕も落として、音をたてずに進む子どもがいたりします。反対に足を高くあげて腕を大きく動かしながら進む子ども。それが「鬼」が子ども

たちのほうを振り向いて見ているときには、それぞれの動きの途中でぴたっと静止します。動いているところを「鬼」に見つけられてはいけないと、片足を上げたまま、手を振り上げたまま、腰をぐっと落としたまま、かえるの格好をしたまま、というように動作の一部分で止めて、まるで息までとめているような一瞬です。

　ところが「鬼」に捕まえられている子どもを助けるためにだれかが手を「切った」途端に、「鬼」が「止まれ」と言うまで、全速力で逃げるのです。この瞬間は、「キャー」と声をあげ、それまでの静的な緊張感が動的な興奮に一変するのです。

弱体化された「鬼」の権限

　この遊びは「鬼」が向こうをむいている間は自由に動くことができるけれど、「鬼」が見ているときには、動けない。もし動いているのを「鬼」に見られたら、「鬼」につかまってしまう。つまり、「鬼」は「子」の自由を奪うという権力をもっています。「子」にしてみれば、いかに「鬼」に見られないで動くことができるのかが、いっそうスリル感を増すのです。

　この遊びの「鬼」は、動く者を捕らえる権限をもっているのですが、その権限が絶対的なものではありません。まだ捕まえられていない子どもが捕まえた子どもの手を「鬼」から「切って」自由にした後は、「鬼」の権限は弱くなります。子どもを捕まえに行く条件は自分できめられません。まだ一度も捕まえていない子どもや、「鬼」から自由になった子どもがその条件を決める権限をもつようになるのです。

　こういう点から考えるとこの遊びは「鬼」の権限がかなり弱体化した鬼遊びということがいえます。なぜなら、「鬼」が捕まえにいくときの条件は、「鬼」と子どもたちの駆け引きとなるからです。子どもたちは「鬼」が努力すれば可能になるかもしれない条件を提示します。けっして「鬼」にとって不可能な条件を提示するわけではないのです。それでも「鬼」にとっては本当にきつい条件の場合がほとんどで、楽にだれかを捕まえることはありません。

　本来、「鬼」遊びの場合は「鬼」の権力が絶対のものだったのですが、この遊びのように「鬼」と子どもがほとんど同じくらいの権力をもっている

ところが、伝承遊びのなかでは比較的新しいと考えることができる根拠です。

子どもにかかっている遊びのおもしろさ

そんな権力の弱い「鬼」にさえ捕まりたくない子どもは、「鬼」が「だるまさんがころんだ」といって後ろを向いているときには、あまり動きません。ほとんど動かない子もいます。けれども、もし「鬼」の他は全員が一歩も動かなければ、いくら「鬼」が「だるまさんがころんだ」とやってもこの遊びは成り立ちません。つまり「鬼」に見られないように動こうとする意欲や、もし、捕まった子どもがいれば、彼らを助けようとする動きを起こす意欲がなければ、この遊びは成立しないのです。遊び集団のなかのだれが積極的に動きを起こす人なのか、豊かな遊び経験のなかで、子どもたちはそれを学んでいくことになります。

コラム　　「だるまさんがころんだ」という唱え言葉

この唱え言葉は、「鬼」が「1、2、3、……9、10」と数える代わりに「だるまさんがころんだ」と言う唱え言葉です。ですから、これがこの遊びの名称になっていることもあります。

ほかにも数え言葉には「ちゅうちゅうたこかいな」（5を数える）は、よく知られています。藤本浩之輔は、そのほかに「へいたいさんがとおる」（10を数える）や「ぼんさんがへをこいた」（10を数える）を紹介しています。注1) また、「あけましておめでとう」（10を数える）や「まけましておきのどく」（10を数える）などもあることが、他の本に紹介されています。注2)

これらの数え言葉は人々の生活のなかによく見られました。現在の大人からはあまり聞かれなくなってしまった唱え言葉です。

「はじめの一歩」の遊びで、子どもは10を数える代わりに「だるまさんがころんだ」と言っていることを知らないかもしれません。そのくらい「だるまさんがころんだ」という数え言葉は、子どもたちの遊びのなかに唱え言葉になっているということが言えると思います。

注1)　藤本浩之輔『野外あそび事典』くもん出版、1994
注2)　谷川俊太郎他編『ことば読本　ことば遊び』河出書房新社、1990

はじめの一歩

遊び方

① 鬼の役の子を決め、鬼は壁や木などのほうを向く。ほかの子は鬼のところから離れた決めた位置に立つ。「はじめの一歩」とほかの子たちは、大きく一歩鬼のほうへ向かって踏み出す。

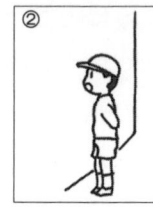

② 鬼は、「だるまさんがころんだ」とほかの子たちを見ずに言う。ほかの子どもたちは、その間に鬼に少しずつ近づく。

③ 言い終えたと同時に鬼は振り返る。そのときほかの子どもたちは動いてはいけない。鬼は、動いた子どもを見つける。動いてしまった子は、鬼に捕まり鬼と手をつなぐ。これを繰り返す。

④ 鬼以外の子どもたちは少しずつ鬼に近づきながら、捕まった子と鬼がつないでいる手を「切った」と触れ、捕まった子を逃がす。それと同時に鬼が「止まれ」と言うまで、逃げる。

⑤ 子どもたちは、鬼に向かって「大股3歩」とか「普通に5歩」とか言い、鬼が歩いてよい歩数を言う。鬼はそれに従って子どもたちに近づき、鬼に捕まった子が次の鬼となる。

花いちもんめ

　２組に分かれた子どもたちが対面し、歌に合わせて前進したり、後退したりしながら、それぞれのグループの代表がジャンケンをして、勝つと相手のグループからメンバーが移動して増え、負けるとそのグループからメンバーが相手のグループへ移動して減るという、子どもが２つのグループを行ったり来たりする遊びです。

　　　　ふるさとまとめて花いちもんめ、もんめ、もんめ、花いちもんめ
　　　　となりのおばさん、ちょっときておくれ
　　　　鬼がこわくて行かれない
　　　　おふとんかぶって、ちょっときておくれ
　　　　おふとんないから、行かれない
　　　　おかまかぶって、ちょっときておくれ
　　　　おかまないから、行かれない
　　　　あの子がほしい
　　　　あの子じゃわからん
　　　　この子がほしい
　　　　この子じゃわからん
　　　　相談しよう
　　　　そうしよう

　相談をしてだれを指名するのか決めると、一方の組の代表が、
　　　「○○ちゃんがほしい」
と言うと、もう一方の組の代表が、
　　　「△△ちゃんがほしい」
　○○ちゃんと△△ちゃんがじゃんけんをして勝ったほうが相手を自分の組に入れられる。すると、
　　　「勝ってうれしい、花いちもんめ」

とうたいながら手をつないだ横に連なった勝ち組の子どもたちは、相手の子どもたちに前進し、足を蹴り上げる。次は負けたほうが、
「負けてくやしい、花いちもんめ」
とうたいながら相手のほうへ向かって進み、さらに足を高く蹴り上げる。
こうして「花いちもんめ」は再び始まり、延々と続くのです。

　ここに紹介した「花いちもんめ」の歌は著者が子どものころにうたったものです。全国的に見ると、各地方で少しの違いがあります。どれが正しく、どれが間違っているとかいうことではなく、それぞれの地域で子どもたちがうたっているものが、その地域の「花いちもんめ」なのです。
　かつて小泉文夫[注1]が日本の子どもたちのわらべうたの採譜をしたことがありますが、同じ遊びでうたわれているものでも各地域で少しずつ、違っていることがわかりました。特に「花いちもんめ」では、歌詞がいろ

いろなバリエーションをもっているのです。ですから「ふとんがぼろぼろ」で行かれないというところがあったり、「おかまがこわれて」行かれないというところもあります。大人になって、いろいろな地域で育った人々が「花いちもんめ」をすると、その言い方の違いがわかって興味深い思いがします。

古代の「市」の「歌垣」が始まりか？

この遊びの元として、昔行われていた人身売買を見ることがあります。なぜなら鎌倉時代以降は、人買い商人に関する禁令がしばしば出されていることから、人買い商人が存在したのだろうと思われるからです。本田和子[注2]もこの考え方に対し、肯定し得るとしながらも、他方では、古代（大和、奈良時代）の「市(いち)」における「歌垣(うたがき)」がその始まりではないかと述べています。本田は、西郷信綱[注3]の論稿から「市」が、異質の生活が接触する境界地帯に、各共同体間の交換関係の結節点として出現すること、その「市」で、発生する歌と踊りの掛け合いが「歌垣」であることを示しました。「歌垣」は、２つの集団が対立して、足を踏み鳴らしながら、踊り、うたうのでした。その様子が「花いちもんめ」の様子と同じであることに注目したのです。

「花いちもんめ」と同じ遊びの「子買(が)い」や「子貰(もら)い」

「花いちもんめ」として紹介されてはいないのですが、明治34年に出された、大田才次郎編『日本児童遊戯集』のなかに「花いちもんめ」とよく似た遊びがあります。「児買を」、「子買(こがい)い」、「子貰い」として４つの地域の遊びを紹介しています。たとえば伊勢地方の「児買を」は次のように遊びました。これは女児の遊びとして紹介されています。子どもが２か所に分かれて、各組に１人の親を決め、それぞれの親が次のように問答をするのです。

　　甲「子買を子買を」
　　乙「子に何食わす」
　　甲「砂糖に饅頭」
　　乙「そりゃ虫の毒じゃ」

甲「こうこ（大根漬け）に茶漬」
乙「それもよかろに、どの子が良いぞ」
甲「誰さんが良い」

と言って、言われた子どもは甲の組に入るというものです。明治時代のこの種の遊びはどれも問答が中心となっています。現代の「花いちもんめ」のような動きはほとんどありませんでした。

　大正7年生まれで、京都育ちの大村しげ[注4]は、動きの伴った「花いちもんめ」と非常によく似た遊びをしたことを報告しています。

　その遊びは2組に分かれて手をつなぎ、向かい合わせになります。そして、じゃんけんで勝ったほうが、前か後を決め、その前のほうから、

　　たんす長持　どなたがほしい
　　　○○さんが　ほしい
　　どうして　いくの
　　　お嫁さんになって　おいで

と言います。手をつないだまま、3、4歩前へ出て、片足を出してピョンと跳び、元へ戻ります。すると、相手は、

　　　○○さんがほしい

と同じようにします。名指しをされた子は、自分が花嫁さんのつもりで、しゃなり、しゃなりと歩いて、相手の組へ行くのです。時には、

　　　たこになって　おいで
　　　お化けになって　おいで

と、言われたりすると、その振りをしながら、相手の組に行かなければならず、相当おかしかったことを述べています。

　大村によれば、上述した遊びとは別に、「花いちもんめ」と呼んだ遊びをしたということです。その遊び方は、2つに分かれたグループからそれぞれ指名された子どもたちが、片手で引っ張り合いをして、負けた子は勝ったほうの組に入ります。勝った組は、

　　　勝ってうれしき　花いちもんめ

負けた組は、

　　　負けてくやしき　花いちもんめ

と再び遊びが始まると述べています。

大村が報告をした遊びのどちらもが、現在伝わっている「花いちもんめ」とは異なるものですが、遊びの形態は同じであると考えられます。遊びそのものは、大村の子どものころのほうが、おもしろかったのではないかと思います。単に「花嫁」としてではなく、「たこ」や「お化け」になったりするのは、演ずる子も、見る子もおもしろかったでしょう。また、引っ張り合いをするためには、相手よりも力の強い子を出すことだけではなく、力のあまりない子どうしにするなどの、子どもなりのさまざまな配慮があったようです。

遊びのなかで学ぶ人間関係

　現在の「花いちもんめ」においても、だれが指名されるのかはドキドキものです。指名するほうは、並んでいる子をはじから順番に指名していくことなどは絶対になく、だれを指名するのかをグループで相談して決めていきます。このとき、だれにするのかを決める理由ははっきり決まってはいません。たまたまグループの中で目立つ色の洋服を着ている子が指名されたり、もちろん、人気がある子が指名されたりするのです。遊んでいる子は、やはり自分が指名されたいと思うものです。この気持ちは遊んでいる子どもたちのみんなにあるようです。なぜなら、いつも指名される子だけが、2つの組を行ったり来たりするのではなく、まだ、指名されていない子をわざわざ指名したりするからです。自分が指名されたときに味わう、何とも言えない気恥ずかしいような、うれしい気持ちをみんなで共感したいという思いがそうさせるのだと思います。子どもは遊んでいるうちに自然に他の子どもの気持ちを考えられるようになっていきます。すなわち子どもたちは遊びのなかで人間関係を学んでいっているというわけです。

　注1）　小泉文夫　前掲（p.19参照）

　注2）　本田和子　前掲（p.97参照）

　注3）　西郷信綱　1916年大分県生まれ。現代の国文学者。歴史社会学派の立場から研究する。著書に『貴族文学としての万葉集』、『古代人と夢』等。

　注4）　大村しげ　前掲（p.135参照）

コラム 「花一匁」

「花いちもんめ」を漢字で書くと「花一匁」となります。「匁」は現在は使われなくなりましたが、重さの単位（3.75ｇ）でもありますし、江戸時代の金額（小判１両の60分の１）を示すものでもあります。ただ、この遊びは江戸時代に著された文献にも明治時代に著された文献にも登場しないのです。しかし、だからといって大正時代に始まった遊びであるとは簡単にはいえないところがあるのです。本文に紹介したように、違う名称で遊ばれていたようだからです。ここで使われる「匁」が重さの単位であるのか、金額を示しているのかについては、確かなところはわからないというのが本当のところです。

遊び方 花いちもんめ

① ２つの組に分かれ、それぞれ手をつなぎ向かい合い片方の組が、「ふるさとまとめて　はないちもんめ……」と、うたいながら３歩前へ歩き、足を蹴り出す。

② 前に出た組は後退しながら、今度はもう一つの組が、うたいながら３歩前へ歩き、足を蹴り出す。問答しながら、これを繰り返す。

③ 途中の問答で相談し「○○ちゃんがほしい」「△△ちゃんがほしい」と、ほしい子どもの名前を言い、ジャンケンをする。

④ ジャンケンで負けた子は勝った組へ行く。勝った組は「勝ってうれしいはないち……」とうたい、遊びが繰り返される。

花いちもんめ

うた

ふるさとまとめてはないちもんめ

もんめもんめはないちもんめ

となりのおばさんちょっときておくれお

に ー がこわくていかれない

おふとんかぶってちょっときておくれ

おふとんないからいかれないお

かーまかぶってちょっときておくれお

かーまないからいかれない

あのこがほしい あのこじゃわからん
このこがほしい このこじゃわからん

そうだんしよう そうしよう

はねつき

一般には「はねつき」と呼ばれていますが、地域によって、「羽子板（はごいた）」とか「追羽根（おいばね）」、「衝羽根（つくばね）」などとも呼ばれています。遊び方は2通りあり、1人で羽根を突き上げて遊ぶ「揚羽根（あげばね）」や「衝羽根」と、2人で向かい合って羽根を打ち合う「追羽根」があります。

「はねつき」は女の子だけの遊びのように思われがちですが、実際には大人も子どもも、男女共に遊んでいました。貞成親王（さだふさしんのう）による『看聞御記（かんもんぎょき）』注1）の1432年正月5日に、宮中で大人たちが男女に分かれて対戦したことが記されています。また2年後の1434年正月5日には宮方へ非常に豪華な羽子板と羽子（羽根）が贈られたことも記されています。

現在では実際に遊んでいる姿をあまり見なくなった「はねつき」ですが、お正月の遊びであることは、覚えている人は多いでしょう。「はねつき」は、かなり昔からすでにお正月の遊びであったようです。日本の文献による資料は、15世紀からのものですが、その当時から、すなわち室町時代から「はねつき」は正月の遊びであり、道具を贈り物とすることが、習慣であったことがわかっています。

「はねつき」の歴史

室町時代以前は、羽子板のことを「胡鬼板（こぎいた）」とか「胡鬼子（こぎのこ）」と呼んでいました。そして羽根のことを「羽子（はご）」とか「胡鬼子」と呼んでいました。「羽子板」という名称が一般的になったのは、江戸時代中期からです。江戸時代中期からは、板に神々や殿上人などの絵が描かれ、華やかなものになっていきました。この絵が描かれた羽子板は「内裏羽子板（だいりはごいた）」とか

「左義長羽子板」と呼ばれ、正月にこの美しい羽子板を、女の子が生まれた家に贈り物にするという習慣が生まれました。羽子板に描かれる絵は、庶民の好みによって、美人や役者の顔になり、また平面的な絵から立体感のある「押絵羽子板」になっていきました。羽子板の絵はどんどん華美になっていったので、江戸時代の後期には華美な羽子板に対する幕府の禁令が出されたのでした。

羽子板が華美になるにつれ、羽根も美しいものになっていきました。元はムクロジ（無患子）という木の種子だけがつかわれていましたが、江戸時代にはその種子に羽毛がつけられ、「羽根」になりました。その羽毛も色染めをされ、さらに華美になっていきました。

「はねつき」はなぜ正月に遊ばれるのか

酒井欣による『日本遊戯史』[注2]によれば、16世紀の中ごろに書かれた『世間問答』には、正月に羽根をトンボに見立て、これを空に突き上げることで、蚊を恐れさせ、その年は子どもたちが蚊の害を受けないようにするまじないであるという説を載せています。けれどもこの説には異論もあり、はっきりとはわかりません。

山梨県中巨摩郡には1月20日に「羽子板砕き」という、正月のはねつきの遊び納めとする行事がありました。はねつきは正月に遊ばれたのですが、1月20日で遊び終わりということです。また新潟県東蒲原郡では、この日には、羽子板が割れるまではねつきをしました。そのようにするので「羽子板割り」と呼ばれています。

はねつきの遊びが正月に遊ばれる理由は、これだと確かに言えることはないのですが、人々が相当熱心に、正月にはねつきをして遊んだことは事実です。「はねつき」はその年を無事に過ごせるようにという願いが込められていたのではないかと思います。

世界のはねつき

『民族遊戯大事典』[注3]には世界のはねつきのさまざまが紹介されています。インドネシアの島々には日本と同様な遊び方のはねつきがあります。羽根には竹の筒に鶏の羽根を差し込んだものが一般的であり、羽子板は平

らな板が使われています。またタイやラオスの山岳地帯に住む焼畑耕作民族は、11月、12月の収穫祭のときに子どもだけでなく、大人の男たちもはねつきに参加するそうです。アジアだけではなく北アメリカにもイギリスにもはねつきの遊びはあります。

アメリカの北西海岸に住む、アメリカインディアンのさまざまな部族が行っています。たいていは子どもの遊びで、女の子も男の子もやっています。向かい合ってつき合うだけだなく、大勢が円になってつき合う方法もあります。羽根は短い木の棒に鳥の羽根をつけたものを使い、羽子板は杉板の丸いラケット状のものか、細長い板を杉皮で何枚も正方形につなぎ合わせたものが使われます。羽子板を使わないで、素手で打ち合う部族もあります。羽根はトウモロコシの皮で作ったものを使います。この場合、少年や大人の男がしばしばギャンブルとして行います。賭けを挑む2人が、決められた回数を首尾良くつけるかどうかを賭けるのです。

羽根を素手で打ち合う遊びは南アメリカのアマゾンに住むいくつかの部族にも見られます。やはり羽根はトウモロコシの皮で作ったものです。地面に落とさないように手で打ち続けるのです。

イギリスにもはねつきで遊んだ記録が残っています。あまり古くはないのですが、14世紀に記録として登場します。その後ジェームズ1世(在位1566年から1625年)の時代に大人の遊びとして流行します。王族だけではなく、民衆の間でもはねつきは年中行事になっていました。ウェスト・ライディングの村々では5月の第2日曜日に大人の男女が道路ではねつきをする習慣がありました。またライセスターでは、たくさんの子どもたちに混じって、大人の男女も道路ではねつきをするの

(右) 14世紀のイギリスの羽根つき 大林太良編集他『民族遊戯大事典』大修館書店、1998、p. 155より引用
(左) はねつきとぎっちょうの図、同上、p. 156より引用

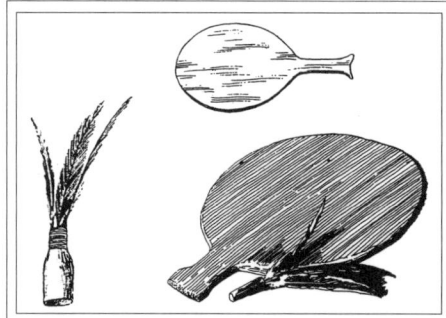

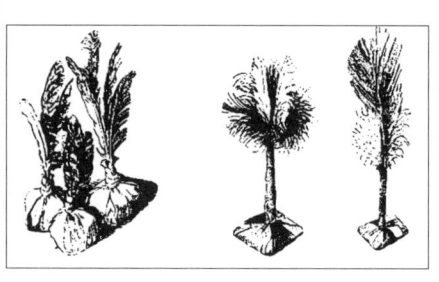

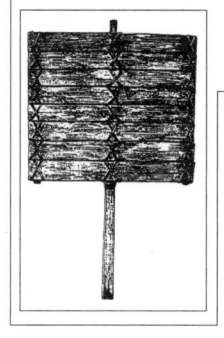

(左上)「北米インディアンの羽根つき用具」、(右)「ツニ族が手でつきあう羽子」、
(左下)「ニムキシュ族が用いる羽子板」
大林太良編集他『民族遊戯大事典』大修館書店、1998、p.157より引用

がShrove Tuesday（シュローブ チューズデイ：ざんげ火曜日のこと）の近づいた合図となっていました。この日を子どもたちは「はねつきの日」と呼んでいました。子どもたちは羽根をつきながら、次のような数え歌をうたったそうです。

「羽根よ、羽根、私に本当のことを教えておくれ。私はこれから先、何年生きるの。1年、2年、3年、4年……」

「おばあさん、おばあさん、私に本当のことを教えて。大きくなったら子どもを何人産むかしら。1人、2人、3人、4人……」

これらの数え歌は何やら意味がありそうですが、今のところははっきり解明されていません。

イギリスのはねつきの羽子板ははじめは木でしたが、後に枠に皮を張ったものになり、テニスのガットが導入されてからは皮から網に代わりました。これが1870年ごろにバトミントンのゲームとして作られたのです。

注1）『看聞御記』 ところどころ欠けているが、1416年から、1448年までの貞成親王による日記。おもに政治社会史料だが、文学、絵画、芸能関係の記事も多く、当時の猿楽、狂言、平家語り等、諸芸能の実態を探るうえで、欠かせない重要資料となっている。

注2）『日本遊戯史』 前掲（p.52参照）

注3）『民族遊戯大事典』 前掲（p.45参照）

ビー玉

　ビー玉の遊びは、昔は「穴一（あないち）」と呼ばれていました。この「穴一」の遊びのさらに古いものは「銭投げ（ぜになげ）」というものでした。これは平安朝時代に中国から渡来したもので銭を地面において一定の距離から、別の銭を投げ、これに打ち当てれば勝ちで、それを取る遊びでした。当時の銭は大変貴重でしたので、この遊びは貴族の大人に限られていたようです。

　「穴一」という名で、子どもの遊びになったのは江戸時代のことです。「穴一」という名は、穴の前に一線をひいて、勝負を争うところからきたという説があり、あるいは「穴打ち」がなまったものともいわれています。江戸中期以後に子どもたちに普及しました。銭を使うことが禁止され、代用品として、ムクロジ（無患子）の実やぜぜ貝（きしゃご）を使いました。

ガラスのビー玉は明治時代から

　「ビー玉」は「穴一」の次に続いた、賭け事おもちゃです。ビーとはビードロ（ポルトガル語でガラスの意味）を略したものです。ビー玉が日本の子どもの遊びになったのは、明治時代の中期以後です。明治30（1897）年にガラスビンに詰めた清涼飲料ラムネが売り出されました。このビンの中に液を密閉するためにガラス玉が入っていて、多くの子どもたちはこのガラス玉に心をひかれました。このラムネの玉がビー玉となっていったのですが、後にはカラフルなビー玉も登場し集める楽しさも増していきました。

人気の高いビー玉

　昭和34年に出された『日本児童遊戯集』[注1]には、ビー玉、あるいは穴一の遊びがたくさん紹介されています。どんなに子どもたちに人気があったのかがわかります。その多くはガラスの玉ではなく、ギンナン（イチョウ）の実や胡桃（くるみ）の実が使われました。基本的には玉を当て、当てた玉を取るというゲームです。ベーゴマの遊びと同様に賭けの要素がある遊びです。賭けの要素はやはり大人からは嫌われました。しかし、メンコなどと

同様、禁止されてもビー玉の遊びは流行しました。中田幸平はビー玉遊びについて次のように述べています。

「どんな時代でも、子どもたちのいない時代はないが、いつの時代でも、子どもたちのことが忘れられており、まして子どもの生活である遊びの世界は忘却の彼方にあることが多く、かろうじて民話や童歌(わらべうた)に過去の子どもの生活の一端をしのばせるにすぎない。

穴一遊びは、歌も言葉もないので、歌や民話に織り込まれることもなく、この遊びの伝承はもっぱら体技が基本であることから、伝える競技の集団がなければ、失われてゆく率はなお早い。

穴一のもとの姿であった木の実投げの競技も、こうしたことから、忘れ去られたものが多く、その事跡をさぐることは至難に近い。(中略)木の実遊びがもとで発展したことは疑うべき余地もない事実であろう。木の実をもてあそぶ遊びは古く、歴史をさかのぼれば人間の歴史とともに存在した、といっても過言ではないほど最も原始的なもの」[注2]（ふりがな筆者）だということです。

収集する楽しさ

　ラムネの誕生はガラスの玉を容易に手に入れることが可能になり、子どもの遊びの世界をビー玉が占有するようになりました。ビー玉同士がぶつかり合う、カチーンという音は響きました。ねらったビー玉を獲得していき、自分のビー玉を増やすことも目標でした。集めたカラフルできれいなビー玉をときどき眺めて、にやにやするということも楽しみだったのでしょう。単なる木の実ではなく、ガラス製のビー玉は魅力的だったに違いありません。

　注1）『日本児童遊戯集』　前掲（p.32参照）
　注2）　中田幸平『日本の児童遊戯』社会思想社、1970年、p.18～19

遊び方　　ビー玉の握り方と基本的な遊び方

【　ビー玉の基本的な握り方　】

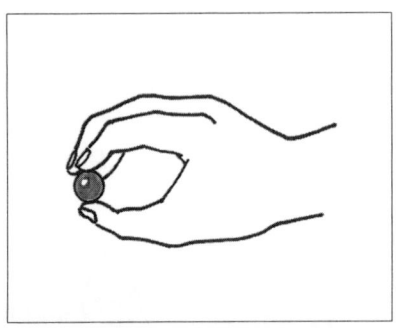

1番基本的な握り方。ねらいなどを定めやすい。

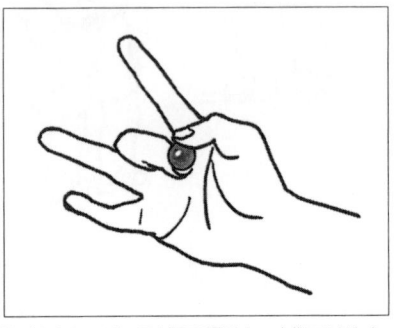

投げたあと、ビー玉が戻る握り方。中指ではじく。

【　遊び方①－目玉－　】

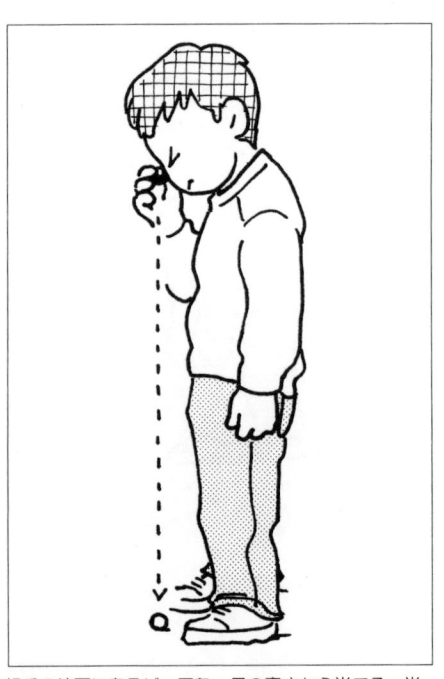

相手の地面にあるビー玉を、目の高さから当てる。当たればそのビー玉をとることができ、当たらなければ交代する。

ビー玉 165

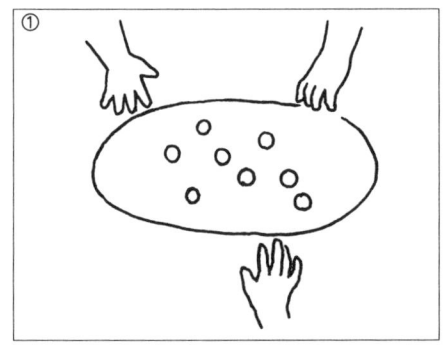

【 遊び方②―子玉をとる― 】

①
地面に〇をかき、子玉（的になる玉）をそれぞれ同じ数ずつ出し合い、中に入れる。

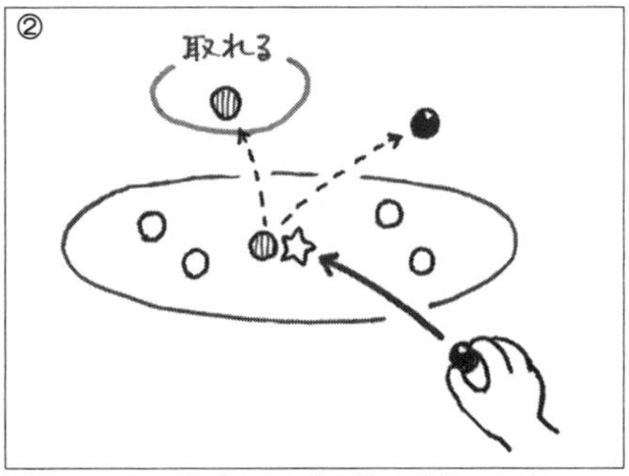

②
順番を決め、一人ずつに自分の親玉（当てる玉）で、〇の中の子玉に当てる。子玉に当たり〇から出た子玉はとることができる。当たらなければ交代する。

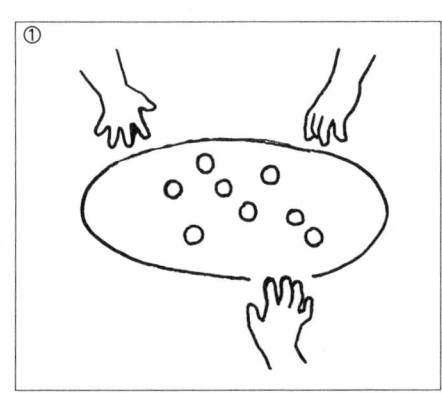

【 遊び方③―親玉をとる― 】

①
地面に〇をかき、子玉（的になる玉）をそれぞれ同じ数ずつ出し合い、中に入れる。

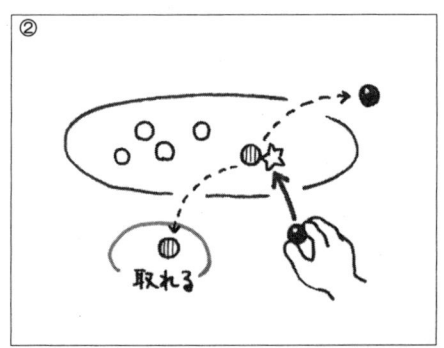

②
順番を決め1人1回ずつ、親玉で〇の中の子玉に当てる。このとき、〇から出た子玉はとることができるが、親玉が〇の中に入ってしまったらその時点で負けとなる。

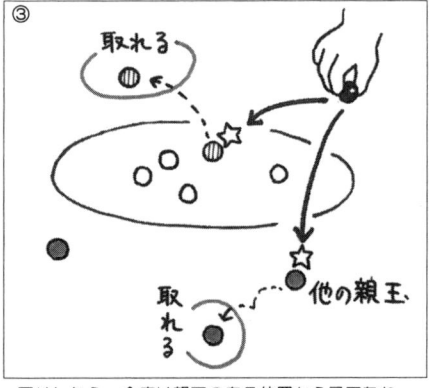

③
一回りしたら、今度は親玉のある位置から子玉をねらっていく。この際、直接、他の子の親玉をねらってもよい。〇の中の子玉を〇から出せばその子玉を取ることができ、他の親玉に直接当てることができれば、その親玉をとることができ、続けて行うことができる。

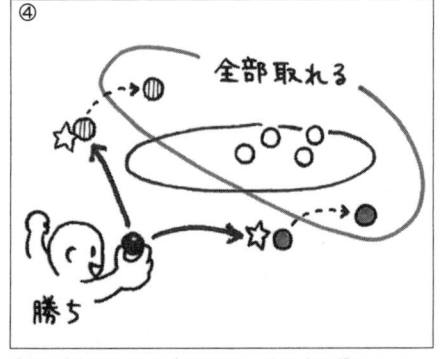

④
親玉を全部とることができたら、〇の中に残っている子玉を全部とることができ、その子の勝ちとなる。

ベーゴマ

　ベーゴマのゲームは、おもに、一つがあるだけです。それは、「床」とか「ぼん」と呼ばれる布製やゴム製の土俵の中にベーゴマを投げ入れ、残ったベーゴマが勝ちとなり、負けたベーゴマを取るというものです。いわゆるけんか独楽といわれるものです。これが学校教育のなかでは受け入れられなかったのでした。

　男の子にとってベーゴマくらい熱狂的に遊んだものはないかもしれません。こまの古いタイプの一つである貝をつかったバイゴマから発した、小さな鉛の固まりがベーゴマです。ベーゴマは幼児にはまだむずかしく、少し年齢の高いお兄ちゃんの遊んでいるのを見ているだけでした。ベーゴマを削ったりして、ベーゴマをより強くするように工夫をすることができるのは、やはり小学生になってからでした。当時の小学生は、休み時間にベーゴマで遊ぶことだけを目的に学校に通ったこともあったのではないでしょうか。

（上）戦前のベーゴマ、（下）右からタカ、中タカ、ペチャ
中田幸平『日本の児童遊戯』社会思想社、1976、p. 147、154より引用

学校に絶滅させられたベーゴマ

　基本的にベーゴマは、戦わせ、負けたほうはベーゴマを勝ったほうに取られるという規則がありました。だからこそなるべく多くのベーゴマを手に入れるために、子どもは強いベーゴマ作りに夢中になったのです。この遊びが学校の中でやられたことが、ベーゴマにとっては悲劇になりました。なぜなら、学校の中で、ものをやり取りする行為はいけないことであると、禁止になってしまったのでした。昭和36年ころのことです。子どもは、学校にベーゴマを持っていくと先生に取り上げられてしまったのです。一度取り上げられたベーゴマはなかなか返してくれません。そうなると放課後、学校から帰った後にもベーゴマで遊ぶことができなくなりました。ベーゴマそのものがまるで悪であるかのように、大人たちは目の敵にしました。そしてとうとうベーゴマで遊ぶ子どもが減り、ベーゴマ自体がほとんど製造されなくなってしまったのでした。

　現在でも、ベーゴマはないことはありません。けれども現在の子どもが、ベーゴマで遊んでいる子どもを見る機会はほとんどないので、自主的にベーゴマで遊ぶことはないのです。昔、夢中になって遊んだ大人たちが積極的に子どもたちに教える時間を設けない限り、遊び方を伝えることは無理なようです。

獲得する喜び

　小さなベーゴマにひもを巻きつけ、片手で投げて、ベーゴマを強く回すのには、相当な技術が必要です。その細かい技術は、簡単には伝わりません。巻きつけるひもの工夫、巻きつけ方、持ち方、そして投げ方など、すべてがそろわなければベーゴマをうまく回しつづけることはできません。ベーゴマの回し方を伝えるには実践が伴わなければならないのです。強いベーゴマを育て、何回も勝っているベーゴマを持っていれば、当然ベーゴマは増えていきます。やはりベーゴマのやり取りが生じることでしょう。このやり取りこそ、人間の遊びの要素の一つである、カイヨワの述べるアレア（賭け）[注1]であり、やり取りのないベーゴマ遊びはおもしろさが半減してしまうのです。

現代のベーゴマ

　ベーゴマの遊びがまったくなくなってしまったと、大人は思っていますが、実は最近では形を変えてこま遊びがあることを、森下みさ子[注2]が紹介しています。1995年から1996年ころに流行したことが述べられています。「すげゴマ」というものがそれです。ただし、私たち大人が想像する「こま」とは異なっているので、一目ではわかりません。一見するとまるでロボットなのです。ロボットの手足をとると円形の胴体に軸が通った「こま」となるものです。このこまが回って、戦いをするのでベーゴマと同じということになるのですが、現代の「すげゴマ」は戦いの武器がいろいろあり、この武器をどのように駆使するのかが、勝敗を決めます。自分の手を使って戦った、かつてのベーゴマとはかなり違うおもちゃです。森下によれば、現代のおもちゃのこまは、子ども自らが操作して「まわす」というのでなく、キャラクターおもちゃが「まわる」というようなものだと述べています。しかしながらそれだからこそ、形を変えこそすれ、ベーゴマの遊びが残っているのでないかとも述べています。

　どのようなおもちゃが売れるのかを子どもたちが決めるのではなく、大人たち、つまりおもちゃ仕掛け人とでもいう人たちが決めていくと考えるのは寂しい気がしますが、それが現実であるのです。けれどもさらに考えてみれば、おもちゃを作って売る大人も、こまが回転する魅力を忘れられ

ないということが言えるのではないでしょうか。大人に作られたおもちゃで子どもが喜んで遊ぶのも、やはりこまの回転の魅力にひかれるのでしょう。昔のベーゴマの遊びは、こまの回転の魅力と、勝負に勝てば相手のこまを取れることにあったのです。

注1） アレア（賭け）　カイヨワが述べる遊びの要素の4つのうちの1つで、賭けの要素のことである。

注2） 森下みさ子　前掲（p.26参照）

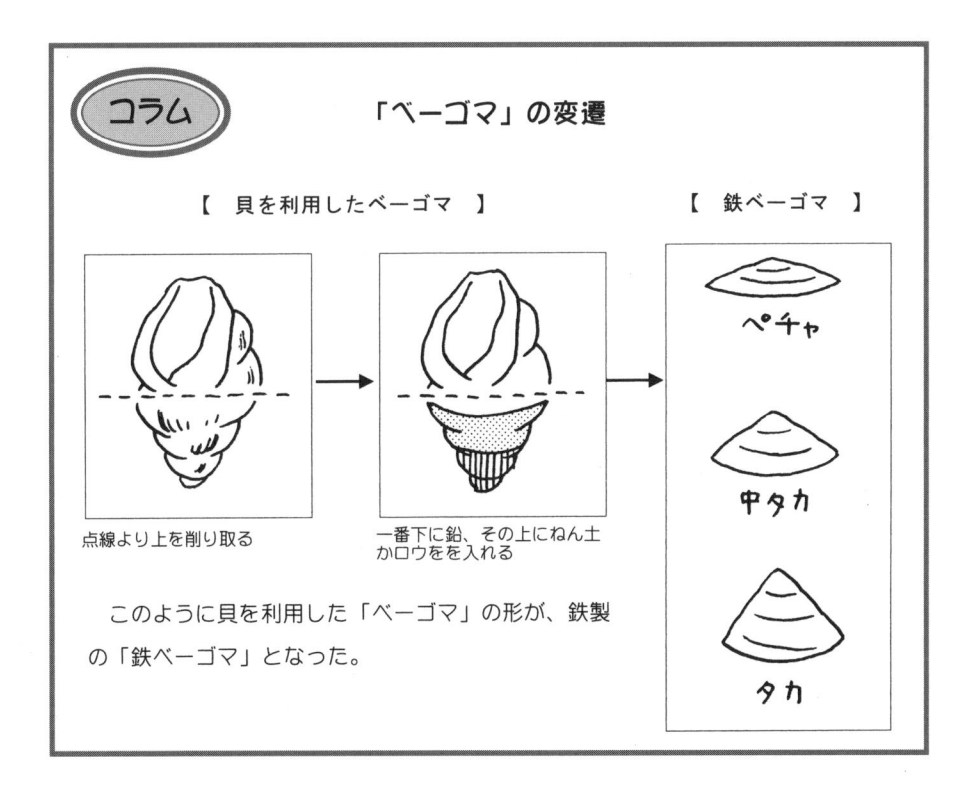

コラム　　「ベーゴマ」の変遷

【　貝を利用したベーゴマ　】　　　　【　鉄ベーゴマ　】

点線より上を削り取る　→　一番下に鉛、その上にねん土かロウを入れる　→　ペチャ／中タカ／タカ

このように貝を利用した「ベーゴマ」の形が、鉄製の「鉄ベーゴマ」となった。

ままごと

ままごとは女の子を中心として繰り広げられる、昔も今も人気のある遊びです。1歳を過ぎて象徴機能が形成されると、さっそく子どもは何かを食べる振りを始めます。そしてそばにいる母親に積み木など、自分が食べる振りをしていたものを差し出して、「どうぞ」と言い、相手をしている母親は食べる振りをして「ごちそうさま」とお礼を言います。これがいわゆる「ままごと」のもっともシンプルな形でしょう。

このように食べ物をごちそうする振りをすることがままごとの遊びの基本です。「ままごと」は、「まま」から「お母さんごっこ」ではないかと考えている人もいるようですが、実は「飯事（まんまごと）」なのです。つまり「まんま」→「まま」とは「ごはん」のことを意味しています。実際に、昔は3月の節句やお盆のときに、少女たちが河原などで炊事（すいじ）をして楽しんだのでした。現在ではこのようなことは見られなくなりました。けれどもこのような、いわゆる「ハレ」[注]の際の食事の真似事が子どもたちの「ままごと」になったのだといわれています。もっともこの説には異論もあります。はっきりわからないというところが本当のところでしょう。

大真面目に大人を演じるおもしろさ

「ままごと」の遊びの大部分はごはん作りやごちそうを振る舞うことであるといえるでしょう。砂場でも砂と水をつかってごちそうを作りますが、砂場の遊びと異なるのは「ままごと」の場合にはまず場所が設定されることです。ある園の子どもたちは、保育室にある「ままごと」用のいろいろな道具を庭に運び、ゴザを敷いて遊び始めました。「ままごと」の場所作りには「玄関」が設定されることも多く見られます。たいていは子どもたちは、「お母さん」や「お姉さん」の役割をとって「ごちそう作り」をします。「ままごと」に参加するのはほとんどが女の子ですが、まれに男の子が参加しています。少し前までは男の子は「お父さん」役でしたが、

現在では「赤ちゃん」役や「いぬ」の役のことが多いようです。「お母さん」や「お姉さん」の子どもたちが、ふだんは絶対に使わない大人のような言葉や口ぶりで、自分よりもずっと大きい人を真面目に演じている姿には感動します。伝承遊びがあまり見られなくなった現在でも「ままごと」は相変わらずよく見られる遊びです。

時代の生活が反映される「ままごと」

「ままごと」の遊びが子どもたちにとって、大人の生活の模倣であることはいうまでもありません。生活のなかで、掃除や洗濯ではなく、食事に関すること、お客様をもてなすこと、そして子育てを「ままごと」として自分たちの遊びに取り入れてきているのはなぜでしょうか。

食事や接待は、実際に大人たちが「ハレ」として行ってきたものです。現在でも儀式として、数は少なくなりましたが、たとえば結婚にかかわる結納や結婚式後の披露宴や、葬式や法事には「会食」がつきものです。お客様を接待してみんなで食事をする姿を、子どもたちは参加しながら、見ているのです。ですから遊びとして、大人たちのふだんとは異なる緊張感を伴った「ハレ」としての「会食」を再現していると考えても不思議はありません。

ままごと

　食事作りそのものに関しては、大人の生活を模倣しますから、最近の子どもたちの「ままごと」にはナベやフライパンより、「チン」という電子レンジが登場します。玄関のチャイムの音もその時代が反映します。このように見ると子どもの「ままごと」にはその時代の人々の暮らしが反映しているのです。

少子化の反映

　今では「ままごと」の遊びに人形の赤ちゃんはめったに見られなくなりました。かつてはお母さんが赤ん坊をおんぶして家事に携わっていて、子どもはその姿を見ていたものですが、現在では子どもが母親のそのような姿を見ることはあまりなくなってしまいました。現在はほとんどの子どもは一人っ子か二人きょうだいです。この場合でもきょうだいの年齢差は少ないので子どもは母親の子育ての姿を見ることは少ないのです。そのためか、ままごとの遊びで人形の赤ちゃんの存在はあまり見られなくなってしまったのでしょう。ままごとの遊びは大人の家庭生活の反映ですが、子育てを見る機会のない子どもは、ままごとの中に子育てを持ち込まないという現象になっているのです。

　興味深いことに、子ども自身が赤ちゃん役をやっていることはあります。赤ちゃん役を演ずるのは２、３歳のような本人が赤ちゃんに近いような子どもではなく、反対に、まもなく小学校に入学する直前のようなときに見ることがあります。この現象は、単に赤ちゃんを模倣しているというのではなく、子どもの心理から解釈すると、その子ども自身がまもなく迎える、急激な成長を意味していると考えられています。一般的に弟や妹が誕生した直後には、子どもは赤ちゃん返りをすると言われています。この現象は子どもの不安からくるもので、子どもの成長がいったん後戻りするように考えられていますが、実はこのような現象の後には、それまでの成長と比較してみると、明らかに急増と思える成長がみられることが言われています。

　　注）　ハレ　ハレとは「晴れ」で、「正式な」「公式な」「おもてむき」「おおやけ」の意味を表し、農耕社会であるわが国では農耕行事、神事、祭事が行われるとき、また、人の一生の折り目に行う人生儀礼（出産、成人、婚姻）に伴う祝儀など（祭日、休

日）がハレのときです。つまり非日常的な特別にあらたまった場合を指します。それ以外の「日常的な」「一般的な」「ふだん」のとき（労働日）をケと呼びます。

　ハレの日にはふだん食べない魚やもちなどのいわゆる「ごちそう」を食べ、酒もハレの日だけ飲むことが許されました。

コラム　　　　　　　　　**ままごと遊びの歌**

　大人になって料理研究家になった大村しげ[注]は、子どものころの「ままごと」の遊びに歌があったこと、そして晩年でさえもその歌が大好きであることを述べています。その歌とは、次のようです。残念ながら、曲はわかりません。

　　ごめんください　花子さん
　　たいへんお寒くなりました
　　みなさんごきげんいかがです
　　まあようこそ　ゆき子さん
　　こちらへお通りあそばせな
　　わたしのだいじな人形が
　　かげんが悪くてきのうから
　　ちっとも笑顔を見せません

　　それはほんとにご心配
　　たいへんおかぜがはやります
　　お熱はたくさんありますか
　　いいえ熱などありません
　　おててもおあしも冷たくて
　　夜でもおめめをあいたまま
　　なんにもいわずに寝ています
　　ほんとにどうしたことでしょう

　大村はときどき、本当に、小さな七輪のなかに炭を入れてその上に小さな土鍋をのせ、卵を煮て食べていたことを報告しています。この体験が将来料理研究家となったのかもしれないとさえ述べています。とても楽しかったようです。

　注）大村しげ　前掲（p.135参照）

まり

　ボールではない、柔らかいゴムなどで作られた「まり」のことです。最近では「まり」そのものがほとんど見られなくなりました。けれども昭和40年ごろまでは「まり」は女の子たちには大変親しい存在でした。ポンポンと弾むゴムまりを限りなく地面に突いたり、歌に合わせてリズミカルに地面を突くことがとてもおもしろく、よく遊んだものでした。現在のバレーボールやドッジボールやサッカーボールとはまったく違う存在でした。

　「まり」を突く動きはバスケットボールのドリブルの動きと基本的には同じですが、「まり」を突いている本人にとっての楽しさはずいぶんと異なったものでした。地面に弾んだまりがしっかりと手元に返ってくる感触や、歌の終わりのところで、まりを両足をくぐらせ、スカートの後ろで受け止めることができた喜びは忘れることができません。

　ゴムまりは明治時代の中ごろにできたものです。それまでは糸でかがって作られた糸まりなどで子どもは遊んでいました。

まりの起源

　この「まり」の遊びが、日本にはかなり昔からあったらしいことはさまざまな文献に紹介されています。森下みさ子[注1]は手まりについての研究を著していますが、そのなかで18世紀中ごろに描かれた少女の遊びの絵のなかに、まりで遊んでいる子どもたちがいることを述べています。江戸時代にはすでに女の子たちが手まりで遊んでいたのです。

　これまでは子どもの遊びのまりつきは、「けまり」から変身したものといわれてきました。「けまり」としては『日本書記』に飛鳥時代から行われたことが述べられています。「けまり」は足でまりを蹴ったのでした。足

でまりを蹴る「けまり」とは違い、手でまりを突く「就まり」という遊びがいつの間にか大人の男女によって行われていました。いつから始まったのかはわからないのですが、平安時代の文献には登場します。そこで、子どものまり遊びの起源は「就まり」であるといわれてきました。

　「就まり」は大人が立ち向かいでまりを手で突いていく遊びです。ただこの「就まり」のやり方の作法がとても細かく、厳しいものであったので、「就まり」が直接、子ども（特に女の子）の手まりの遊びになったとするには無理があるのではないかと森下は述べています。そしてまりを蹴り上げては落とし、落としては蹴り上げて数を数えるというやり方の「員まり」のほうが数を競うという点で子どものまりつきに通じるところがあるのではないかと推論しています。さらに江戸時代に、まりを蹴ってさまざまの曲芸をして見せた「外郎派」と呼ばれる人々が、一般庶民の間にまりの芸を広めていったのではないかと述べています。後に子どもたちが夢中になったこと、すなわち一人でできるだけ長くまりを突き続けること、そして一人でまりを操る動作をさまざまにしてみせることが、ここに見られたのです。

明治時代のまりつき

　藤本浩之輔著『聞き書き　明治の子ども　遊びと暮らし』の本のカバーには短い着物を着た女の子が絵のついたまりを突いて遊んでいる挿絵があります。このカバーの絵に象徴されるように、本文にはまりで遊んだ思い出を語った人々が登場します。

　明治31年生まれの女性はまだ普及していなかったゴムまりの代わりにゴム風船をふくらませて、それに毛糸を巻いたものを使ったことを紹介しています。また明治27年生まれの女性はやはりゴムまりの代わりにコンニャクを毛糸で編んだ袋に入れてまりとして遊んだことを紹介しています。ま

藤本浩之輔『聞き書き 明治の子ども 遊びと暮らし』SBB出版会、1983、カバー引用

だ高価だったゴムまりを親は簡単には子どもに買い与えなかったようです。ゴムまりはよく弾み、なくなってしまうこともよくあったからのようです。ゴム風船に毛糸を巻いて作ったまりも、コンニャク玉を毛糸の袋に入れたまりも、どちらもよく弾んだようです。これらのまりで、当時の子どもたちは地面を突いて遊んでいたのです。

まりつきには手まり歌がつきもの

このときかならず必要だったのは手まり歌でした。手まり歌は本当にたくさんありました。それぞれの子どもが聞き、覚えて、うたっていたのです。歌詞の正確さは、まりつきには必要ありませんでした。いつまでもまりを地面に突き続けることができるのが大事だったのです。ですから同じようで少し異なる歌詞がたくさんあります。まりつきには歌はつきものだったのです。当時の歌は意味は不明なものが一般的でした。柳田国男[注2]はやはりまりつきの歌はその意味にあるのではなく、できるだけ長い間まりを突いていたい思いがそうさせたのだろうと分析しています。

ずっと時代が下って、戦後生まれの筆者が子ども時代を過ごした昭和の中ごろでは、まりつきの歌はとても少なくなっていました。筆者が覚えているのは唯一、次のものです。

　　あんたがたどこさ　肥後さ
　　肥後どこさ　熊本さ
　　熊本どこさ　せんばさ
　　せんば山にはタヌキがおってさ
　　それを猟師が鉄砲で撃ってさ
　　煮てさ　焼いてさ　食ってさ
　　それを木の葉でちょっとかぶせ

歌の終わりのところで、まりを両足をくぐらせて、スカートの後ろでまりを受け止めるのです。はじめはうまく受け止められなかったのを一生懸命練習して、しっかりと受け止められるようになったときの喜びを40年

以上たった今も思い起こすことができるのは不思議な気がします。もちろん明治時代とは異なり、よく弾むゴムまりでした。まりの表面はつるつるとしていて絵が描かれていました。一緒に遊ぶ友達がいないときでも一人でまりを弾ませて楽しんでいたものです。たった一つの歌を知っているだけでいつまでもまりを突いていることができたのです。

現在のボールを使ったゲームはある広さが必要です。そしてボールを投げる、ボールを蹴るなどの動作は、スポーツとしての集団競技で勝つための基本ですが、まりはあくまでも地面に弾ませて、同じ場所でぽんぽんといつまでも突いていくものであり、一人で十分に楽しめるものであるところが大きな違いといえます。

まりつきの魅力

柳田によれば、まりを突いたり、投げたりする子どもの遊びの元は、大人の神事であったと述べています。そして玉を用いる神事として、愛知県豊橋の榎玉神事と、福岡県北九州市の箱崎八幡の玉取りの祭りをあげています。柳田には、子どもの遊びは元は大人の真面目な神事であるという一貫した主張があります。たしかに柳田が述べることには一理あるでしょう。しかしながら玉を取る動きは、まりを地面に突く動きとはかなりの違いがあります。これらの神事がそのまま子どもの、特に女の子たちのまりつきになっていったとは考えられません。丸い球体である物体を扱うこと自体はかつての大人の神事を模倣することで子どもの遊びになっていったのでしょうが、森下が述べるように、

178 まり

直接的にはまりを使って曲芸を見せた人々の技をまねることから、子どもたちは自分たちの遊びとして獲得していったものと考えられます。特に男の子ではなく女の子たちの遊びになったのは、まりそのものが絵が描かれたりすることで、どんどん美しいものになったことに加え、一定の場所でまりを突くという行為は、活動的な男の子たちにとってはあまり魅力のないことだったのでしょう。走り回りたい欲求のある子どもにとっては、まりを一定の場所で突くのではなく、投げたり、蹴ったりしていくのが自然

遊び方　あんたがたどこさ

① 歌をうたいながら、まりを地面に上下につく。

② 歌詞の「あんたがたどこさ」のさでまりを足の下にくぐらせたり、技を見せる。以下同様に歌詞のさがつくところで、技をみせる。

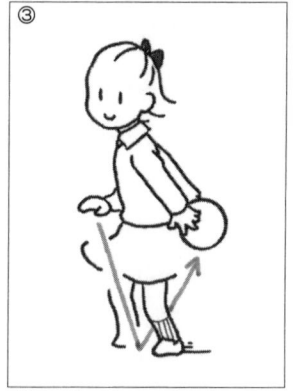

③ 最後の「ちょっとかぶせ」で、まりを両足の間からくぐらせ、後ろでとる。

【さのところで見せる技の例】

まりを足の下へくぐらせる方法

体を1回転回す方法

足の甲で軽く蹴り上げる方法

な姿です。室内で遊ぶことも多かった女の子たちは、まりを突くという行為こそ自分たちの遊びにしていったのだと言えるでしょう。またまりを突きながら延々と歌をうたうというのも女の子たちが選んで好んだことなのです。

　注1）　森下みさ子　前掲（p.26参照）

　注2）　柳田国男　前掲（p.19参照）

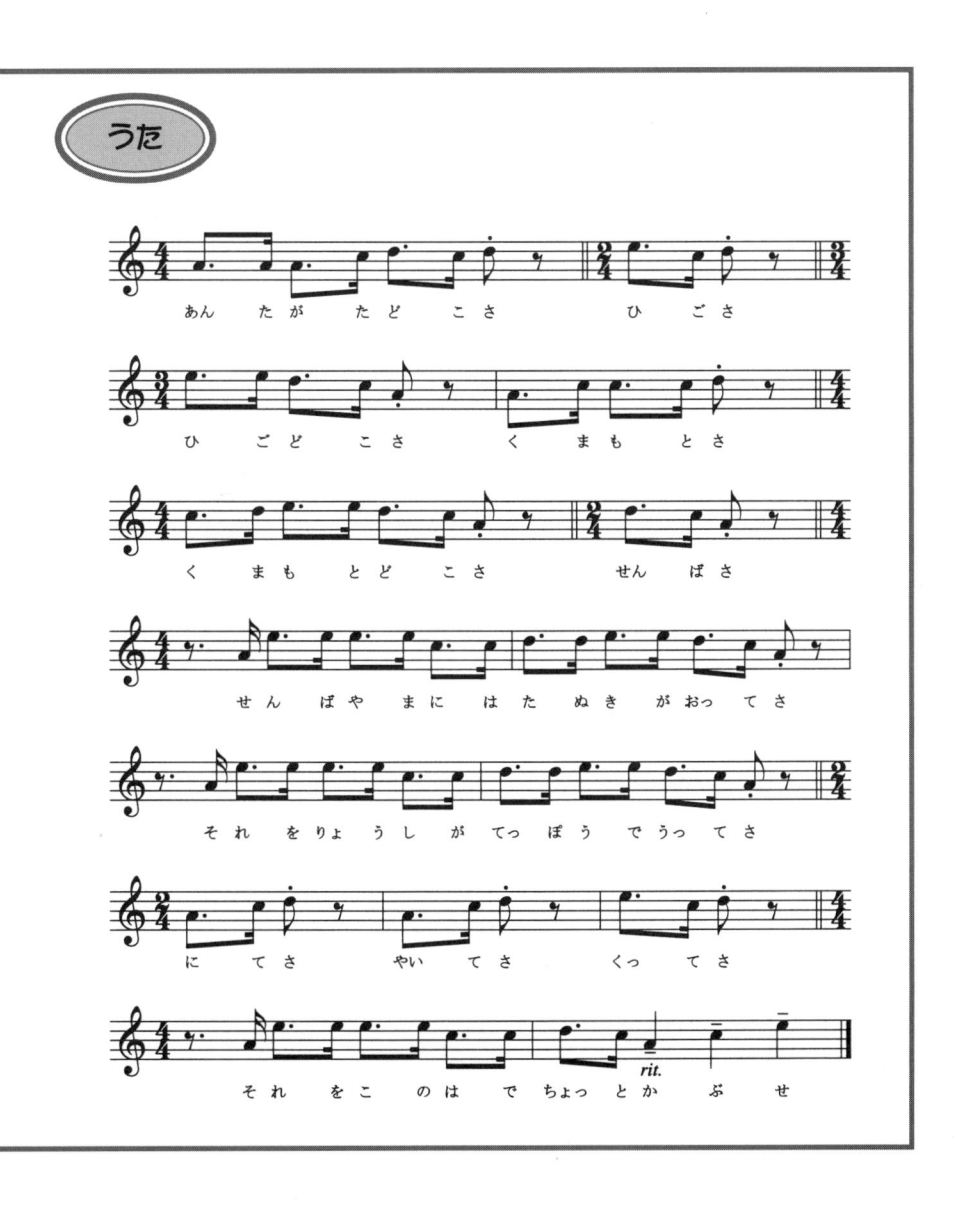

うた

あんたがたどこさ　ひごさ
ひごどこさ　くまもとさ
くまもとどこさ　せんばさ
せんばやまには　たぬきがおってさ
それをりょうしが　てっぽうでうってさ
にてさ　やいてさ　くってさ
それをこのはで　ちょっとかぶせ

目隠し鬼

「鬼」の役割をとっている子どもの目をわざわざ手ぬぐいなどの布で覆い、目をまったく見えない状態にして、音だけを頼りに捕まえさせるという遊びです。たいていは「鬼」に向かって、

　　おにさん、こちら
　　手のなるほうへ

と言いながら、手をたたいて音を出しながら、「鬼」役の子どもに自分を捕まえてもらうようにするのです。

　かこさとし(注)は「鬼ごっこ」の遊びを鬼の権限の強さによって5つの型（p.182 コラム参照）に分けています。そのなかで「目隠し鬼」は鬼が何らかの弱点をもって、みんなからいじめられる鬼の遊びとして分類されています。たしかに「目隠し鬼」は鬼だけが目隠しをして、他の者は手をたたいたり、はやしたてたりするものです。これだけを見ると鬼はまったく権限をもってはいません。

神事のなかにある「目隠し鬼」

　鬼ごっこの遊びはもとは大人の真面目な神事であったと言われているのですが、神事のなかにまさに目隠し鬼といえるものがあることを和歌森太郎が紹介しています。現在でも実際に行われているかどうかはわかりませんが、行っていたことは事実です。
　それは九州の大分県の国東（くにさき）半島にある、六郷満山（ろくごうまんざん）という修験（しゅげん）組織の寺々で行われたものです。この行事の最後のところでまるで「目隠し鬼」の遊びのようなことが行われたようです。「鬼の目」と呼ばれる「もち」をまく行事なのですが、このもちは鬼の歯固め（はがため）であるといわれていて、これを食べた人は健康になるという言い伝えがあります。その「鬼の目」と呼ばれる、まかれたもちを一般の人が取ると、鬼は目を失ったことになり、目

を失った鬼役をしている寺の修験僧がうろうろ、動き回ります。もちを拾った一般の人々は、「鬼さん、目はこっち」とか、「鬼さん、目。鬼さん、目。」と言って、鬼と一緒に動き回るのです。ここでは鬼は自分の目を失うという犠牲をはらい、人々に幸いをもたらしていることになるのです。

　ここに紹介した神事が子どもの遊びである「目隠し鬼」になったのかどうかを、たしかめる術(すべ)はありません。けれども「鬼」が目の見えない状況をわざわざ作り、まわりにいる子どもが「鬼」をからかうように声をかけたり、手をたたいたりして、「鬼」をうろうろさせる様子はまさに先にあげた神事の様子と重なるのです。

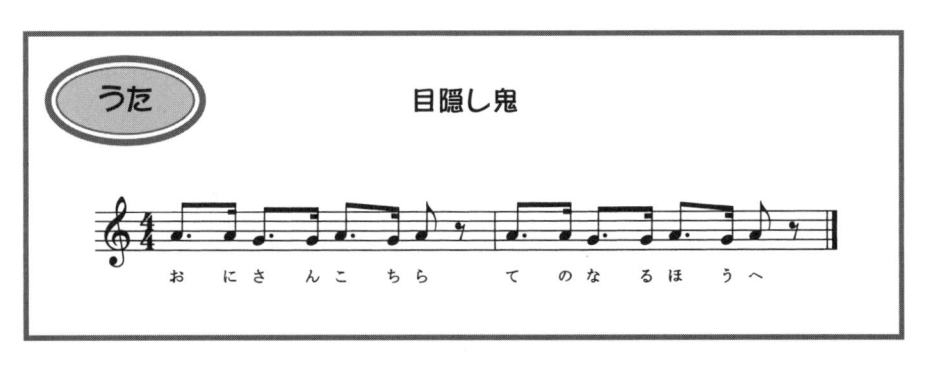

うた　　　　目隠し鬼

おにさんこちら　てのなるほうへ

安心できる人間関係が成立させる遊び

「鬼」の役割をとっている目が見える人が、目を覆って見えない状態でいるのはたいへん不安なものです。「おにさんこちら、手のなるほうに」という声や、たたいた手の音を頼りにそちらのほうに向かって手を伸ばして少しずつ進むしか、方法がないのです。もし鬼でない子たちが、声を一切出してくれず、あるいは手もたたいてくれなかったら、目を覆って見えない「鬼」は動きようがありません。「目隠し鬼」の遊びは、遊ぶ集団の人間関係がそれぞれあって、安心してその集団にいることができなければ、成立は不可能なのです。目が見えない状況にいても安心できる人間関係こそが、この遊びを成立させる大切な要素といえます。

注）かこさとし（加古里子）前掲（p.19参照）

コラム

かこさとしによる「鬼ごっこ」の5つの型

かこさとしは「鬼ごっこ」の遊びを鬼の権限の強さにより、次のように5つの型に分類しています。

第1の型：鬼という強大で圧倒的な力の前に、ひたすら子は逃げるだけの型
　　　　例「人とり人さらい」（いわゆる追いかけっこのタイプ）

第2の型：強大な鬼の力をやや制限させ、逃げる方に有利な条件をつくり出す型
　　　　例「つなぎおに」「木のぼり鬼」

第3の型：鬼に対抗する少数の対立者を設けたり、あるいは条件がみたされたときは、鬼の力がまったく及ばぬようにしたり、安全地帯を設けたりして変化をもたせたもの　例「しゃがみ鬼」「柱おに」

第4の型：追いかけていた鬼が一転してまったく無力者と化し、逆に逃げねばならぬ権力奪取変換のものや、まったく互角でまかりまちがえば我が身の方が危なくなるという類のもの　例「じゃんけんおに」

第5の型：何らかの弱点をもって逆に皆からいじめられる鬼の遊び　例「目隠し鬼」

（『遊びの四季　ふるさとの伝承遊戯考』じゃこめてい出版、1975、p.108～113）

めんこ

「めんこ」と聞いて、紙製の平べったいものを思い浮かべる人と、土製や鉛製の、直径1センチくらいの、小さなタニシのような形やハマグリのような形を思い浮かべる人がいるでしょう。どちらも「めんこ」と呼ばれていました。

元はおはじき遊び

同じ「めんこ」という呼び名でしたが、明治時代にはおはじきのように遊ばれていました。つまり同じ数を出し合って、同時にパーッとまいて、弾いて当たったら、取る遊びでした。女の子も土製の「めんこ」を使っておはじき遊びをしていました。

紙製の「めんこ」のことは、「ベッタ」とか「ペッタン」とか「パッチ」、「パッタ」などとも呼ばれていました。ボール

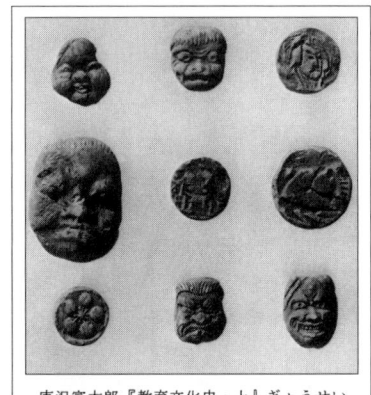

唐沢富太郎『教育文化史・上』ぎょうせい、1977、p.200 より引用

紙を丸く切り抜いたもので、地面にパーンと打ちつけ、空気の圧力で、相手の「めんこ」をすくったり、引っ繰り返すと勝ちとなって、相手のめんこがもらえるというルールでした。明治時代にはこれらの2つの遊び方が、同じように「めんこ」と呼ばれていたことが『日本児童遊戯集』[注1]にも紹介されています。『日本児童遊戯集』の説明によれば、明治時代にすでに「めんこ」は悪い遊びとして禁止されたりしていたことがあげられています。相手の物を取ったり、取られたりすることが「悪」とされたのです。けれども大田才次郎は次のように説明を加えています。

「……兎角(とかく)勝負事に類似し多少の弊害ありがちなるを以(も)って、小学校には教師ら頻(しき)りに矯正(きょうせい)すれども何分(なにぶん)やまざる遊戯なり。」[注2]（ふりがな筆者）

明治時代の小学校の教師たちは「めんこ」の遊びを禁止したかったようですが、興味深いことに、子どもたちはやめなかった、つまり遊び続けていたということです。ベーゴマの場合と同じように、物を取ったり、取られたりというのは、子どもの遊びの世界にはふさわしくないと大人たちは考えたのでした。しかし、なかなか大人の思うとおりにはならなかったようです。

ボール紙の登場

　明治時代に子どもだった人々の思い出から、おはじき遊びタイプではない「めんこ」は、ボール紙をまるく切って作って遊んだことが伺えます。このように手作りの「めんこ」から、まもなく商品としての「めんこ」のほうが主流となりました。これにはボール紙という存在が大きな要因でした。

　ボール紙は、明治20年ごろから生産されたのです。はじめはボール紙の「めんこ」だけが売られ、次々にその「めんこ」に貼る絵（おもちゃ絵）が、安価で売られるようになりました。武者絵、軍人画、おとぎ話もの、魚づくしなどの物づくし、文字絵など、当時おもて絵として子どもたちに提供されていた絵がそのまま「めんこ」のあて紙となりました。ですから、この「めんこ」をゲームとしてやり取りする遊びだけではなく、収集して楽しむ子どももいたのです。

唐沢富太郎『教育文化史・上』ぎょうせい、1977、p.200より引用

遊びを夢中にさせる賭博的要素

　「めんこ」をやり取りすることが、男の子たちをなぜあんなにも夢中にさせたのでしょうか。

　「めんこ」の形は丸型から角型になり、絵柄は相撲の力士や映画スター、野球選手など、それぞれの時代のヒーローが飾りました。子どもたちは自

分の好きな絵柄のついた「めんこ」が特別に大切なものだったのです。自分がまだ持っていない、欲しくてたまらない「めんこ」を、闘って、勝てば相手が持っている素晴らしい「めんこ」を手に入れることができるのは、大変な魅力があったことでしょう。

けれどもこのことこそ、大人が賭博的要素という理由で、子どもたちに遊ぶことを気持ちよく許さなかったことなのです。子どもにとって、「めんこ」のやり取りは「遊び」ではありませんでした。「本気」でした。本気だからこそ、夢中になってやったのでした。取られて悔しい思いをすることもありました。

皮肉なことにこの行為は、本来の「遊び」の定義から見ると、先に述べたカイヨワのアレア（賭け）注3)の魅力であり、「遊び」そのものなのです。いい加減な気持ちで「めんこ」をやり取りするのではなく、オーバーな表現をつかえば、「命をかけて」「遊ん」でいたのでした。

「めんこ」からポケモンゲームへ

現在、大流行しているポケモンゲームは、闘いをして、カードのやり取りをするものです。闘い方は「めんこ」のように自らの手を使ってするのではないのですが、闘いをするという点では変わりません。カードのやり取りという観点から見れば、「めんこ」はポケモンに代わったと考えるこ

ともできるでしょう。しかしながら、子どもが自分の手や体を使うことがなくなってしまったのは残念なことです。

注1）『日本児童遊戯集』 前掲（p.32参照）

注2） 太田才次郎編『日本児童遊戯集』平凡社、p.146〜147

注3） アレア（賭け） 前掲（p.169参照）

コラム　鉛製めんこが消えた理由

鉛製の「めんこ」がしだいに消え、紙製のめんこが主流になったのは、明治20年代からのようです。加藤理[注]は「めんこ」についてその歴史を詳しく追っていますが、鉛製の「めんこ」がなくなっていったのは、一つには、明治33年の初めに鉛毒事件が大阪で起こったこと、2つには鉛の品不足によって価格が暴騰したこと、3つには明治時代の終わりごろから始まった戦争のために鉛が必要となり、子どものおもちゃには回らなくなったことなどが、その原因としてあげられています。こうして昭和の初めには、すべて紙製の「めんこ」になりました。

注）加藤理　1961年仙台生まれ。早稲田大学大学院修了。著書に『「ちご」と「わらは」の生活史－日本の中古の子どもたち』（慶応通信）、『〈めんこ〉の文化史』（久山社）などがある。

遊び方　めんこ（「かえし」と「すくい」）の遊び方

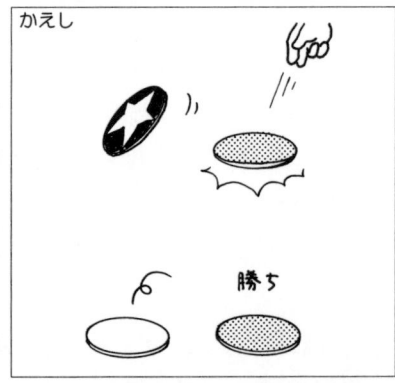

【かえし】
じゃんけんなどで順番を決め、はじめに攻撃する子以外は、地面や机など（場）にめんこを出し合う。攻撃する子が自分のめんこを場にたたきつけ、他の子のめんこをひっくり返す（かえし）ことができれば、そのめんこをとることができる。

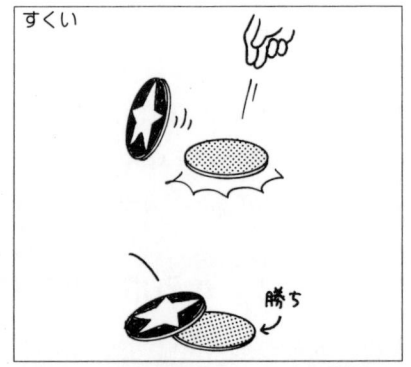

【すくい】
じゃんけんなどで順番を決め、はじめに攻撃する子以外は、地面や机など（場）にめんこを出し合う。攻撃する子が自分のめんこを場にたたきつけ、他の子のめんこの下に自分のめんこを入れる（すくい）ことができれば、そのめんこをとることができる。

輪回し

　輪回しの遊びは、江戸時代には「たが回し」と呼ばれていました。桶や樽などの外側を固く締めるのに使われる「たが」には、竹を割ったものがありました。この竹のたがを遊び道具にしたのが、たが回しです。江戸時代を通じて周期的な流行があったようです。この遊びが流行する年は豊作になるという説さえうまれたりしたものです。
　江戸時代の終わりころには、「輪回し」と呼ばれました。鉄輪とそれを押して回らせる鉄の棒とが別々になっているものと、鉄の棒の先を小さな輪にして大きな回すほうの輪にそれをつないだ形のものとの２種類がありました。また、その輪に小さな丸い鉄の環が２つついているのがあり、輪を回すとチャリンチャリンと鳴りました。

昭和の初めは「リーム」回し

　昭和８、９年ころに流行したのは、自転車のリーム回しがあります。リームとは車の輪のことで、タイヤもスポークも取り除き、鉄の輪だけ残したものです。これを一本の棒で押し進むのですが、棒はリームの中側が凹面になっているので、そこに棒を押しあてがうと、はずれずに、輪をうまく押し進めることができました。
　特に男の子にとって、輪になっているものを回す遊びは単純なのですが、とても楽しい遊びとなっていました。

日用品が遊びの基本

　この輪回しの遊びは半澤俊郎(注)の膨大な調査によれば、明治時代に子どもだった人も、昭和時代の後半に子どもだった人も、行っているということがわかります。ただ遊んでいたというのではなく、常に人気のある遊びであったようです。おそらく桶の「たが」は人々の日用品としてなじみのあるものだったに違いありません。事実、「桶屋」という商売が成立していたのです。使い捨てではなかった時代です。人々は「たが」がゆるめば、

輪回し

「桶屋」に修理に通ったのです。「たが」がなければ、この遊びは起こりようがないのです。ところが、木の桶が私たちの生活から消えてしまった現代では、桶の「たが」自体を見ることさえなくなってしまいました。当然、輪回しの素材自体が子どもたちの手には入らないということを意味します。まして新品の自転車が並んでいる現代に、修理して不要になった自転車の車輪を遊びの素材として扱うことも見られなくなりました。人々の生活の変化が輪回しの遊びを絶滅させたということもいえるのかもしれません。

　この遊びは、輪をできるだけ長い間、回し続けるというのがその目的でしたから、遊ぶ場所は当然、長く続いている道だったでしょう。現代は、この道すらも子どもたちが遊べる場所ではなくなりました。道は自動車のためにあるようになりました。私たちの生活がどんどん便利になってきたことに反比例するかのように、輪回しの遊びは消えていったのかもしれません。

　　　注）半澤敏郎　前掲（p.20）

参考資料 1

論文：
人間の普遍性と文化的特性に関する一考察
－「かごめかごめ」をめぐって－

角 能 清 美[1]

（本田和子・津守真共編『保育現象の文化論的展開』光生館、1977年、p.127～p.163に掲載）[2]

はじめに

第1章 「かごめかごめ」の民俗学的立場からの考察

第2章 「遊び」の発達的考察

第3章 「円」についての考察

第4章 「回転」についての考察

終　章 「かごめかごめ」とは何か－まとめにかえて

[1] 小川清実の旧姓。
[2] 本書への掲載に際し、文章表現を一部修正。

はじめに

「かーごめ、かごめ……」とすぐ歌になる遊び、そして、幼かった頃、大勢の友達ととても長い間遊んでいて、楽しかったことなどが、思い出される。

　　　かーごめかごめ
　　　かごの中の鳥は
　　　いついつでやる
　　　夜明けの晩に
　　　つるとかめがすべった
　　　うしろの正面だーあれ

と、歌いながら、鬼のまわりをくるくる回る。幼かった頃、この歌詞の意味について考えたことがあった。「夜明けの晩」って、何だろうか、そんなものがあるのだろうか、と思いながらも、「つるとかめがすべった」というところでは、とてもおかしくなってしまって、「うしろの正面だーあれ」で、そのおかしさが、最高潮に達するのであった。鬼の真後ろにちょうど来た時には、鬼に自分をあててもらおうと思って、とても大きな声で、「うしろの正面、だーあれ」と言ってみたり、鬼になるのが、いやな時は、声を出さなかったりした。自分が、鬼になると、輪の中に目を隠してすわり、歌を聞きながら、輪の友達を思い浮べる。そして、自分の真後ろには、誰がいるかを、その声で聞きわけようと苦労したり、自分の前には誰がいるのかを、後ろを見るわけではないからいいだろうと、自分勝手な理由をつけ、目を覆っている手をちょっとよけて、こっそりのぞいたりしたものであった。

以上が東京で生まれ、育った、私の「かごめかごめ」である。

この「かごめかごめ」を考えてみると、現在のおとなたちの大部分が、子どものときに遊んだ経験があり、また、現在の子どもたちも実際に遊んでいる。つまり、「かごめかごめ」は、長い間、当時の子どもたちによって、遊ばれている遊びなのである。

以下に、各地方での「かごめかごめ」を掲げる。

・東京地方の籠目籠目

　2人の小童相対立し、此方の両手と彼方の両手と組み合せ、中央に、1人の児童蹲み居るなり。さて両児は組み合わせたる両手を左の唱歌に合せつつ、左右代るがわるに上下に揺り動かし居りて、唄の終りに、左右一方の手を高く挙げれば中の児童は、その挙げたる手の方面より外に跳り出づるなり。又、その跡に他の児童入れ代り、初めの如く又謡い始め、順次かくするなり。

さて、その唱句は
　　　籠目かごめ　カーゴン中の鳥は
　　　いついつでやる　夜明けのばんに
　　　つるつるつっぺッた*1

・伊勢地方のかごめかごめ

　数人手を連ねて円形を造り、内に更に数人の子どもを入れ、唱えて曰く
　　　籠目籠目　籠の中の鳥は
　　　何時何時　出やず
　　　夜明けのばんに　つるつるつっぺッ

た*2

・下総地方の籠目遊び

小男小女打ち集り、互いに手と手を持ち合いて一団となり、歌につれて廻るなり。一度廻れば、その中の2人が携えし手を挙ぐれば、皆その中をくぐりて又初めの形に復するなり。
　その唄
　　カアゴメ　カアゴメ　籠ン中ノ鳥ハ
　　イツイツデヤル　七日ノ晩ニ
　　ツルツルツパイレー *3

・上野地方の籠目籠目

女童の遊びなり。5人或は10人手を連ねて輪になり、その輪の中に1人入り、周囲の者声を揃え、連なりたる手を上下へ調子を合せ、振り動かし、「籠目籠目　籠の中の鳥は　いついつ出やる　十日の晩に　鶴と鶴と　つっ張った」と唄い終れば、この中に居る1人の目隠ししたる者に周囲の1人の名を当てさせ、名を当てらるれば、その者代りて又中に入る遊びなり。*4

様々な地方で、同じような歌を唄いながら少しずつ違う方法で、「かごめかごめ」は、子どもたちによって遊ばれていたことがわかる。

また、同じ地方でも、昔と今とでは、遊び方が、変化していることが、以下の例からわかる。

・昔の「かごめかごめ」

　　　　（明治6年生まれの古老の話より）
まず、2人の子どもが向かい合って、甲の子の両手と乙の子の両手をつなぎ、唄をうたいながら、左右かわるがわる上下に揺り動かす。唄の終りに「高い方さつんむぐれ」というところで、左右一方の手を高くあげると、しゃがんで居た中の子どもが、そのあげた手の下から、すばやく外に飛び出すのである。その時、甲と乙の子のどちらかが、飛び出る子のお尻を叩くのである。お尻をたたかれないで、飛び出た子は勝ちで、叩かれた子は負けとなる。こうして、他の子どもが入れかわり、前と同じように、唄を歌っては順々に、これを繰り返す遊びであった。*5

・今の「かごめかごめ」

　　かーごめかごめ　かごの中の鳥は
　　いついつでやる　月夜のばんに
　　つるとかめと　つっぺった
　　うしろの正面　だーあれ

これは、丸く輪になった中に1人の目かくしをした鬼がしゃがんで居り、その廻りを歌いながら廻る。唄が終ると手さぐりしながら後にしりぞくが、輪の子は鬼がくぐれないように、2人よりそってすき間をせばめる。その時、つかまえた輪の子の名をあてる遊びである。主に女の子の遊びであるが、男女混り合って行なう時もある。*6

馬場富子は「かごめかごめ」は、明治初期から中期頃迄に流行した遊びであり、大勢でやるのではなく、3、4人くらいで、静かにやる遊びであったとし、それが、だんだんと大勢の子が参加するようになり、「うしろの正面だアれ」と言って、人の名をあてる、「あてもの遊び」に変化したのだと説明を加えている。

以上のように、各地で、昔も今も、その歌や遊び方に多少の違いはあるが、子ど

もたちによって遊ばれている「かごめかごめ」。なぜ、この遊びが絶えることがないのだろうか。なぜ、子どもたちは、今だに喜々として遊ぶのだろうかという疑問が生じてくる。子どもたちが、手をつなぎあい、輪になって、歌をうたいながら、一方向に回る。短い歌が終わると同時にしゃがみ、輪の中心にいる鬼になっている子どもが、自分の真後ろの子どもの名をあてるという、ただそれだけの、まさに素朴な遊びの1つであると思う。

私は、この「かごめかごめ」の遊びの中に人間の普遍性のあらわれをみる。昔から遊ばれ、現在もそして、未来も遊ばれ続けるであろう、「かごめかごめ」の遊びを手がかりとして、民俗学的に、発達心理学的に、そして、イメージ論から、人間の、かわらざる姿－普遍性－を考察していきたい。

第1章 「かごめかごめ」の民俗学的立場からの考察

　私は、「かごめかごめ」を民俗学的立場から考察することにより、「かごめかごめ」が、まだ子どもたちの遊びとなる以前は何であったのかをさぐろうとした。

　柳田国男は、「かごめかごめ」について次のように述べている。

　「遊戯と童言葉とは、本来は歌と舞いとのやうに、表裏不可分のものであったらしい。……中略……

　2つの例を拾ってみるならば、このごろは、もうあまり耳にしない遊戯唄
　　めぐれど端無し　たまきのごとくに……
という變った節の文句は調べたら作者のきっとわかるほど新しいものだが、これをうたふべき遊戯は前からあった。東京などで古くから蓮華の花が開いたといふのが同じもので、つぼんだ、開いたといふ別の動作があるが、歌の半分はやはり小さな手を繋いで、くるくる廻ってゐる間に歌ふもので、しかもこれにはなほ今1つ前の形があるのである。どうしてあのやうにいつまでも面白がって続けてゐるかと思ふほど、意味の解しにくい文言の羅列だが、『かごめかごめ』といふのがやはりまた同じ遊びであった。

　　かごめかごめ　籠の中の鳥は
　　いついつ出やる　夜明けのばんに
　　つるつるつーべった
或は
　　鶴と亀とつーべった
ともいってゐる。さういふと一しょに全員が土の上にしゃがんでしまひ、そのあとで、

　　うしろの正面　だァれ
といふものあり、また全くそれをいはないのもあるが、動いてゐる人の輪がはたと静止したときに、眞後にゐるものを誰かときくのだから、これは明らかに『あてもの遊び』の1つであった。子どもはもう知らずに歌ってゐることであらうが、気をつけてみると、この『かごめ』は、身を屈めよ、すなはち、しゃがめしゃがめとい

ふことであった。誰が改作したか、それを鳥の鴎のやうに解して籠の中の鳥といひ、籠だからいつ出るかと問ひの形をとり、夜明けの晩などといふ、あり得べからざるはぐらかしの語を使って、一ぺんに坐ってしまふのである。鹿・鹿・角・何本に比べると、たしかにこの方が試験はむつかしい。さうして、数多くの子どもが加はることができて楽しみは、大きかったかと思はれる。それが少しづつ形をかへて、ひろく全國の『昔の子供』に今もなほ、記憶せられてゐるのである。」*7

　柳田は、「かごめ」を「しゃがめ」と解している。これは、遊びの方法（途中で、いっせいにしゃがむということ）からうなづけることである。多田道太郎は、この柳田説をうけいれることによって、「かごめかごめ」を「問いかけ」、「なぞなぞ」、「あてもの遊び」系列であると解し、結局は、「かごめかごめ」の歌詞全体が陽気な「はやし言葉」であるとしている。*8

　「かごめかごめ」の歌詞の意味、「かごめ」という詞自体の意味すら、明確ではない。しかし、どうして、そのような遊びが発生したのか、ということについて、柳田は述べている。*9 つまり、「かごめかごめ」をはじめとして、それと似たような遊びである「地蔵遊び」、「中の中の小坊主」などは、昔は、人々の信仰行事であり、特に神おろしであったということである。彼によれば、「中の中の小坊主」あるいは、「中の中の小仏」は、次のように遊ばれたという。*10 子ども達が手をつなぎ、輪になって、ぐるぐると回る。そのとき

　　中の中の小坊さん　なァぜに背が低い

親の逮夜(たいや)にとと食うて　それで背が低い

と、唱える。そして、このあとに、

　　うしろにゐる者　だァれ

あるいは、

　　うしろの正面　だァれ

といって、輪の中心にいる子どもに、あてさせた。

　また、「地蔵遊び」には、各地方で、様々な遊び方がある。「中の中の小仏」と全く同じ遊び方で、ただ歌が異なっているものがある。

　　中の中の地蔵さん　なぜに背が低い

と唱える。そして、それと同時に、回ることを止める。すると、目かくしをさせられていた輪の中心の地蔵が、輪の1人をとらえて、あてるという、遊びである。

　ところが、福島県海岸地方では、輪の子どもは、

　　お乗りやァれ　地蔵様

と唱える。すると、まん中の子どもは、地蔵になってきて、いろいろなことを言い出す。輪の子どもたちは、

　　物教えにござったか　地蔵さま
　　遊びにござったか　地蔵さま

と唱え、皆で、面白く、歌ったり踊ったりするのだという。*11

　この遊びは、たいへん神おろしの要素が強い。

　現代でも、昔の人々の信仰行事であり、神おろしであったものが、祭りの形態をとって残っている。それは、山形県米沢市郊外の笹野の山の神祭りであり、湯祭りとも言われ、毎年4月17日に行なわれるそうである。*12

子ども達は、過去において、神おろしであったかどうかには無関係で、「かごめかごめ」をはじめとして、「地蔵遊び」や「中の中の小仏」をして遊んできているし、また、遊んでおり、これからも遊びは、続いていくにちがいない。

ところで、昔、おとなの人々の信仰行事であり、神おろしであったものが、どうして、子どもの世界にだけ、残っていき、おとなの世界では、消滅してしまったのだろうか。現在でも、祭りという形をとって、信仰行事の1つとして、笹野の山の神祭りが残っているが、これは稀なことである。子どもたちの遊びの中にこそその形が残っており、日常茶飯事に遊びの中でみられているのである。

「かごめかごめ」は、「神おろし遊び」であるという、柳田説をうけいれると、「かごめかごめ」が、昔から遊ばれ続けていて消滅しなかった理由が、明らかになってくるのではないだろうか。古代の農耕生活をしていた人々の時代から、神とは深いかかわりを持っていたのである。和歌森太郎は、「民俗的神ごと、つまり久しい伝承性をもって来た年中行事とか、神社祭祀とかは、おおかたが、農耕生活を主軸にしていたころの民衆集団の宗教的要求に由来したものである」*13 と述べている。

しかし、「かごめかごめ」は、「神おろし遊び」であるとする柳田説に対して、多田道太郎は次のような疑問を投げかけている。

「しかし、もしそうだとすれば、これは遊びというより、呪術そのものではないか。遊びと呪術とのけじめはどこにあるのか。さらに呪術そのものが、一般的信用を失った時代となって、どうして子供だけが、呪術まがいの『遊び』に興ずるのであろうか。」*14

どうして子どもだけが、そのような遊びに興ずるのかという多田の疑問と、昔、おとなの人々の信仰行事であり、神おろしであったものが、どうして、子どもの世界にだけ残っていき、おとなの世界では消滅してしまったのかという、私自身の疑問とは通じる所がある。

柳田国男*15、瀬田貞二*16、和歌森太郎*17、カイヨワ*18 らは、子どもの遊びについて、なぜ、昔、神ごとであった信仰行事が子どもの世界に生きているのかを様々に述べている。柳田やカイヨワが述べているように、子どもたちが、おとなの真剣な信仰行事をまね、そのおもしろさを相続しているのかもしれない。あるいは、和歌森の述べているように、そのような子どもの姿をみて、おとなが、ばからしくなり、行なわなくなってしまったのかもしれない。

以上が、多田の疑問である「どうして子どもだけが、呪術まがいの遊びに興ずるのか」という問題と、私が疑問とする「昔、おとなの人々の信仰行事であったものが、どうして、子どもの世界にだけ残っているのか」という問題に対する、解答の手がかりとなろうが、しかし、なぜ、子どもたちがおとなの真剣な行為をまね、それを遊びとしておもしろがって行なうのか、という点については今だに疑問が残っている。

私は、2章においては、「かごめかごめ」

を、発達心理学的立場から、実際の子どもはどのように、おもしろがって、楽しんで遊んでいるのか、ということを考察していきたい。

第2章 「遊び」の発達的考察

「かごめかごめ」は、まだ、しっかりと歩くことができず、ことばもよく話すことができないような、たいへん小さな子どもから、幼稚園に通っている子ども、あるいは、小学校の低学年の子どもまでが楽しめる遊びである。年齢の小さな子どもも、大きな子どもも、そして、おとなである私も、一緒になって楽しんで遊べるのである。その要素は、いったい何なのだろうか。2歳の子どもにとっての「かごめかごめ」のおもしろさと、5歳の子どもにとっての「かごめかごめ」のおもしろさは、同じなのだろうか。私は、「かごめかごめ」の遊びを、子どもの発達に即して考察することを試みた。

・2歳女児のSちゃんの「かごめかごめ」

私は、2歳のSちゃんが、母親と一緒に、喜んで「かごめかごめ」遊びをすることをその母親から聞いたことがある。それによると、Sは、母親と2人で手をつないで、「かーごめ　かごめ……」と歌いながら、ぐるぐると回る。そして、「うしろの正面だーあれ」というところで、Sは「鬼」の役割をとり、目を両手で覆ってしゃがみ、Sのうしろにいる母親をあてるそうである。

私は偶然、Sと母親が、「かごめかごめ」で遊んでいるところを見る機会があった。Sは母親と手をつなぎあって、ぐるぐると回る。そうしているうちに、母親が「かーごめ　かごめ……」と歌い出した。Sも母親の歌にあわすように、「かーごめ」と言いながら、回り出した。「かーごめ」、「かーごめ」と言って、いつまでも回り続けている。母親は、「鬼にならないの？」と声をかけたが、Sは母親のことばを受けいれずに、母親と手をつないで回り続けていた。

このSと母親の2人の「かごめかごめ」遊びは、私達が知っている、完成された1つのゲームとしての「かごめかごめ」ということはできない。なぜなら、Sは、時により、輪の回りにいる者としての役割と、輪の中心にいる「鬼」としての役割の2者をとることもあり、私が観察した場合には、Sと母親の「かごめかごめ」遊びは、単に、ぐるぐると回り続けていただけにすぎなかったのである。しかし、Sは、全く「かごめかごめ」の遊び方を知らないのではない。ある時には、「鬼」という役割をとることもあることを考えると、やはりこの遊びは、Sにとって「かごめかごめ」遊びなのである。この時、Sはただ回り続けることで満足していたようだった。

以上、2歳であるSの「かごめかごめ」遊びについて述べたのであるが、次に、私が4歳児8人と一緒に「かごめかごめ」で

遊んだ時のことを述べたい。

・4歳児の「かごめかごめ」遊び

　私が、ある幼稚園に、実習生としてはじめて4歳児のクラスにはいった日のことである。その日は、天気がたいへんよく、戸外はとても気持ちがよかった。私はさそわれるままに、2，3人の女の子たちと一緒に園庭にでた。すでに園庭で遊んでいた女の子たちが、ワッとかけよってきた。その中の1人が、「せんせい、『かごめかごめ』しよう。」と、私に声をかけた。そして、私たちは大勢で、「かごめかごめ」をして遊びはじめた。「私が『鬼』になる。」と言って、輪の中心に目を覆ってすわった子が「鬼」となった。このとき、子どもたちは、まだ、じゃんけんで「鬼」を決めることはしなかった。幼稚園に入ってきて間もない子どもたちだったので、ほとんどの子どもはじゃんけんをしらなかったのである。

　そして、「かーごめ　かごめ」と歌いながらぐるぐると回っていた。子どもたちは、ふだんよく遊んでいる仲間同志だったので、すでに、名まえはよく覚えている。「うしろの正面だーあれ」と言ってすわりこんだとき、輪の回りにいる子どもたちは、口に指をたて、「シーッ」とやっている。「声を出すな」ということらしい。緊張感が最も高まるときである。「鬼」は、何回かのうちに、真後ろの人の名まえをあてることができ、「鬼」は交代した。しばらくやっているうちに、私が「鬼」になった。私は、輪の中心に入り、しゃがんで、目を覆った。歌が終わり、私はこれまでで覚えた子どもたちの名まえを次々に言うことによって、「鬼」を交代することができた。このとき、輪の回りにいる子どもたちは、私に、次から次へと友達の名まえを、小さな声ではあるが教えてくれたのである。このとき、私は、皆の仲間の1人として受け入れてくれたことにはっきりと気づいたのである。

　さて、以上が、4歳児の子どもたちと共に「かごめかごめ」をして、遊んだ時のことである。この場合の「かごめかごめ」は、はっきりしたルールのある1つのゲームとなっている。子どもたちは、友達の名まえを言うことによって、この集団の連帯感を高めていったということができるだろう。この4歳児の「かごめかごめ」は、「鬼」となっている子どもが、友達の名まえを呼ぶこと、そして、円の回りにいる子どもたちは、名まえを呼ばれることが、たいへんうれしい様子であった。

　2歳のSにとっての「かごめかごめ」と、4歳の集団の「かごめかごめ」を考えてみると、それぞれの子どもたちの楽しみ方が違っていることがわかる。2歳のSは、ぐるぐると回ることで満足していた。しかし、4歳の集団の子どもたちは、ルールをともなったゲームとしての「かごめかごめ」遊びで楽しんでいたのである。

　このように考えてくると、「かごめかごめ」遊びは、それぞれの子どもの発達によって、その楽しみ方は異っているのではないかと考えることもできる。それと同時に、楽しみ方は異っていても、様々な年齢の子どもたちが、一緒になって遊ぶことができるものともいえる。まだ、いろ

いろな年齢の子どもたちが、一緒に仲間となって遊んでいた頃、いわゆる「みそっかす」という存在があった。これは、姉や兄について、皆にじゃまにされながらも、たまには一緒に、仲間にいれてもらえ、遊んでもらえるような存在であった。「かごめかごめ」で遊ぶとき、「みそっかす」は「みそっかす」なりに、楽しんでいたに違いない。「かごめかごめ」のルールを知らなくても、単に、ぐるぐると回るところにひかれて遊び続けることができたのであろう。

このように、子どもの発達に即して、「かごめかごめ」を考えてみると、「かごめかごめ」の遊びが、完成された、ルールをもったゲームとなる前までに、子どもたちが、楽しんだ、いくつかの段階があるのではないかと考えられる。私は、「かごめかごめ」の遊びを、3つの発展としてとらえることを試みた。

その第1の段階は、ただ円を描いてぐるぐる回るというものである。ぐるぐる回ることが、おもしろくてするのである。ただ、子どもは、そうすることが楽しいのであって、必要があってするのでも、何かを得ようとしてするのでもない。

第2の段階は、ぐるぐる回る円の中心に、「鬼」が存在することにより、おとなの真面目な神事のひとつである、神おろしと同じ形態をとることになって、子どもたちは、おとなの神おろしのふりをするようになる。

そして、第3の段階は、はっきりとしたルールがあるものである。それは、歌が唄い終わったら、その場にしゃがみ、輪の中心にいて、目を見えないようにしている鬼に、自分の真後ろの人の名まえを言わせ、あたれば、輪にもどることが許され、はずれたら、再び鬼でいなければならないというルールである。

こうして、明確なルールをもつ、ゲームとしての「かごめかごめ」は、子どもから子どもへと伝えられてきたのである。

子どもたちのたくさんの遊びの中のひとつである「かごめかごめ」であるが、以上のように考えてみると、「かごめかごめ」の遊びの中には、子どもをひきつけるいくつかの要素があり、それぞれの子どもは、それらの要素のいずれかで、大いに楽しんでいるのではないかということもできる。2歳の子どもも、5歳の子どもも、一緒に、「かごめかごめ」で遊ぶとき、「かごめかごめ」という、同じ遊びではあるのだが、2歳の子どもは、2歳の子どもなりに、ぐるぐる回ることに、この遊びの楽しさを味わっており、5歳の子どもは、5歳の子どもなりに、ある時は、ぐるぐると回ることに喜び、また、ある時は、「鬼」に、自分の名まえを呼ばれないかと緊張するような、「かごめかごめ」のルールを楽しんでいると考えられる。

以上、私は、子どもの発達に即して、「かごめかごめ」の説明を試みたのであるが、子どもたちが、楽しんでいると考えられるひとつひとつの現象を指摘することができても、なぜ、そうするのかを説明することはできないのである。なぜ、ぐるぐると回ることで満足できるのだろうか。なぜ、「鬼」が、輪の中心にいるのだろうか。などというさまざまな疑問がわいてくる。

私は、次のような体験を、子どもと共にしたことがある。ある幼稚園で、私が実習をしていた時のことである。5歳であるH子が私に、「せんせい、おだんご、いっしょにつくろう。」と声をかけた。H子と私は砂場へ行き、すわりこんで、砂で大きなおだんごや小さなおだんごを作り、砂場でふちに並べていった。私は、このH子とのおだんご作りが、大きな感動をともなったことから、次のように、考察を試みたのである。

　私とH子は、おだんごを作ろうという、共通の目的をもち砂場へ行き、一生懸命におだんごを作りはじめた。それは、おだんごを作るというよりも、砂と直接触れることが、私達にとってたいせつだった。少し水をいれ、べたべた状の砂を手に握り、そこに、乾ききった白い砂をふりかけると、その塊は少し固くなる。再び、べたべた状の砂をまわりにつけ、乾いた砂をふりかける。こうして、何回も繰り返していくと、どろどろの砂がちょうどセメントのような働きをして、おだんごという砂の塊は、どんどん大きくなっていった。片手では持ちきれないほどのおだんごを、次々と、ていねいに並べていっただけだった。

　私とH子の2人は、まるで、砂の感触—べたべた状や、さらさらした状態の砂—に、憑かれたように、おだんご作りに没頭していた。単に、べたべた状の砂と、さらさらの砂を交互に握っただけの活動である。この活動を、子どもの発達からのみ考えてみると、作ったおだんごを売ろうとか、誰かに食べてもらおうという目的がないのであるから、たいへん未熟な段階ということがいえるだろう。

　しかし、子どもが、砂に触れたり、こねたりすること自体が楽しくてする遊びを、単に、未発達な遊びであるということはできない。なぜなら、H子とのおだんご作りは、私をも夢中にさせるほどの大きな感動を伴った活動であったからである。私は、バシュラールの著書[19]を参考に、「こねること」に関して考察した。私達は、砂に水を混ぜることによって、「捏粉」を産み出したのであった。そして、その「捏粉」を、手で、直接に、こねはじめた。その「捏粉」のちょうどよい固さを、私達の手は、知っていた。少し、どろどろすぎる上に、乾いた砂をかけると、それが、少し固くなって、ちょうどよい固さになることなどを、すべて手が知っていたのである。私たちは、意識のレベルでは、考えたり夢想したりすることなどを全くしていなかったのであるが、泥と直接手で触れることによって、手が考え、それで、「内密の経験、抑圧された夢想」[20]に、ひきもどされたのであった。この「内密の経験、抑圧された夢想」とは、どのようなものであるかを簡単に説明することは、できないことであろうが、それらは、これまでの人類が共通に持っている、原型ともいうべき体験であるにちがいない。

　私は、5歳の子どもとのおだんご作りを、単なる「おだんごを作る活動」として、とらえないで、「なぜ、おだんごを作ることで、私たちが、あれほどまでに、満足したのだろうか」と考え、バシュラールのイメージ論を参考に考察を試みたのである。

そうすることによって、砂と私たちとのかかわりが、いかに、根深いものであるかが、わかったのである。

意識して、子どもの遊びを観察する場合と、自分も子どもの遊びに入りこみ、子どもと共に動いて体験した場合とでは、遊びのとらえ方がおのずと異なってくる。自分が体験したことを自分の中でイメージをふくらませていき、それを表現することによって、説明できないものが補われるのではないだろうか。そのとき、バシュラールのイメージ論は、大いに有効となるのであろう。

私は、以下に、この問題を、「かごめかごめ」をめぐり、様々な角度から考察していきたい。なぜなら、そうすることによって、私たち人間が、日常では、特にとりたてることはないことだけれども、大きな意味を持っているものが現れるのではないかと予想されるからである。

3章においては、「円」について、考察していきたい。なぜなら、「かごめかごめ」は、円形で、遊ばれる遊びだからである。

第3章 「円」についての考察

「かごめかごめ」は、円形で遊ばれている。「かごめかごめ」のもとの遊びである、「中の中の小坊主」や「地蔵遊び」も、円形で遊ばれていた。ずっと昔のおとなの真面目な行事である神おろしも、人々は、神がかりになる人のまわりに円陣を組んで行なった。

子どもたちが遊ぶときに、手をつなぎあってまるくなるのは、そうすることによって、互いの顔がよく見えるということを、子どもたちが、事実として知っているからであろう。子どもたちが円陣でなく、縦に並ぶときのことを考えてみると、一番先頭に立とうとして、競走さえする姿をみかける。この場合には子どもたちにとっては、前とか後ろという位置関係があるからであろう。しかし、円陣を組む場合には、この位置関係は全く生じない。円周上の誰でもが始まりであり、また、終わりでもあるのである。子どもたちだけでなく、おとなの場合にも、円陣を組むということで、人間関係の何の位置関係ももたらされない、平等を象徴している。ここで、思い出されるのは、イギリスの伝説に登場する「アーサー王と円卓の騎士」の大きな円卓である。150人の騎士が同時に着席することができる円卓は、もともとは、アーサーの父ユーサー王のものであった。ユーサー王は、円卓をレオデグランス王にゆずり、娘グィネヴィア姫がアーサー王の妃となるとき、100人の騎士に円卓をそえてアーサー王への贈り物としたのであった。この円卓の騎士をめぐって多くの物語がある。[21]また、「円卓会議」といわれ、上下の別や対立の関係なく、まるくなってする会議が、おとなの間で、実際に行なわれている。人々は、意識して平等にするために、まるくなったり、

子どもたちは、遊びの最中に、皆の顔が見えるように円陣を組むのである。

以上の他に、人々が円になることは、もっと様々な事を意味しているのではないか。また、「円」そのものがもっている意味にはどのようなものがあるのだろうか。それらを考察するため、以下に「円」について、述べてみたい。

ブルーノ・ムナーリという、イタリアのデザイナーは、私たちをとり囲んでいる中から、まるいものや円に目をとめて、いかに、私たちが、円と深い関係をもっているかということを指摘している。*22

私たちが、例えば、「かごめかごめ」で遊ぶときも、また、大勢の人間が、一度に何かを見ようとするときにも、円形をつくる。私たちは、気づかないことであるが、それは空間をまるく区切ることを意味している。

ミルチャ・エリアーデは、ある囲まれた空間、例えば、寺院や宮殿を"聖なる空間"という概念をもっている。エリアーデによると、"聖なる空間"とは、「ある空間を変容し、特殊化し、要するに、周囲の俗的な空間から、それを隔絶させることによって、聖別した、原初の聖の顕現を繰り返すという観念を含意している。」*23 というものである。そして次のように説明を加えている。

「聖なる空間は、その恒久的な、有効性を、その空間を聖別したヒエロファニー（聖の顕現）そのものからひき出す。」*24

「その場所は、力と聖の限りない源泉に変えられ、人間がそこに入っていくだけで、人間にその力に与らせ、その聖性を伝えてくれる。そのような聖との交わり（しかも、様々な形態をとって）を可能にするような明確な場が、常に存在するのである。」*25

「その場所は、けっして人間が、選択するものでなく、ただ単にそれは人間に発見されるだけであるのである。つまり、何らかの仕方で、人間に啓示されるのだ。」*26

西洋では、実際の森の中の丸い空地や、円形の石が並んでいる場所は、妖精の輪とよばれていて、夜になって月が出ると、小さな妖精たちが、ここで輪になって踊ると信じられているそうであるが、*27 エリアーデは、そのような聖なる空間を囲むもの―囲い、塀、環状列石などーは、単に、その内部において、力の顕現や聖の顕現が、絶えず、現前していることのみを意味するのではなく、俗人が、うっかり、そこに入りこんで、危険にさらされることのないように防いでやることであると述べている。*28 また、寺院や家における敷居は、境界から隔離する機能をもっている。また、都市の城壁においても、軍事上の堡塁となる前は呪術的な防御壁であったのであり、北インドでは、悪疾流行の際には村の周囲に円を描いて、厄病神がこの囲いの中に入って来ないようにする。つまり、2つの異質な空間に仕切りを設けることである、とも述べている。*29

「かごめかごめ」においても子どもたちは手をつなぎあって、円陣を組むことによって空間に仕切りを設けたのである。もちろん、その内部は、"聖なる空間"であるに違いない。「かごめかごめ」のもとのかたちは、おとなの神おろしの行事で

あった。この"聖なる空間"の中に入った者は、神と交わりをするのであった。エリアーデは、「聖の交わりを可能にするような明確な場が常に存在する[*30]」と述べているように、人々が囲み、空間をつくると、その内部は"聖なる空間"となり、そこでは、まさに、「人間がそこに入っていくだけで、人間にその力に与らせ、その聖性を伝えてくれる[*31]」のである。

文学作品からも、人々が円陣を組むことによって、"聖なる空間"を産み出し、その中で誓いをたてられることがうかがえる。ゲルマン民族の一悲劇である叙事詩「ニーベルンゲンの歌」にいくつか、その場面が登場する。[*32]

円陣が組まれ、その中で聖なる誓いが、行われたのである。人々が円陣をくむことによって、異質の空間の仕切りを設け、その内部は、"聖なる空間"となり、神に最も近くなる。この"聖なる空間"での誓いは、"聖なる誓い"となるのである。

エリアーデは、聖なる空間の「建造」、例えば、タントラ教派の曼荼羅（mandala）の建造は、宇宙創成論の繰り返しにほかならないとし、これには、深い意味があるとしている。[*33] タントラ教では、マンダラの圏へ、すなわち、聖の空間へと到達することが、たいへん重要なことであったのである。

マンダラについては、C・G・ユングが、夢の解釈をするにあたって、マンダラは、個人の人格の心的中心、つまり、ユングのいう自己（Self）であることを述べている。タントラ教で、マンダラの圏へ到達することが、重要であるのと同様に、ユングは、夢の中に現れたマンダラ、つまり人格の中心（Self）に到達することが最も重要であるとしている。[*34]

ジョルジョ・プーレは、「円環の変貌」という書物を著したのだが、彼はここで、ルネッサンス期から現代にいたるまでの、哲学者や詩人たちの作品を円環についてのイメージで説明している。[*35]

作品や詩を、円のイメージで説明することができるということを考えてみると、作品や詩を創った人と、そして、それらを読む人とは、共通に、円のイメージをもちうるということである。空間に仕切りを設け、聖なる空間をつくろうと意識して、まるくなるということをしないように、私たちの中には円のイメージがあり、それは、ユングのSelfにつながっていくのではないだろうか。

クルト・ザックスは、円の動きを中心に様々な民族舞踊を紹介している。[*36]

「集団舞踊の最も初期的様式は、円をつくることである。古代メキシコのナファ族は、厳粛な儀式には、円をつくって踊った。円を作ることには、後になって、霊的な意味が備わるようになった。

物質を囲むことは、それを己れの所有とすることであり、それと一体となることであり、それとつながり、あるいは、その物質を消し去る（円型的呪詛）からである。呪い師の円は、病人についている病気の悪霊を追い払う。」[*37]

いろいろな民族のイニシエーションにおいても、円形になって囲むことが多いようである。

「オーストラリアの男性は、ある儀式の

間、火の回りをまわる。東アフリカのワヤオ族は、少年たちの割礼を行なう間、彼らをとりまいて、動き回る。カリフォルニア・インディアンは、初潮をみた少女の回りで踊る。ニューギニア諸島では、新たに成年に達した者は、老人をとりまいて、円を描いて走らなければならない。アメリカ・インディアンのミニボック族やカリフォルニアのルイセノ族、ユアネノ族は、新しく大人になった少女をその儀式の3日ないし4日間、その娘の家の床のくぼみに、できるだけ静かに横たえ、踊り手たちが、彼女の回りで踊る。」*38

円形の舞踊は、子どもたちの遊びにもみられる。イギリスの〈バビティ・ボウスター（babbity bowster）〉や、ボヘミアの〈ザテセク（sátesek）〉では、少女たちに囲まれた少年が、選んだ少女に布ぎれを手渡す。ドイツの子どもたちには、"Springt sie auf die Kette, dass sie klingt,"（くさりを切れ、輪になっているくさりを切れ）と歌いながら、王子が相手を選ぶという輪舞がある。

私も、幼稚園の子どもたちが、1人の子どもを、輪の中にいれて、

　　大きなまるい輪の中に
　　子どもの王さまいらっしゃる
　　はじめはかるくおじきして
　　それからくるりとまわりましょう

と唄いながら、輪舞を楽しんでいたことを思い出す。

様々な民族の、なにかのまわりを回る踊りは、それぞれ意味がある。まわりに立つ者は、その中にあるもの、あるいは、いる者から、何かが不思議な方法で中に入りこんでくることを信じている。これは、エリアーデのいう「異質の空間に、仕切りを設け、聖なる空間をうみ出し」*39 ていることに、他ならない。

現在の子どもの世界においても、輪になって、踊ったり、あるいは遊んだりして、楽しんでいる。子どもたちにとっては、円になることの意味づけは無関係であるかもしれない。また、おとなにとっても、人間関係を平等にするためにとか、異質の空間に仕切りを設けるためにというように、意識して、まるくなることは、あまりないことであろう。しかし、全く意識することなく、ごく自然にまるくなってしまったというとき、そこには、以上に、私が、様々に考察してきた理由が、存在しているのではないだろうか。

子どもの遊びの中には、「かごめかごめ」のみならず、円形になって行なう遊びがたいへん多い。また、子どもは、自分たちがまるくなったり、あるいは円の動きをするだけでなく、まるいものや回るもので遊ぶこともたいへん好む。斉藤良輔は、「むかしから、人気のあるおもちゃは、丸い輪とか、球形、またはその変形をしたものが、たいへん多いことに気がつく。赤ちゃんのオシャブリ、ガラガラまでがそうである。まるくて、動きのあることが、おもちゃの最大魅力であるのだろう。」と、述べている。*40

子どもたちは、実際に、円形になって遊んでいる。子どもたちに、どうして円形になって遊ぶのかと問うても、答えはかえってこないだろう。子どもたちにとっては、その遊びはまるくなってするもの

であり、そうすることによってとても楽しく遊ぶことができるものにすぎないのである。しかし私は、子どもたちが夢中になって遊んでいる中の1例であるが、まるくなって遊ぶということは、人間の普遍的な姿であると解釈できるのではないかと思っている。

　子どもたちが、まるくなったり、回ったりする遊びには、どのようなものがあるかを次に掲げよう。

　ゴージャゴジャ、ひらいたひらいた、椿や椿、猫ねずみ、羅漢廻し、さらわたさらわたし、雷様、お茶坊主、つぼどん、てんてんばァらばら、出したり入れたり、あぶくたった、坊さん坊さん、ことしのぼたん、どうどう旋り、ちゃんちゃんぎり、めぐれど端なし、ざっとのばうへ、由良さん、などがある。そのどれもが、円になったり、円でやったり、円を描いて回る遊びの1つである。地域によっては、同じ遊びが様々な名称になっている。以上にあげた他にも、数多くの円に関係している遊びがあるであろう。実にたくさんの子どもたちの遊びが、まるくなったり、回ったりしながら、遊ばれているのである。子どもたちの円に関する遊びの多さに驚くとともに、いかに、まるくなること、あるいは回ることが、私たちの遊びを占めているのかということに気づき、このまるくなる、あるいは、回るということが、私たち人間が生きていく流れの中で、根元的なものであることを知ることができる。

　これまでは、私たち人間が、実際に円形を組んだり、まるく回ることについて考察してきた。また、私たちは、まるいものや回るものをもって遊ぶことが多い。まるいものには、風船、シャボン玉、まり、ビー玉、おはじき、お手玉などがあり、回るものには、ヨーヨー、ぶりぶり、輪回し、こまなどがある。それぞれのおもちゃの系譜を調べてみると、たいへん、興味深いものがある。まるいものの代表といえる、まりと、回るものの代表といえるこまについて、述べてみよう。

　まりで遊んでいる子どもの姿は、今では、あまり見られなくなってしまったが、子どもにとって、まりは非常に親しい存在であったのだろう。まるい、完全な球を、地面につくことが、ただ楽しく、まりをなるべく長い時間、つけるように練習したものである。完全な球は、まっすぐの力が加われば、近い距離であると、必ず手元にもどってくる。しかし、手を離してしまうと、ころころと、どこまでもころがっていってしまう。まるいものを、いつまで手元でもてあそぶことができるかということに、私たちは、一生懸命に努力した。現在では、球技というかたちで、子どもたちの遊びの人気者になっている。まりという、ポンポンとはずむイメージとははなれるが、木の玉を用いてする神事が最近まで行なわれていたそうである。[*41]

　現在の子どもたちも、ついたり、投げたりして、遊んでいるまりのもとは、やはり、おとなの真面目な神事のひとつであったのではないかという柳田説は、全く「かごめかごめ」と同じである。昔、「神おろし」であったものが、「かごめかごめ」となって、また、豊橋の榎玉神事や筑前宮崎八幡の玉取りの祭の形が、「まりつき」

や「まり投げ」の形で、子どもの遊びに入ってきていることを考えると、子どもの遊びの中には、現在、私たちが知らないこと、気づかないことが、多く含まれているのではないかと推測できる。

　こまには、いろいろな種類がある。中田幸平によると、独楽(こま)には、2種類あり、そのひとつは、日本の昔からあった。海螺独楽と、そして、それから後に入ってきた、博多独楽をはじめとする、心棒がある独楽であることがわかる。[42]海螺独楽は、後にベー独楽となった。これは心棒はない。日本古来からあったのは、心棒のない海螺独楽であろう。その証拠になり得るのは、柳田国男の「方言覚書」である。[43]柳田の述べていることから考察してみると、日本の昔からある独楽は、心棒のない削りゴマや、かしの実を利用したものであろう。そして、心棒のあるコマが外国から入ってきたと考えることができる。独楽を回して楽しむという独楽の用途は1つであるが、日本の独楽には心棒がなく、外国から入ってきた独楽には心棒があることに注目すると、何か、日本独特の文化とでも言えるものがあると推測できるのではないか。

　独楽は、心棒のあるものであれ、ないものであれ、ぐるぐると回り続ける。ここで、子どもたちの「かごめかごめ」をはじめとする、ぐるぐると円を描いて回る遊びがあることを思い起こす。独楽そのものが、円を描いてぐるぐると回り続けること、そして、子どもたちが、遊びの中で、ぐるぐると円を描いて回るという動きの共通性は、まさに、ぐるぐると、回り続けるということである。人間にとって、ぐるぐると回り続けるという、回転の動きは、どのようなことを意味しているのだろうか。4章において、「回転」について様々に考察し、人間にとって、回転の意味をとらえたい。

第4章　「回転」についての考察

　子どもがいかに回転を好むかということは、子どもの遊びをみれば、すぐにわかることであろう。自らぐるぐると、何度も回って、フラフラになり、床に横たわってしまう。そして、ぐるぐる回っているように見える天井をながめる子どもの姿を、私たちは、しばしば見ることができる。また、おとなに両手を持ってもらい、体が宙に浮くように、体ごとぐるぐる回してもらうことも、大好きである。くるくると回る「こま」で、楽しんで遊び、自分の体をぐるぐると回したり、何人かと共に手をつなぎあって、ぐるぐると回ることもする。おとなは、ただ、ぐるぐると自分の体を回転させたり、あるいは、何人かの人々と一緒にぐるぐると回転することは少ないように思えるが、しかし、社交ダンス、特に、ワルツの回転や一定の円周上の回転していく盆踊りがあるし、舞踊には、回転がある。

では、回転することは、子どもにとって、また、おとなにとって、どのような意味があるのだろうか。以下に考察していきたい。

R・カイヨワは、回転して遊ぶようなめまいの遊びを遊びの世界にとり入れ、遊びの４つの原理をうちたてた。それらは、競争、偶然、模擬、めまいである。これらをカイヨワは、次のように名づけた。アゴーン、アレア、ミミクリー、イリンクスである。アゴーン（Agon）は、ギリシア語で、競技を意味する。アレア（Alea）は、ラテン語で、サイコロ、サイコロ遊びを意味する。ミミクリー（Mimicry）は、英語で、物真似を意味する。イリンクス（Ilinx）は、ギリシア語で、うず巻を意味し、回転や落下など、急激な運動によって、自分の中に混乱狼狽の有機的状態を作る遊びをすることである。カイヨワの「遠くへ飛んで行ってしまいそうな遠心的状態に入る」[*44] ことは、回転するだけでなく、「大声で叫ぶことも、坂道を駆け下りることも、旋回すべり台も、十分速くまわるなら回転木馬も、十分高く振るならブランコも、みな同じような感覚を与えてくれる」[*45] ということから、考えてみると、子どもの遊びの中には、これらの要素が多くあることを思い起こすことができる。

また、カイヨワは、「イリンクスにおいては、一時的に身体の安定と均衡とを破ってみたい、知覚の圧制から逃れたい、意識の逸脱を惹き起こしてみたい、という願望を満足させる」[*46] と述べているが、このような感覚を望むことは、子どもばかりでなく、おとなにも、もちろんある。前述したワルツの回転ばかりでなく、激しい動きをともなう踊り、あるいは、非常に速いスピードで自転車やオートバイを運転することもイリンクスである。遊園地にはめまいをおこさせる機械がたくさんあるが、これらに乗って楽しむことは、おとなも、子どももする。そして、グラグラした状態、何も感じないような、まひした感覚を得ようと願い、それに入ろうとして、入るのである。

以上のように、人間が、ぐるぐると回る、つまり、回転することは、カイヨワが述べている遊びの原理の１つ、イリンクスであると解釈できる。それと同時に、ぐるぐると回ることは、迷宮に入りこんでいくことも意味していると考えることはできないだろうか。

クルト・ザックスが、「迷宮の本質は動きにある」[*47] と述べているが、単に、迷宮がそこにあるだけでは何の意味ももたず、そこをぐるぐると回りながら動いていって、はじめて、迷宮としての意味をもつのである。

ミルチャ・エリアーデは、迷宮が、「中心」を守る、つまり、容易に近づきがたいものを守るという動きをしているということ、そして、この「中心」に近づくことは、「聖、不死、絶対的実在へ加入儀礼的に入る」ことを意味していると、述べている。[*48] ぐるぐる回ることによって、「中心」に近づく努力をするが、なかなか「中心」に到達することはできない。すなわち、回るという動きが、その「中心」を守るのである。ここで、再び、子どもの遊びを振り

返ってみたい。

　「かごめかごめ」をはじめとする、輪の中に1人の鬼がいる遊びはたいへん多いのであるが、この鬼を輪の「中心」として考えることができる。「かごめかごめ」の鬼は、輪にいる者たちがぐるぐると回ることによって、守られていると同時に、輪の者たちは、決して、「中心」には到達できないのである。幼い子どもたちであればあるほど鬼になりたがる。ひとりの鬼がいればその遊びは成立するにもかかわらず、鬼になりたくて、2人も3人もの子どもが輪の「中心」にしゃがみこんでしまう。これは、そのような子どもたちは、単に、その遊びのルールがわからないのではなく、鬼になることによって、みなに守られることを望んでそうするのではないかと考えることもできるだろう。

　ところで、輪にいる子どもたちは、「中心」を守っていると感じているであろうか。守る、たいせつにしたい、何か、たいせつなものがあるということを感じているのであろうか。子どもたち自身は、このことに気づいていないかもしれない。しかし、「中心」を意識しているということは、はっきりとした形で、表れていると考えられるのである。それは、「鬼」という存在が、「中心」にいるということである。「鬼」という、実在するかどうかはわからないが、何か、とても恐しいもの、容易に近づくことはできないものが、「中心」にいるのである。

　馬場あき子によると、「鬼」は、中国では死者の魂の帰ってきた形と考えられているそうである。「鬼」という字を解くと、それは、招魂によって帰ってくる死者の魂であるそうである。ところが、これが、日本に「おに」として入ってきたときから微妙な混淆がはじまったという。*49 馬場は、「鬼」を5つに分類している。そして、「『人に見えぬぞよき』とは、まことに鬼にとって、最大の箴言である」と述べている。*50「鬼」は、人の目には、見えないものであるようである。折口信夫は「おに」を「畏るべきところ」として、とらえているという。*51「畏るべきところ」とは、まさに、「中心」の概念である。折口の推測を受けいれたとき、「おに」は、聖なる「中心」に存するものとして、当然であると考えられる。また、「鬼」が、聖なる「中心」に存在するものであることを予想できることに、鬼のいるところが、古塚、洞穴に関係があるとする折口の考えがある。馬場は、「蛇と神と鬼とは、いずれも洞穴への不安を畏怖から生まれた」*52 としている。洞穴などの穴は、「中心」を象徴している。つまり、「鬼」は、「中心」を象徴する穴に住んでいるのである。馬場は、「鬼」の概念のまとめとして、次のように述べている。

　「よろずの、まがまがしき諸現象の源をなすものが、＜鬼＞の概念に近いものとして認識されていたのである。それは、はっきりとは目にも手にも触れ得ない底深い存在感としての力であり、きわめて、感覚的に感受されている実体である。畏るべきものであり、慎むべき不安でもあった根元の力を＜もの＞とよんでいるのである。」*53

　つまり、「鬼」が、「中心」に存在するに

ふさわしいものであると考えられる。「鬼」のように、容易に近づくことのできないくらいとてつもなく恐ろしいものは、たいへん怖い存在であるが、そこに接近しないことによってその存在を守っているということになる。すなわち、「中心」を守っていることになるのではないだろうか。

　小学校４年生の子どもと、ニクロム線がぐるぐる回っている電熱器を見ていたときのことである。電気が流れてきてしばらくすると、ニクロム線は赤くなってくる。その子は、しばらく目で、それを追っていたが、突然、「あっ、めいろだ。」と叫んだ。そして、指で、ニクロム線とニクロム線の間の道をなぞっていった。
「あはっ、いきどまりになっちゃった。」
「ここは、だいじな、宝物があるね。」
と、独り言を言いながら、再び、迷路を手でなぞっていった。迷路があり、その「中心」にはたいせつなものがあるということが、子どもはまるで知っていたかのようにふるまった。この子どもの場合も、はじめは目で、次には指で、迷路をめぐっていったことによって、「中心」を守るというイメージが高まり、これが、「宝物がある」という形で表現されたとしてとらえることができる。

　輪の「中心」には、なにか触れることのできない、たいせつなもの、恐ろしいものがあるというイメージは、「中心」に存在するものを何と呼んでいるかということによって、理解することができるのではないだろうか。「かごめかごめ」をはじめとし、「さらわたさらわたし」、「ゴージャゴジャ」、「てんてんばァらばら」、「ことしのぼたん」、「あぶくたった」などの遊びは、輪の「中心」にいる者を「鬼」と呼ぶ。また、別の遊びでは、「雷様」、「坊主」、「坊さん」、「地蔵さま」、「小坊さん」と呼ぶ。「おに」が「かみ」と同じかどうかは、定かではないが、字義の上では、「神」と「雷」は同じだそうである。*54 「鬼」が、畏（おそ）るべきもの、慎むべきものであることは「神」とかわりない。また、上のことから、「鬼」と「雷」とは、同じであるということもできる。また、「坊さん」、「坊主」、「小坊さん」、「地蔵さま」に共通しているのは、人々の信仰の対象となることである。「鬼」や「雷様」に触れることはできないが、「坊さん」や「地蔵さま」に触れることはできる。しかし、「坊さん」や「地蔵さま」は、仏や神の世界と人間の世界の境目に存在するものであって、人間は、信仰の目的とする「あちらの世界」に、直接触れることはできないのである。

　しかし、輪の中心にいる「鬼」に、直接触れることができる遊びがある。それは、「あぶくたった」である。この遊びの場合の「鬼」は、他の遊びの「鬼」のように、誰かをあてたりする必要は全くない。「あぶくたった」の「鬼」は、はじめは、煮えている「あづき」にみたてられる。輪の者たちは、この「あづき」が煮えたかどうかをみるために、食べてみるのである。そして、このとき「鬼」である「あづき」は、髪の毛などを触れられたり、つついたりされる。煮えあがった「あづき」は戸棚にしまわれる。そして、くさってしまい、川に捨てられてしまう。この捨てられた「あ

づき」が、「おばけ」となって、夜中に皆が寝静まると現れる。寝ていた者たちは、「おばけ」につかまらないように逃げるのである。この「あぶくたった」の「鬼」は、いったいなんであろうか。

　この「鬼」は、「おばけ」となって登場するまでは、輪の者たちの、言いなりになっているだけである。「あぶくたった」の「鬼」は、あくまでも「あづき」にすぎず、恐ろしい存在になり得るまでには、夜中を待たなくてはならない。「あづき」が戸棚にしまわれてしまうときから、「中心」に存するものというイメージはなくなってしまう。というのは、戸棚は皆の輪の外にあるので、戸棚にしまう動作をするとき、皆で「鬼」を輪の外に追い出してしまうからである。「あぶくたった」の場合の「鬼」は、「鬼」とはいうものの、「中心」で守られる存在ではなく、くさって、捨てられてしまうものにすぎないのではないかということができる。この「鬼」は、すでに、絶対的実在、聖、不死を具視している象徴とはいえない。このような遊びは、他の遊びの「鬼」を守るという概念がすでになくなってしまった頃に、すなわち、かなり、新しい時代にうまれたと考えることもできるのではないだろうか。

　「あぶくたった」の遊びは、輪の者たちが自らすすんで、「中心」をとり除いてしまう遊びであったが、しかし、子どもたちの遊びには、迷宮に入っていく動きがそのまま表れているものもある。それは、うず巻である。石けりのひとつに、うず巻型の図をすすんでいくものがある。また、でんでんむしと呼ばれる、一種の陣とりが、うず巻型の図の上で行われる。

　うず巻状のところを、ぐるぐると回転する楽しさは、カイヨワのいう、イリンクスであろう。しかし、単に回転しているだけでなく、うず巻は、中心へ向かって、どんどん集中していくことも表している。また、中心から外に向かって、どんどんひろがっていくことも表している。子どもたちは、ぐるぐると回っていくことが、どうにもおもしろくてたまらないことなのであろう。しかし、単に回る楽しさだけでなく、中心へ中心へと入りこんでいくことが、無意識の世界におりていくことに匹敵するほど、困難なことであり、再び中心からもどってくることは、不可能に近いことであることを考えてみるならば、子どものうず巻遊びは、迷宮に入りこみ、そして、そこから出てくるという、一大事であることを意味しているのである。

　以上、「回転」という動きをとらえて、私たち、人間にとって、回転する意味を考察した。私たちや子ども自身は、少しも意識していない動きであるが、それが、単に、回転することで得られる遠心的状態に入ることを意味しているのではなく、加入儀礼に匹敵するほどの、「中心」へと近づく困難な道を歩んでいることもあると考えられるのである。

　回転することで生じる「中心」、その「中心」を守る行為は、特殊な宗教の世界にあるだけでなく、私たちの生活に入りこんでおり、特に、子どもの遊びの世界にあるものである。しかし、なぜ、私たちが回転するのかを説明することは容易ではないのである。けれども、これを説明しようと

するとき、私は、私たち人間が回転することの意味は、宗教における回転の意味や、人間のもっている普遍の姿—原型—と、ごく自然に一体になっていくのではないかと考えている。そして、これらの回転の意味が一致したとき、はじめて、「回転」のもつ意味が、人間の原型のひとつであるということができるのである。

終章 「かごめかごめ」とは何か—まとめにかえて—

　私は、私たちの時代まで遊ばれ続いてきており、また、後の世までも遊ばれていくことであろう「かごめかごめ」をとりあげ、なぜ、こんなに長い間遊ばれ続けているのかを考えてみたわけである。私は、「かごめかごめ」は人間のもっている普遍性と関連があるのではないだろうかという仮説をたてた。人間のもっている普遍性とは、いつの時代の人間でも、様々な行動や思想の根元にある、共通の、変わらない何か、ちょうど、C・G・ユングのいう原型のことである。

　私は、まさに、「かごめかごめ」をめぐって様々な観点から考察を試みたわけである。「かごめかごめ」は、ずっと昔から遊ばれているのであるが、1章の民俗学的な立場から考察したところによると、「かごめかごめ」は、もとの形はおとなの真面目な神事である神おろしであった。神おろしであるものを、子どもはおもしろがって遊びはじめ、おとなはいつの間にか神おろしを行なわなくなってしまった。なぜ、おとながやめてしまったのかは、ただ、推測することができるだけである。しかし、子どもたちは、遊びとして、長い間、子どもから子どもへと伝えていき、現在までも、その流れはとだえていない。「かごめかごめ」よりも、もっと神おろしに近い「地蔵遊び」や「中の中の小坊さん」が、少し前までは遊ばれていた。現在、それらで遊んでいる姿はあまり見ることはない。しかし、「かごめかごめ」は、私自身も遊び、現在の子どもたちも遊んでいる。神おろしに近い遊びの中で、今でも遊ばれているのは「かごめかごめ」だけであるといえる。これは、子どもたちが、「かごめかごめ」だけを選んできたとも考えることができる。非常に長い間、遊ばれているということから、「かごめかごめ」には、人間をとらえてはなさないものが何かあるのではないかと考えられる。子どもたちが、神おろしであったものを遊びとしてするようになり、それが「地蔵遊び」や「中の中の小坊さん」となり、そのような過程を経て、現在の「かごめかごめ」の形になったとすると、「かごめかごめ」には、同系列の遊びである「地蔵遊び」や「中の中の小坊さん」、そして、そのもとの形である、おとなの真面目な神おろしにおいて、人間がもっている何かが凝縮した形で残存していると考えることもできるのではないだろうか。そして、それこそ人間の普遍の姿であり、人間の原型のひとつなのではないだろうか。

その普遍の姿とは、いったい何なのかということに、当然、私の目は向いていった。まず、神おろしの形態と「かごめかごめ」の形態は全く同じであることに気づいた。子どもたちが、神おろしの模倣をしたのだから、同じなのは当然であるとは言えない。なぜなら、子どもたちは、自分たちの都合のよいように、どんどん遊びを変化させていく力を持っているからである。ところが「かごめかごめ」は、神おろしの形態をそのまま持ち続けている遊びであり、現在も、実際に子どもたちは全く同じ形態で遊んでいるのである。神おろしと「かごめかごめ」の共通の形態は、まるくなって回るということ、そして、円の中心には、神がかりになる人か、あるいは、子どもの鬼がいるということである。まるくなって、回るということが、「かごめかごめ」の遊びの、たいせつな要素であり、このことが、非常に長い間、全く変わることなく遊ばれ続けている原因ではないかと考えられる。

　２章では、子どもたちがどのように「かごめかごめ」で遊んでいくのかを、遊びの発達の視点から説明を試みたのであるが、これだけで、「かごめかごめ」が長い間遊ばれ続いている理由を説明するには十分ではない。そこで、まるくなって回るということについて、詳細に考察を加えていった。それが、３章「円」についての考察と、４章「回転」についての考察である。

　「かごめかごめ」だけでなく、私たちが、子どもとの遊びの中でも、また、そうでない時にでも、「円」になることが多かったり、「回転」という動きをすることは、気づかないことが多いのだがたいへん多いのである。「円」になること、そして、「回転」することが、私たちの生活や思想など、ほとんどすべてにといって過言ではないほど、いかに密着して入りこんでいるのかということに改めて気づくのである。「円」になることによって、その「円」の内部は神聖な空間になるというエリアーデの説から、神おろしが、まるくなって行なわれたことが説明がついた。「円」の内部は、神との交わりが可能な空間なのである。だから、その中にいる人は、神と交信できるのである。子どもの遊びである「かごめかごめ」においても、その概念は変わることはない。「円」の内部にいる鬼は、必ず、真後ろにきた人の名を、神との交信によって言い当てなければならないのである。「円」になるという動きの意味を特に考えるわけでもなく、私たちは、まるくなって遊ぶことはたいへん多い。日本の「かごめかごめ」だけでなく、他の様々な民族が「円」になるという動きをする。「かごめかごめ」と同じように、子どもたちの遊びの中にももちろんあり、民族によっては、人間の成長の過程に絶対欠かせない儀式としてあるのである。たいへん重要なことが、単純な「円」という形をとって行なわれるということは、私にとって、単に興味深いだけでなく、まるくなるということは、人間の原型のひとつであると言うことができるのではないかと考えられるのである。

　また、「円」になる動きから、「円」になり「回転」をはじめることは当然予想されることである。子どもが、ただぐるぐると

「回転」していることはしばしば見ることである。「回転」を楽しむことは、カイヨワのいうイリンクスで説明できるであろう。しかし、私は「回転」を楽しむということだけでなく、「回転」することは迷宮に入りこんでいくことではないかと考えたのである。つまり、「回転」することで、その「中心」を守っていることではないかと考えたのである。「円」に関係するたくさんの遊びの中で、「円」の内部にいる鬼は必ず「円」の「中心」に存する。「中心」は、聖、不死、絶対的実在を象徴しているというエリアーデの説明は、円の内部が神聖な空間であることから、十分に納得がいくことである。子どもの遊びの中に「中心」がある遊びは多い。私は「中心」に存するものとして、遊びの中の「鬼」があり、それは、「中心」が絶対的実在を象徴しているのではないだろうかと説明を試みた。しかし、遊びの中の「鬼」に関しては、私が考察したことだけでなく、「鬼ごっご」という遊びがあるように、もっと様々に考察できることである。今後の課題としたい。

「かごめかごめ」は、いつの世でも、その時代の子どもたちによって、遊ばれているであろうが、「円」をつくって「回転」するという動きは、私たちの人間の意識では量りしれない奥底に、絶えずあるのではないかと考える。私たちが何かを得るためにそうするのではなく、自然にまるくなって回ってしまうのである。いろいろな遊びがある中で、「かごめかごめ」が現れたとき、私は、「かごめかごめ」がいかに根強く私たち人間にあるのかを思い知らされる。おとなは、人間の原型を、直接見せることは少ない。しかし、子どもの遊びの中には、人間の原型が、そのままに現れやすいのではないだろうか。

これまで、長い間、遊ばれ、そして、これからも遊ばれていくであろう「かごめかごめ」は、人間の普遍の姿が、子どもの遊びの中に顕著に現れたひとつの例ということが、できるのではないだろうか。

引用・参考文献一覧

* 1) 大田才次郎編「日本児童遊戯集」平凡社、1972年、p.31
* 2) 同書、p.127
* 3) 同書、p.170
* 4) 同書、p.200
* 5) 馬場富子著「今昔こども遊び―相馬地方を中心として」錦正社、昭和49年、p.93～94
* 6) 同書、p.93
* 7) 定本柳田国男集第21巻「子ども風土記」筑摩書房、昭和48年、p.7～9
* 8) 多田道太郎著「遊びと日本人」筑摩書房、1974年、p.143～144
* 9) 定本柳田国男集第20巻「小さき者の聲」筑摩書房、1973年、p.339～340／定本柳田国男集第19巻「国語の将来」筑摩書房、1973年、p.66～67
* 10) 定本柳田国男集第21巻「子ども風土記」筑摩書房、1973年、p.9～10
* 11) 同書、p.10～12
* 12) 桜井徳太郎著「民間信仰と現代社会」評論社、1971年、p.161～166
* 13) 和歌森太郎著「神ごとの中の日本人」弘文堂、1973年、p.6～7

*14) 多田道太郎著「遊びと日本人」筑摩書房 1974年、p.145
*15) 定本柳田国男集第21巻「子ども風土記」筑摩書房、1973年、p.10, 11, 21, 24, 39, 42
*16) 大田才次郎編「日本児童遊戯集」平凡社、1972年、解説より
*17) 和歌森太郎著「神ごとの中の日本人」弘文堂、1973年、p.200～201
*18) R・カイヨワ著、清水幾太郎、霧生和生訳「遊びと人間」岩波書店、1972年、p.86～88
*19) 「水と夢」―物質の想像力についての議論―ガストン・バシュラール著、小浜俊郎、桜木泰行訳、国文社、1974年（p.154～159）／「大地と意志の夢想」ガストン・バシュラール著、及川馥訳、思潮社、1972年（p.89～139）
*20) 前掲書「大地と意志の夢想」p.139
*21) シドニー・ラニア編、石井正之助訳「アーサー王と円卓の騎士」福音館書店、1972年、参照
*22) ブルーノ・ムナーリ著、上松正直訳「円その発見と展開」美術出版社、1971年
*23) ミルチャ・エリアーデ著、小倉重夫訳、ミルチャ・エリアーデ著作集第3巻「聖なる空間と時間」小倉重夫訳、せりか書房、1974年、p.58
*24) 同書、p.58
*25) 同書、p.59
*26) 同書、p.61
*27) 秋山達子著「箱庭療法」日本総合教育研究所、1972年
*28) ミルチャ・エリアーデ著、小倉重夫訳、ミルチャ・エリアーデ著作集第3巻「聖なる空間と時間」せりか書房、1974年、p.62
*29) 同書 p.63～64
*30) 同書 p.59
*31) 同書 p.59
*32) 相良守峯訳「ニーベルンゲンの歌」岩波書店、1975年／ジーフリトとクリエムヒルトの婚約の場面（第10歌章p.614～616）／ジーフリトの誓いの場面（第14歌章p.857～859）
*33) ミルチャ・エリアーデ著、小倉重夫訳、ミルチャ・エリアーデ著作集第3巻「聖なる空間と時間」せりか書房、1974年、p.65～66
*34) C. G. Jung "Psychology and alchemy" Princeton、1970年
*35) ジョルジョ・プーレ著、岡三郎訳「円環の変貌」国文社、1973年／ジョルジョ・プーレ著、近藤晴彦訳「詩と円環」審美文庫、1973年
*36) クルト・ザックス著、小倉重夫訳「世界舞踊史」音楽之友社、1972年
*37) 同書、p.167
*38) 同書、p.84～85
*39) ミルチャ・エリアーデ著、小倉重夫訳、ミルチャ・エリアーデ著作集第3巻「聖なる空間と時間」せりか書房、1974年、p.64
*40) 斉藤良輔著「日本のおもちゃ遊び」朝日新聞社、1972年、p.58
*41) 定本柳田国男集第11巻「神樹篇」筑摩書房、1973年、参照
*42) 中田幸平著「日本の児童遊戯」社会思想社、1970年、p.208～222
*43) 定本柳田国男集第18巻「方言覚書」筑摩書房、1973年、p.210～216
*44) R・カイヨワ著、清水幾太郎、霧生和生訳「遊びと人間」岩波書店、1972年、p.35
*45) 同書、p.36
*46) 同書、p.64
*47) クルト・ザックス著、小倉重夫訳「世界舞踊史」音楽之友社、1972年、p.174
*48) ミルチャ・エリアーデ著 小倉重夫訳 ミルチャ・エリアーデ著作集第3巻「聖なる空間と時間」せりか書房 1974年、p.75
*49) 馬場あき子著「鬼の研究」三一書房、1971年、参照
*50) 同書、p.21
*51) 同書、p.22～23
*52) 同書、p.23
*53) 同書 p.25
*54) 同書、p153

参考資料 2

ブームになった子どもたちの遊び
－ 戦後から現在まで －

　子どもたちが興味をもち、遊ぶ遊びにはいろいろのものがありますが、なかには、大人がつくりだし、それに子どもが興味を示して広く遊ばれていく遊びもあります。特に戦後以降は、大人がつくりだした「おもちゃ」や「アニメ」といった商業的な要素を含んだ媒体を通しての遊びが、子どもの遊びの中心となっているという観があります。伝承遊びが大人の社会生活の影響を大きく受けて生まれ、伝承されてきたように、戦後のテレビの普及からはじまり今日ではインターネットが当然のように家庭で使用されている現在では、マスメディアの発達が子どもたちの遊びの質や種類に大きな影響を与えています。また、そこには、子どもの市場を見る商業主義の思惑も存在し、大人たちは次々に新しいキャラクターやヒーローたちをつくりだしているようにも見受けられます。しかし、大人たちのつくりだしたすべてのものが、子どもたちの間で遊ばれ、大ブームを巻き起こしたわけではありません。子どもたちは子どもたちなりの感性で遊びを選択しているようです。
　ここでは、戦後から現在までの子どもたちの間で大流行したもの（キャラクターや玩具）を各年代ごとに簡単に紹介してみたいと思います。今まで子どもたちの間で流行し、大ブームになった遊びを振り返ることで、戦後から現在までの子どもたちの感性や子どもが好む遊びの要素が見えてくるのではないでしょうか。
　たとえ大人がつくりだした遊びでも、子どもたちに好まれて遊ばれ、それが、次の子どもたちにも引き継がれて遊ばれていくようなものであるならば、それもいつかは伝承遊びとよばれるようになるのかもしれません。
　みなさんの幼いころ夢中になった遊びを思い出し、これからの伝承遊びを少し違った角度から考えるきっかけになればと思います。

戦後〜1960年代（1945〜1969）

この時代の特徴

　戦後から1960年代の最大のキーワードは、「高度経済成長」であろう。戦後すぐのもののない貧しい時代から、わずか20年の間で日本社会は現在の社会の基礎を培った。

　高度経済成長は、マスメディアの発達・人口の増加・マイホームへの憧れ・核家族化・大量生産等々、多くのものを生み出していった。が、その結果一方では、子どもたちの周辺から空き地や遊び場が消え、子どもの生活・文化も大きく影響されていった。

　なかでも、子どもの遊びに大きな影響を与えたのは、テレビの登場であろう。特に、皇太子ご成婚を期に、テレビの普及は急速化し、アニメやドラマのキャラクターに子どもたちの興味・関心は高まりをみせ、遊びに大きく影響していくこととなる。

主な出来事

- 8月15日終戦。国際連合成立。(1945)
- 婦人参政権獲得後初選挙。(1946)
- 5月3日日本国憲法施行。(1947)
- 朝鮮戦争始まる。(1949)
- 手塚治虫「鉄腕アトム」連載開始。(1952)
- NHKテレビ本放送開始。(1953)
- 「もはや戦後ではない」が流行語に。(1956)
- 国産初のテレビ映画「月光仮面」。一万円札発行。(1958)
- 皇太子（現天皇）ご成婚。週刊少年マガジン、少年サンデー創刊。(1959)
- 60年安保闘争。米大統領にJ.F.ケネディ。カラーテレビ本放送開始。(1960)
- 世界初の有人人工衛星に成功。(1961)
- キューバ危機。(1962)
- 3C（カー、クーラー、カラーテレビ）。(1965)
- 東海道新幹線開業。東京オリンピック。(1964)
- 中国文化大革命。ビートルズ来日。日本の人口1億人突破。(1966)
- ウルトラマンTV放映。(1966)

ホッピング

　1956年に大ブームを起こした、屋外遊具。現在でも、少しずつ改良され、発売されている。

　アメリカで美容体操用具として使われていたホッピングは、健康にもよいと、当時の人気をさらに高めた。

　鉄製のまっすぐな軸のパイプの下部がバネになっており、足をのせる台に足をのせ跳ぶという単純な遊び。昭和40年代生まれの人も遊んだ記憶があるというから、比較的長くにわたって、遊ばれている遊びといえる。

　現在のホッピングはバネ部分の鉄のきしみがなくなり、以前のものより軽量化されている。

フラフープ

1958年発売。子ども用で1つ200円で売り出され、大人気となった遊具。

フラフープは、プラスチック製の大きな輪で、おもに腰を使ってグルグルまわして遊んだ。まわす時間を競うなどして、当時、日本中の子どもたちに遊ばれた。当時は、あまりの人気で、売り切れが続出し、開店より2時間で、2000本も売れたと言われるほどである。また、フラフープをやりすぎると腸捻転（ちょうねんてん）を起こすという話まで出たほどである。大ブームから40年以上を過ぎた現在も小学校などで行っているところもある。

ダッコちゃん

1960年にタカラより登場。若い女性から子どもたちの間で大ブームとなり、社会現象を起こした。

空気を入れてふくらませる黒いビニール製の人形型のダッコちゃんは、当初は片目をつぶっていることから「ウインキー」として発売され一体180円であった。腕に巻きつけたり、かかえて歩くだけのものだったが、かわいらしいあいきょうあふれる顔と体型が人気を博した。しかし、人種差別の問題などから、次第に、非難されるようになり、姿を消してしまった。遊びというよりは持って歩くというアクセサリー的なものだったため、子どもの遊びへとは広がらなかった。近年（2001年3月）、このダッコちゃんが再び注目されている。平和な地球を象徴するキャラクターとして、水のしずくのイメージにアレンジされ、カラフルな7色でタカラより再登場している。

リカちゃん

1967年にタカラより発売。発売年だけで、48万体も売れたという現在でも根強い人気の人形。

着せかえ人形として登場した「リカちゃん」人形は、当時の女の子たちの間に大ブームを巻き起こした。初代のリカちゃんは、5タイプくらいに分かれており、そのなかで、もっとも古いタイプのものは腰が回転できなかったそうである。リカちゃんに関する関連グッズも、現在に至るまでいろいろ発売されており、女の子の遊びへ大きな影響を与えた。テレビの普及率が、83.1％まで達していた当時、リカちゃんの発売と同じ時期にツイッギー（モデル）が来日し、ファッションに関する関心が高まったこと、またそれによるミニスカートブームもリカちゃん人気に火をつけたと思われる。

現在も再び、リカちゃん（やバービー）ブームが起こっている。子どもだけでなく大人の女性のファッションリーダー的存在としても注目されている。

1970年代（1970～1979）

この時代の特徴

60年代の高度経済成長も爛熟期を迎えた1970年、大阪で開催された日本万国博覧会が全国民の注目を集め、半年の期間中の入場者は6421万人余りと、"民族大移動"と言われるほどのにぎわいをみせた。

その高度成長に冷水を浴びせたのが、ドル・ショックとオイル・ショックである。特にオイル・ショックでは石油製品をはじめとして食糧品から紙製品など日用品の価格まで急騰し、店頭からトイレットペーパーや洗剤などがなくなるパニック状態を呈した。また、田中角栄首相の「日本列島改造論」は土地投機熱を煽ることとなり、1980年代の"バブル経済"へとつながっていった。

一方、美とファッションの文化的価値の重要性が注目され始め、「ベルばら」の空前の大ヒットをはじめ、少女文化が全面的に開花した。

主な出来事

- 日航「よど号」事件。日本万博開催。三島由紀夫自決。(1970)
- ドルショック。仮面ライダーTV放映。(1971)
- 連合赤軍「浅間山荘」事件。沖縄返還。日中国交正常化。(1972)
- オイルショック。狂乱物価。ドラえもんTV放映。(1973)
- 巨人長嶋茂雄引退。ベルばらブーム。サンリオが「ハローキティ」のキャラクター商品を販売開始。(1974)
- エリザベス英女王初来日。沖縄海洋博開催。ベトナム戦争終結（サイゴン陥落）。(1975)
- ロッキード事件。五つ子誕生。ピンクレディー「ペッパー警部」でデビュー。(1976)
- 王貞治ホームラン世界新756号。(1977)
- 成田新空港開港。宮城県沖地震。(1978)
- アジアで初の東京サミット。(1979)
- 機動戦士ガンダムTV放映開始。(1979)

ウルトラマン

1966年にテレビ放送が開始された初代「ウルトラマン」は、円谷プロより誕生し、70年代、一世を風靡した。

1966年に「初代ウルトラマン」の前身となる「ウルトラQ」が放映され、子どもたちの人気の的となった。その後「ウルトラマン」「ウルトラセブン」「帰ってきたウルトラマン」と70年代の男の子たちの遊びのなかで、欠かせない存在となった。また、96年には「ウルトラマンティガ」として、16年ぶりに再登場し、その後の98年に「ウルトラマンダイナ」と、現代の子どもたちにも大人気の30年間、同じキャラクターで愛されているヒーローである。

人生ゲーム

1960年にアメリカで誕生し、1968年国内でタカラより発売のボードゲーム。現在も、大人気商品。

日本に登場してから30年以上たつ現在も、子どもから大人まで、一緒に遊ぶことのできる、数少ない玩具といえる。現在では「関西版」などもある。

「人生ゲーム」は、版の上のルーレットをまわし、その数を進み、止まったマスの指示に従うスゴロクのようなゲーム。マスの指示の内容が、その時代の背景をおりまぜてあり、自分の違った人生をゲームで味わえ、遊んでいるもの同士が、会話をしながら楽しめるところが人気の秘密と思われる。

カプセル玩具

100円や50円玉を入れてまわすと、カプセルに入ったおもちゃが出てくるというもの。

駄菓子屋さんの軒先などに置いてあり、まわすときの音から、当時子どもたちには、「ガチャガチャ」などと呼ばれていた。中身が選べないため、同じものが何個にもなってしまうこともあり、欲しいおもちゃが出てくるまでやった子どもも多かった。入っていた中身は、当時はやっていたゴム製の人形であったり、プラモデルのようなものであったり、女の子用のアクセサリーなどもあった。それらのおもちゃを集めるという収集の魅力と、ちょっとしたくじ的な要素、また、みんなで集まる場所に置いてあることが多かったため、子どもたちの人気を集めたのではないかと考えられる。

キャンディキャンディ

いがらしゆみこ・水木杏子が作者。1975年から4年にわたって連載された少女漫画のキャラクター。

すぐアニメ化され、関連グッズも多く販売された。

キャンディに関連する玩具はさまざまで、「おしゃれセット」や「人形」など直接関係するものから、バックや筆入箱と日常品に至るまで、キャンディのキャラクターは使われていた。これらを使って女の子たちの間では、ごっこ遊びなどいろいろと遊ばれた。また、キャンディのように頭の高い位置で2つ髷(まげ)を結いたがる女の子もいた。

主人公の「キャンディ」は、家庭環境に恵まれていないそばかすのある、美人ではないがとても前向きな明るい女の子だった。そのキャンディがくじけたり、つまずいたり、そして最後に幸せになるというストーリーが当時の女の子たちの共感をよんだ。また、キャンディの職業であった看護婦に憧れる女の子たちも多くいた。

1980年代（1980〜1989）

この時代の特徴

　長引いた不況が一段落し、国民一人一人が中流意識を持つようになった時代。土地は高騰を続け、株も値上がりし、"財テク""地上げ"などが流行語にもなった。後に言ういわゆる"バブル経済"の出現である。

　その一方で、校内暴力、いじめなどが深刻化して、子どもたちの自殺が多発するなど、精神的荒廃が社会問題化した。

　その世相に抗するように、山形の寒村に生まれた少女が貧困な生活によるさまざまな苦しみを乗り越えてけなげに生きる姿をつづったNHKテレビ「おしん」が異常とも言えるようなブームとなった。

　また、ファミコンやゲームボーイなどの大ヒットもあり、子どもの遊びに革命的な変化をもたらした。OA機器の代表であるパソコンが一般家庭へと入り始めてきたのもこの時代の後半からである。

主な出来事

- 竹の子族。(1980)
- 神戸ポートアイランド博覧会開催。(1981)
- ホテルニュージャパン火災。羽田沖日航機墜落事故。校内暴力多発。(1982)
- 日本海中部地震。大韓航空機墜落事件。任天堂「ファミリーコンピュータ」発表。NHK「おしん」放映、60％の視聴率。(1983)
- グリコ、森永事件。ロス疑惑。(1984)
- 日航ジャンボ機御巣鷹山に墜落。阪神タイガース優勝。いじめ問題深刻化。男女雇用機会均等法施行。(1985)
- 三原山大噴火。社会党初の女性委員長。ダイアナ妃フィーバー。エニックス「ドラゴンクエスト」シリーズ発表。(1986)
- NTT株フィーバー。国鉄民営化（JR）。ブラックマンデー（世界的株暴落）。(1987)
- 青函トンネル開業。瀬戸大橋開通。リクルート事件。(1988)
- 昭和天皇崩御。消費税スタート。「ビックリマンチョコ」シール流行。(1989)

キン肉マン

　1979年に週刊少年ジャンプに連載が開始された格闘技マンガ。作者はゆでたまご。1983年ごろ大人気となる。すぐにアニメ化され、関連グッズも多く発売された。筋肉マンは少し滑稽なヒーローであったことから、子どもたちにも親しみがもて、身近に感じられたことが人気の秘密であろう。格闘技漫画であったことからいろいろな技が出てくるため、当時の男の子の間では「キン肉マンごっこ」が大流行した。

チョロQ

1979年に開発され1980年タカラより発売。その種類は1000種以上で1億台以上売れているヒット商品。

　男の子の玩具で、現在も遊ばれているミニカーで、手ごろな価格とさまざまに改造することができるおもしろさが人気の秘密。また、車体が変化するように、チョロQもあわせて変化していくことが世代をわたって遊びつづけられる要素としてあげられる。各地でスピードや耐久性を競うレースなども行われ、子どもだけでなく大人も夢中になれる要素も含んでいる。

ルービックキューブ

1980年にツクダオリジナルから発売。発売より1年も経たずに、350万個を売る大ブームとなった。

　各面が9つに分かれた、どの方向にもくるくるまわる立方体で、バラバラになった色をそろえるという立体的なパズルゲーム。遊びのルールが単純なことと、誰にでもすぐ遊べ、もとに戻すスピードを競ったりと、子どもから大人まで遊べた。6つの面を戻すことができる人は「キュービスト」と呼ばれ、当時はその速さを競う大会が開かれていた。

ゲームウォッチ

1980年に任天堂より発売されたてのひらに収まるサイズのポケットゲーム。正式にはゲーム＆ウオッチ。

　このゲームウォッチの登場が今のゲーム世代の始まりと思われる。おもちゃとしては子どもにとっては少々高価であったので、誕生日やお年玉で買ってもらうのが普通であったようだ。そのため、友達と貸し借りをしたりして楽しんだ。しかし、現在のゲームボーイと違って1台で1つのゲームしかできないため、次第に他の電子ゲームにその存在を奪われていった。

ファミコン

家庭用テレビゲーム機として、任天堂より1983年に発売され、本体価格は14800円だった。

　正式名称は「ファミリーコンピュータ」。カセットを入れ替えるだけでいろいろなゲームを楽しむことができるため、子どもたちをすぐに虜にした。子どもたちの必須アイテムとなっていったファミコンだが、本体自体は、子どものおもちゃとしては安いものではなかったことと、親の考え方もあり、買ってもらうことのできない子どもも存在し、それが原因で仲間はずれやいじめなども起こった。その後、「スーパーファミコン」として、さらなる根強い人気を博してきたが、近年の「プレステーション」の発売により、次第にその存在が薄くなっていってしまっているのが現状であろう。

1990年代（1990〜1999）

この時代の特徴

　昭和が終わり、平成となったこの時代は、バブル経済崩壊によって幕を開けた。

　異常な高騰を続けた"土地神話"は崩れ、株価は9か月で半価に下落する状態となった。"土地転がし"や株式の過大評価を背景として活況を呈していた経済界には大打撃となり、不動産、財テク関連の大型倒産も続出した。

　各企業ではリストラの嵐が吹き荒れ、国民の消費支出は低迷し、"平成不況"と言われるなかで、20世紀が終わりを告げることとなった。

　この世紀末の中で子どもたちは、漫画・アニメ・玩具などの子ども文化を媒介にして、高度情報化社会が生み出した時代の感性と触れ合いながら生きることになったのである。

主な出来事

- 国際花と緑の博覧会（花の万博）開催。日本人初の宇宙飛行士。バブル崩壊。(1990)
- 湾岸戦争。雲仙・普賢岳で火砕流。(1991)
- 佐川献金疑惑。エイズ対策本格化。(1992)
- 各地で戦後最高の猛暑。向井千秋さん日本人初の女性宇宙飛行士。松本サリン事件。ソニー「プレステーション」発売(1994)
- 阪神・淡路大震災。地下鉄サリン事件（オーム真理教事件）。任天堂ゲームボーイソフト「ポケットモンスター」発売(1995)
- アトランタオリンピック開催。O-157流行。バンダイ「たまごっち」発売。(1996)
- 消費税3％から5％に。香港返還(1997)
- 長野冬季オリンピック。フランスワールドカップ開催。失業率が4％を上回る(1998)
- 東海村臨界事故。台湾大地震。だんご三兄弟ヒット(1999)

プレステーション

　ポスト、「スーパーファミコン」として、ソニーより1994年に誕生した家庭用ゲーム機。

　現在も多くの子どもたちに人気があり、バージョンアップしたPS2も絶大な人気を集めている。

　プレステーションが人気を集めた理由としては、画像が非常に鮮明で、リアルになったことと、記憶機能が充実していることなどが考えられる。ファミコンはカセット本体にしか記録が取れなかったが、プレステーションは「メモリーカード」に記録すれば、いくつも記録が取れるためいくつものデータの保存が可能となった。また、最近発売されたPS2は、さらにさまざまな機能が搭載されたうえ、さらなる可能性を広げるため、まだ、機能として

は完成されていないものの差込口まで設けられている。玩具というよりは、デジタルメディアの1つとなっていっている。

セーラームーン

1992年から5年間「なかよし」で連載された少女漫画。同年、テレビ朝日系にてアニメ化放映。作者は武内直子。

「美少女戦士セーラームーン」として、女の子の絶大な支持を受けた少女アニメのヒーロー。普通の女の子が変身して、かわいいセーラー服を着た正義の味方になるという女の子の変身願望をうまくとらえたところが、人気の秘密であろう。また、主人公「月野うさぎ」のほかに仲間たちが何人も登場するため、女の子のごっこ遊びに入り込みやすかったのではないかと思われる。

ポケモン

任天堂のゲームボーイソフトとして1995年に登場。同時に「コロコロコミックス」に連載開始。

正式名称は「ポケットモンスター」。「ポケモン」の人気は、テレビアニメ化された97年ごろが絶頂期で、その後も最近のキャラクターの中では長く人気を博した。あまりの人気に、ポケモンを見た子どもたちが突然失神したり、気分不良を起こすという「ポケモン騒動」が社会的な問題にもなった。また、ポケモンはカードゲームも発売され、爆発的な人気を集めた。手持ちのカードをお互いに戦わせるところなど、昔のメンコの要素も多く含んでいる。また、いろいろなカードを集め、自分の気に入ったものを大事にしたり、収集の楽しみもある。あまりの過熱人気で、大人たちから排斥されようとしたが、子どもたちには遊ばれつづけている。また、「ポケモン」は世界的にも放映、紹介され、各国でも大人気となった。現在はポケモンにかわって、「デジモン（デジタルモンスター）」が人気を集めている。

たまごっち

1996年、バンダイより発売された携帯ペット育成ゲーム。

ゲームでペットを育てるという「たまごっち」が携帯ゲームとして、発売された。手軽さとかわいらしさ、また気楽にどこでも楽しめるという要素が重なって、爆発的なヒットとなった。また、すぐに各地で完売してしまったことから、希少価値も当初は非常に高く、人気を高める結果となった。ペットを育てるという単純で、ほのぼのとしたものが、当時の癒し系ブームの兆候のあった社会に受けたのも大ブレイクの原因と考えられる。

参考資料 2

2000年～現在（2000～　）

この時代の特徴

　激動の20世紀の終わりと新しい21世紀の始まりの現在。ＩＴ時代といわれ、インターネットやパソコンの技術が当然のように求められる時代となる半面、リストラや不況がいまだ続いている。また、事件や犯罪も低年齢化傾向が強まり、ネット系の今までなかったような犯罪も多く見られるようになってきている。

主な出来事

- 2000年問題。Ｙ２Ｋ。有珠山噴火、三宅島の雄山噴火。イチロー・新庄大リーグへ。小渕首相死去。（2000）
- ３月ソニー「プレステ２」発売。SMAP香取慎吾扮する「慎吾ママ」の「おっはー」流行語に。モーニング娘大ブレイク、女性アイドル復活。（2000）
- 小泉内閣始まる。（2001）

パラパラ

　一定の踊りをみんな一緒に繰り返す踊り方。大人だけでなく子どもにも人気。

　70年代に流行した竹の子族の踊りがこの「パラパラ」の始まりといわれている。その後、繰り返されるディスコブームのなかで、ユーロビート系の音楽を中心に踊られた。98年頃から現在の大ブームに至っている。また、パラパラと呼ばれるようになったのは90年代に入ってからのことである。このパラパラを子ども向けの番組やバラエティーなどの子どもたちが好きな番組などで、少し簡単にアレンジしたり、子どもたちの好きな曲にあわせて振り付けをしたりしたことから、子どもたちの間で大人気となった。音楽があれば、どこでもできることやある程度踊り方が一定で決まっていることが、子どもたちにとっては入りやすかったのではなかろうか。

遊戯王

　1998年より、週刊少年ジャンプで連載されている漫画。作者は、高橋和希。

　主人公は武藤遊戯。漫画自体はテレビ朝日系でアニメ化、99年には映画化も実現した。また、漫画内に出てくるキャラクターを使ったカードゲーム（デュエルモンスターズ）が販売され、２人対戦型のこのカードゲームは子どもたちを中心に大人気になっている。５枚入りで150円のこのカードはさまざまな種類が発売されていて、ポケモンカードの人気をさらう勢いである。

【 文 献 一 覧 】

(50音順)

1) 遠藤ケイ『母と子をむすぶなつかし遊び』大和書房、1982
2) 大澤功一郎編『伝承あそびハンドブック－室内あそび編－』千秋社、1979
3) 大澤功一郎編『伝承あそびハンドブック－屋外あそび編－』千秋社、1979
4) 大田才次郎編／瀬田貞二解説『日本児童遊戯集』平凡社、1968
5) 大橋歩『大橋歩のわらべ遊び－やさしい心をはぐくむ本－』主婦と生活社、1975
6) 大林太良／岸野雄三／寒川恒夫／山下晋司編『民族遊戯大事典』大修館書店、1998
7) 小川博久「遊びの伝承と実態」新・児童心理学講座第11巻『子どもの遊びと生活』金子書房、2000
8) カイヨワ／清水幾太郎、霧生和生訳『遊びと人間』岩波書店、1972
9) かこさとし『遊びの四季　ふるさとの伝承遊戯考』じゃこめてい出版、1975
10) かこさとし『日本の子どもの遊び（上）』青木書店、1979
11) かこさとし『日本の子どもの遊び（下）』青木書店、1980
12) 梶浦真由美「遊戯折り紙のルーツを探る」『家庭科教育3月号』家政教育社、2000
13) 唐沢富太郎『教育博物館　上』ぎょうせい、1977
14) 芸術教育研究所編『伝承あそび12ヵ月　春の巻』黎明書房、1972
15) 芸術教育研究所編『伝承あそび12ヵ月　夏の巻』黎明書房、1972
16) 芸術教育研究所編『伝承あそび12ヵ月　秋の巻』黎明書房、1974
17) 芸術教育研究所編『伝承あそび12ヵ月　冬の巻』黎明書房、1974
18) 現代あやとり研究会編『せかいの　あやとりの遊び方』新星出版社、1979
19) 現代あやとり研究会編『たのしい　あやとりの遊び方』新星出版社、1982
20) 現代あやとり研究会編『たのしい　おもちゃの作り方』新星出版社、1979
21) 現代折紙研究会編『四季の　おりがみの遊び方』新星出版社、1978
22) 現代折紙研究会編『たのしい　おりがみの遊び方』新星出版社、1982
23) 小高吉三郎『日本の遊戯』（復刻版）、拓石堂出版社、1976

24）小寺玉晃『尾張童遊集』（復刻版）、未央社、1977
25）さいとうたま採取・文／つじむらますろう絵『あやとり　いととり（1・2・3）』福音館書店、1982
26）酒井欣『日本遊戯史』復刻版、拓石堂出版、1977
27）桜井徳太郎『民間信仰と現代社会』評論社、1971
28）ジョン・ラザフォード・オールコック／山口光朔訳『大君の都―幕末の日本滞在記』下巻、岩波文庫、1962
29）瀬田貞二『落穂ひろい（上）（下）（付録）』福音館書店、1982
30）相馬大『わらべうた―子どもの遊びと文化』創元社、1976
31）滝田要吉『自然物のおもちゃ』フレーベル館、1972
32）多田道太郎『遊びと日本人』筑摩書房、1974
33）谷川俊太郎訳『マザー・グースのうた　第1集』草思社、1975
34）中島海編『遊戯大事典』不昧堂書店、1957
35）中田幸平『日本の児童遊戯』社会思想社、1970
36）日外アソシエーツ編集『現代外国人名録』、日外アソシエーツ株式会社、1992
37）ニューソン『おもちゃと遊具の心理学』黎明書房、1981
38）ハートレイ／フランク・ゴールデンソン『子どもの発達と遊び』岩崎学術出版社、1978
39）馬場あき子『鬼の研究』三一書房、1971
40）馬場富子『今昔こども遊び』錦正社、1974
41）半澤敏郎『童遊文化史』全4巻、東京書籍、1980
42）半澤敏郎『童遊文化史』別巻、東京書籍、1985
43）ピアジェ『遊びの心理学』黎明書房、1967
44）藤本浩之輔『野外あそび事典』くもん出版、1994
45）藤本浩之輔『聞き書き　明治の子ども　遊びと暮らし』SBB出版会、1986
46）本田和子編『ものと子どもの文化史』勁草書房、1998
47）ミルチャ・エリアーデ／小倉重夫訳『聖なる空間と時間』せりか書房、1974
48）柳田国男「青年と学問」『定本柳田国男集第25巻』筑摩書房、1973
49）柳田国男「国語の将来」『定本柳田国男集第19巻』筑摩書房、1973
50）和歌森太郎『神ごとの中の日本人』弘文堂、1973

著者

小 川 清 実

（大妻女子大学　教授）

＜装 幀＞
レフ・デザイン工房

＜イラスト＞
山岸 史

＜採 譜＞
小川 道子

子どもに伝えたい 伝承あそび
－起源・魅力とその遊び方－

2001年 6月21日　初版発行 2018年 9月25日　第 7 刷	著　者　　小川　清実 発行者　　服部　直人 発行所　　㈱萌文書林

〒113-0021 東京都文京区本駒込 6-25-6
TEL(03)3943-0576　FAX(03)3943-0567

印刷／製本　シナノ印刷㈱

＜検印省略＞

©2001 Kiyomi Ogawa,　Printed in Japan　　　ISBN 978-4-89347-074-4 C 3037